U0129197

和怡書屋叢刊　九

同文合體字探究

王　會　均　纂

文史哲出版社印行

國家圖書館出版品預行編目資料

同文合體字探究 / 王會均纂 -- 初版 -- 臺北
市：文史哲, 民 103.10
　　頁；　公分. --（和怡書屋叢刊 ;9）
ISBN 978-986-314-212-6 (平裝)

1.中國文字 2.字體

802.29　　　　　　　　　　　103017592

和 怡 書 屋 叢 刊　　9

同文合體字探究

纂　　者：王　　　　會　　　　均
出 版 者：文　史　哲　出　版　社
http://www.lapen.com.tw
e-mail：lapen@ms74.hinet.net
登記證字號：行政院新聞局版臺業字五三三七號
發 行 人：彭　　　　正　　　　雄
發 行 所：文　史　哲　出　版　社
印 刷 者：文　史　哲　出　版　社
臺北市羅斯福路一段七十二巷四號
郵政劃撥帳號：一六一八○一七五
電話 886-2-23511028・傳真 886-2-23965656

售價新臺幣七○○元

中 華 民 國 一 ○ 三 年 （2014） 十 月 初 版

同文合體字探究

目　次

八　棘　喜　尸　㸚　明　串

㒭　㲋　㠱　圭　孨　需　�501　牪

㸚　出　回　妾　巾　㦰　炎

父　㸚　哥　㸚　皀　�501　㸚

三　㸚　㳠　㸚　㸚

飛　肉　又　㸚　㸚　㸚

串　而　公　㞷　㸚　弓　止

㺜　㸚　㺜　㸚　㸚　㸚

㸚　㸚　㸚　㸚　㸚

一、直列式：

二、橫列式：

三、重疊式：

夤 夤　風風　森森　春春　馬馬　蠿蠿　鳥鳥

麗麗　龍龍

品品　炎炎　炎炎　競競　卌卌　絲絲　發發

品品　吅吅　田田　圖圖　圖圖　吅吅　雦雦

奎奎　夶夶　沝沝　玨玨　朙朙　春春　朋朋

林林　棘棘　棗棗　沝沝　炎炎　牛牛

晶晶　甲甲　磊磊　竹竹　老老　興興　言言

轟轟　金金　門門　雲雲　靁靁　風風　慭慭

卍卍　卡卡　卡卡　王王　威威　正正　㞢㞢

冒冒　屙屙

書《同文合體字探究》成

　　中國文字字體之演化，自結繩（易經‧繫辭：上古結繩而治）肇始，中經八卦、書契、古文（甲骨文）、大篆（籀文）、小篆（秦篆）、隸書（左書）、而楷字（正書、真書）、行書、草書，以告完善矣！

　　然以古文（殷商）、大篆（周）、小篆（秦）、隸書（漢），而（魏、晉以下）草書、楷書、行書，通行各代。於今楷書、行書、草書，最為盛行。

　　大家都知道，中國文字，以形、音、義為三大要素，然字義之產生，依造字生義者為本義，以變易生義者為別義。惟字義之變遷，乃由於分化、混同、變異三途，著述如次：

　　分化──字形未變，字義則異。其方式，像引申、假借、通借。

　　混同——字形雖異，字義則同。其方式，是同義字混合，分別字混同。

　　變異——字形不異，字義增減，其方法，有因後起字而變其本義，或因借用他字而本字被廢，致他字之本義隨之而變。

　　至於字義之訓詁，則分：形訓、言訓、義訓、共名釋別名、雅言釋方言、今言釋古言，以此況彼等七項。

　　夫〝六書〞者，乃象形、指事、會意、形聲、轉注、假借之總稱，亦就是中國文字構成的根源。若以〝文〞、〝字〞之本體言之，文屬單體（獨體），字為合體。

　　在六書中，象形、指事屬獨體之文，故無同文合體字。形聲字係由形符、聲符組成合體字，唯因形符、聲符各異，所以亦未見同文合體字。至於轉注、假借兩者，乃涉及字義、字音變化而衍生，罕有同文合體字，

　　於是顯示，同文合體字，主要見於會意字中，稱之為同文會意，係會合二個或二個以上形體相同文字之義，以見其命意之所在，是即

所謂〝同文合體字〞。

　　吾人在日常使用時，所見字例殊多，諸如：炎、焱、森、哥、比、弱、羽、非、北、兆、从、众、競、林、森、朋、棘、圭、垚、轟、品、磊、蟲、晶、……不勝枚舉。但非常罕見者亦不鮮，諸以〝口〞字為例，所組成的同文合體字，計有：吅（訟）、品、㗊、晶（雷）、㗊（要）、吅、轉七字。又以〝人〞字為例，亦有：仌（冰）、从（從）、仦（州）、从（象）、众（众）、焱（虞）、焱（盜）、㐺、傘、僉、介、傘十二字。尤以〝艸〞字言之，更有：艸（艸）、芔、茻、茻（茇）、茻、芻、芋、葑、蒜（麻）、茻（莽）、茻（葬）、蘇（蘇）、蘇十三個同文合體字。

　　吾人在日常生活中，所見的字例亦不尠，就人名言，王喆（道學家）、丁焱（清·江都人）、丁丰（清·山陰人）、吳珊（別稱：非非老人）、李文淼（淼淼亭）、李金枝（棗林書屋）、林森（國府主席）、牛犇（藝術家）、歐陽非非（藝人）、陳水淼（立法委員）、趙志垚（交通銀行董事長）、廖磊（陸軍上將）、陳朤朤（臺北市人）、汪焱焱，………

　　若就臺灣各縣市街、路、巷、村名言之，以林森路（街、巷、村、里）最多，高雄市三多夜市最為著名（深受觀光客讚美）。於北回街、三多路、石磊村、北林路、林北街、林朋巷、牪牪路、森林巷，頗為奇特罕見。

　　至於商店名稱，諸如：三鱻食府、品鱻銅燒鍋、品上品牛排、犇越牛肉河粉、口品品商行、采林（服裝）、多多乾洗、品赫設計（工程）、赫林設計、大喆室內裝修、囍翼實業、双双國際、中磊、和鑫股票（電子類），……美不勝舉矣！

　　同文合體字，用於聯語（門聯）者，亦屢見不鱻（鮮）。昔在中國北方土地廟，曾看見最有趣味的對聯，上聯：日日晶晶安天下

　　　　　　　下聯：月朋朤朤定乾坤

　　　　　　　橫披：風調雨順

　　　　　案：著作：日月明朤（更神妙）

　於今，四川"大佛洞"，洞口亦有一類似

聯語，唯缺橫披，上聯：日旭晶晿

下聯：月朋朋朤

案：若披作：日月明（明心見性）

更涵〞佛〞意。

是《同文合體字探究》，與《同文合體字字典》屬姊妹篇，乃承《同文合體字》餘緒，於年餘來，潛心精研，從事彙整、辨證、考正、校訂、增補，并重新排序、編版、謄清、刊行，雖非十全十美，唯亦尚可勉強接受（博君一粲）耶！

本《同文合體字探究》，乃依其內容體裁、字體結構，概分：上下比並（六十三字，佔百分之一三・四九〇）、左右并列（七十五字，佔百分之一六・〇六〇）、左右背列（二十八字，佔百分之五・九九六）、二字并列（一二三字，佔百分之二六・三三八）、三字并列（一二七字，佔百分之二七・一九五）、四字并列（四十二字，佔百分之八・九九四）、上下背列（九字，佔百分之一・九二七）七類（七卷，卷首、卷末除外），共計四六七字（合百分之一〇〇）。

　　然就中國文字（漢文）窺之，殊令有具深義、舉凡強調事務壯盛強大，大都使用＂同文合體字＂來表示。尤以三字并列、四字并列，最為奇特神妙，蘊藏有無窮的韻味，然鮮為人知，故乏人問津，殊為憾惜焉！

　　至於讀音、字義、用法，更有賴於文字、聲韻之學者專家，作更完善（美）與更有系統化整理（合）研究。以供社會廣衆參考使用。是乃吾個人迫切期待，暨樂見的果實，亦係余纂著是兩書之主要動機與目的也。

　　本《同文合體字探究》，暨《同文合體字字典》書成，寶賴文史哲出版社彭正雄先生鼓勵與支持，無勝感激。暨內人邱美妹文史，不辭辛勞，照料生活。於結縭四十餘載，患難相依，甘苦備嘗，憂勞相輔，不怨不悔，銘感五中，特致謝忱！

　　　中華民國一〇三年（2014）甲午八月十日
　　　　王會均書於＂和怡書屋＂

凡　例

一、本《同文合體字探究》，特重〞辨證考正〞，具學術性而系統化，屬文史哲學科著作，適合研究人員、大學教師、研究生，暨社會士子參用。

二、本《同文合體字探究》，於內容範疇，以日常通用《康熙字典》、《中文大辭典》為主，《辭海》、《辭源》，暨其他字典、辭典為輔。

三、本《同文合體字探究》纂釋原則，係採體裁與內容兼顧配合，概分：上下比並、左右並列、左右背列、二字并列、三字并列、四字并列、上下背列七大類，俾構成完整性組合體系。

四、本《同文合體字探究》，所著：音、義，多注明出處，間有正譌辨證考正，俾免以僞亂真，滋衍異議耶。

五、本〝同文合體字〞音韻，係採各韻書之切韻方法，除〝正韻〞外，亦列叶音，并加俗語、方言、國語注音、漢語拼音，則一字數音，力求完善（美）矣。

案：叶音，係以今音讀古韻，多不諧協，改變今音以求韻之諧協，謂之叶韻。又〝叶〞，亦作：協。

六、本〝同文合體字〞切韻，係依四聲法，其〝四聲法韻圖〞示之，如次：

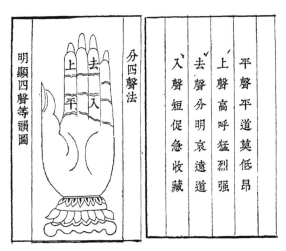

明顯四聲等韻圖

分四聲法

平聲平道莫低昂
上聲高呼猛烈强
去聲分明哀遠道
入聲短促急收藏

七、本〝同文合體字〞訓義，係依〝經、史、子、集〞之次第，然後參補雜書或今文，俾符合日常生活需求。

八、本《同文合體字探究》〈卷之末〉，筆畫檢字，若筆畫相同者，依〝部首〞次第排列之，并著有〝頁碼〞，檢索查閱方便。

九、本《同文合體字探究》書成，由於時間迫促，兼以才疏學淺，且非所學專長，於是疏漏紕誤，在所難免，敬祈方家先進，教正與鑒諒！

卷之首　部首檢字

　　本〈部首檢字〉，係依《康熙字典》部首次第、筆畫之序，分著頁碼，方便檢索。

一部：yī，音：一

兲（天）	37	丽（麗）	123
丽（麗）	129	丽（麗）	129
太（竝）	145	皕	627

丨部：gǔn，音：ㄍㄨㄣˇ

屮	241	串	41
甹（中）	245	巿	499
半（丰）	238	圙（龜）	253

丶部：zhǔ，音：ㄓㄨˇ

丶丶	498	丶丶	499
丽（麗）	129	丽（麗）	130

丿部：piě，音：ㄆㄧㄝˇ

毦（氏）　　130　　脈（癒）　　297

乙部：yǐ，音：一ˇ

乙（會）　　299　　云　　　　　500

飞（飛）　　42　　　匭（龜）　　257

丿部：jué，音：ㄐㄩㄝˊ

屮　　　　　257　　㐱（乃）　　500

㐱　　　　　302　　絲　　　　　506

二部：èr，音：ㄦˋ

三（四）　　44

人部：rén，音：ㄖㄣˊ

众（冰）　　45　　　从（從）　　302

似（巛）　　474　　从（眾）　　478

众（眾）　　507　　众　　　　　507

众（虞）　　627　　㑞（盜）　　637

㑞　　　　　508　　㑒（餘）　　48

龠　　　　　309　　鑫　　　　　509

斂（僉）　　309

儿部：rén，音：ㄖㄣˊ

兆　　　　　257　　兆　　　　　258

㲘　　　　　131　　兒　　　　　310

圀	649	圙	651
圙	533	圝	652
圞	652		

土部：tǔ，音：ㄊㄨˇ

圭	73	垚（堯）	533
坑（垜）	143	墊	655
齏（塊）	533	壵	349

士部：shì，音：ㄕˋ

壵（壯）	537	喜（喜）	76
囍（喜）	349		

夊部：suī，音：ㄙㄨㄟ

夒	539

夕部：xì，音：ㄒㄧˋ

多	78	夛（多）	349
㝅（多）	82	夥（多）	82

大部：dà，音：ㄉㄚˋ

夶	349	奕（套）	82
夵	350	猋	539
猋（皎）	539	猋	539
猋（結）	656		

女部：nǚ，音：ㄋㄩˇ

妥（姣）	83	奻	350
姦	542		

子部：zǐ，音：ㄗˇ

孖	350	孨	543
孖孖	481	孱	351
孴	354	孨孨	85

宀部：mián，音：ㄇㄧㄢˊ

窒（宜）	145	寙	357
寷	546	寥	547
寨寨	548		

小部：xiǎo，音：ㄒㄧㄠˇ

尛（麼）	548	尜（尜）	474
淼（小）	657	絲	148
尦	149		

尸部：shī，音：ㄕ

屍	85	尹尹	357
屭	549		

屮部：chè，音：ㄔㄜˋ

艸（攀）	149	奲	549

äää（拜） 149

山部：shān，音：ㄕㄢ

 山山 358 屾 550

 㪍 154 㪍 154

巛部：chuān，音：ㄔㄨㄢ

 州 483 巛（坤） 85

 㪍 358 㪍（河） 550

工部：gōng，音：ㄍㄨㄥ

 㪍（隱） 87 㺪（展） 659

 㪍（多） 90 㪍 535

己部：jǐ，音：ㄐㄧˇ

 㠱 90 㱟（巽） 155

巾部：jīn，音：ㄐㄧㄣ

 㠶 90 㠶 358

 㠶 157 㠶（牟） 157

 㡀 90 㠶 161

 㠶 555 㠶 162

干部：gān，音：ㄍㄢ

 㭁 359 㭁 162

幺部：yāo，音：ㄧㄠ

手部：shǒu，音：ㄕㄡˇ

　　　拝（友）　　363　　　㸞　　　　557

斤部：jīn，音：ㄐㄧㄣ

　　　斦　　　　363

日部：rì，音：ㄖˋ

　　　昍　　　　364　　　晶　　　　557

　　　朙　　　　181　　　晿　　　　662

　　　昔昔　　　364　　　朤　　　　98

　　　易易　　　368　　　春春　　　662

月部：yuè，音：ㄩㄝˋ

　　　朋　　　　368　　　朤　　　　560

　　　朤　　　　863

木部：mù，音：ㄇㄨˋ

　　　林　　　　373　　　棗　　　　99

　　　棘　　　　374　　　森　　　　560

　　　棥　　　　561　　　楙（楙）　377／383

　　　棶（棶）　182／382　棶（無）　186／383

　　　森　　　　388　　　棘　　　　389

　　　棵　　　　390　　　棶　　　　664

　　　楙　　　　561　　　棶　　　　561

檊	664	鸏	664

欠部：qiàn，音：ㄑㄧㄢˋ

欨	390	猰（欠）	561

止部：zhǐ，音：ㄓˇ

歪（澀）	679	歨	100
歨	390	歨（少）	679
址	275	歰（澀）	564
歧（諸）	192	歰（澀）	198

歹部：dǎi，音：ㄉㄞˇ

歹歹	390

毋部：wú，音：ㄨˊ

毒（躇）	100

比部：bǐ，音：ㄅㄧˇ

比	202	毖（比）	101
毕（拜）	211	毚（拜）	211

毛部：máo，音：ㄇㄠˊ

毛毛（氈）	395	毭	566

水部：shuǐ，音：ㄕㄨㄟˇ

林水	395	淼	570
林林（涉）	487	沝沝	664

犬部：quǎn，音：ㄑㄩㄢˇ

　　　状　　　　397　　犾　　　　　　382

玄部：xuán，音：ㄒㄩㄢˊ

　　　兹（丝）　　398

玉部：yù，音：ㄩˋ

　　　珏（珏）　　402　　瑴（珏）　　403

瓜部：guā，音：ㄍㄨㄚ

　　　瓜　　　　403

生部：shēng，音：ㄕㄥ

　　　甡　　　　404

用部：yòng，音：ㄩㄥˋ

　　　甪　　　　584

田部：tián，音：ㄊㄧㄢˊ

　　　畱　　　　108　　畩　　　　　　104

　　　畕（畕）　　405　　畾　　　　　　584

　　　疀　　　　584　　畾　　　　　　406

　　　畾　　　　665　　畾　　　　　　666

　　　畾　　　　216

白部：bái，音：ㄅㄞˊ

　　　皀　　　　406　　皕　　　　　　414

皛	584	鱻	586

四部：mǐn，音：ㄇㄧㄣˇ

蠱 586

目部：mù，音：ㄇㄨˋ

瞢	680	朋	415
瞗	680	晶（晿）	586
瞷	587	矗	587

矛部：máo，音：ㄇㄠˊ

矜（矛） 423

石部：shí，音：ㄕˊ

砳	425	磊	588
磊	667		

示部：shì，音：ㄕˋ

祘 427

禾部：hé，音：ㄏㄜˊ

秝	431	穅	433
秫（國）	590		

穴部：xuè，音：ㄒㄩㄝˋ

鑿 592

立部：lì，音：ㄌㄧˋ

需（需）　　108

耳部：ěr，音：儿ˇ

　　聑　　　　442　　聶　　　　　594

聿部：yù，音：ㄩˋ

　　肆（肆）　　223

肉部：ròu，音：ㄖㄡˋ

　　炙　　　　223

臣部：chén，音：ㄔㄣˊ

　　臦　　　　282　　朢　　　　　283

　　臦　　　　443

至部：zhì，音：ㄓˋ

　　臸　　　　443　　臸　　　　　597

臼部：jiù，音：ㄐㄧㄡˋ

　　臼　　　　276　　舀（爲）　　278

　　舺（申）　　112　　舝（寅）　　112

　　舉　　　　598　　舋　　　　　667

舌部：shé，音：ㄕㄜˊ

　　舌　　　　444　　舙（話）　　598

　　舙（話）　　483

艸部：cǎo，音：ㄘㄠˇ

豖　　　　　448　　豩（豩）　　491

貝部：bèi，音：ㄅㄟˋ

賏　　　　　448　　鼎　　　　　607

赤部：chì，音：彳ˋ

赫　　　　　449

走部：zǒu，音：ㄗㄡˇ

趱　　　　　491　　趛（趛）　　494

足部：zú，音：ㄗㄨˊ

踪　　　　　453　　踅　　　　　610

車部：jū，音：ㄐㄩ　　　又chē，音：彳ㄜ

轉　　　　　454　　轟　　　　　610

轟　　　　　667

辛部：xīn，音：ㄒㄧㄣ

辡　　　　　454　　競（競）　　237

韓（韋）　　455　　讟（讟）　　612

邑部：yì，音：一ˋ

邕（巷）　　456　　鄙　　　　　296

金部：jīn，音：ㄐㄧㄣ

鑫　　　　　612　　鑫　　　　　668

門部：mén，音：ㄇㄣˊ

門　　　≥83　　關　　　120

闗　　　613　　關閒　　668

阜部：fù，音：ㄈㄨˊ

　　　自　　　≥89　　阝　　　≥37

隶部：dài，音：ㄉㄞ

　　　隸　　　459

隹部：zhuī，音：ㄓㄨㄟ

　　　雠　　　459　　雔　　　613

　　　雦（集）　494

雨部：yǔ，音：ㄩˇ

　　　雲雲　　614　　靁　　　614

　　　雲雲雲雲　668　靁靁　　668

非部：fēi，音：ㄈㄟ

　　　非　　　≥90　　非（卯）　≥92

　　　非（卯）　≥92

面部：miàn，音：ㄇㄧㄢˇ

　　　靣　　　120　　靤　　　460

　　　靤（顧）　614

音部：yīn，音：ㄧㄣ

　　　韹　　　460

頁部：yè，音：一せ

頪　　　　461　顤　　　　615

風部：fēng，音：ㄈㄥ

颩　　　　461　飍　　　　615

飆飆　　　668

飛部：fēi，音：ㄈㄟ

飝　　　　616

首部：shǒu，音：ㄕㄡˇ

艏（首）　467

香部：xiāng，音：ㄒㄧㄤ

馫　　　　121　馫　　　　468

馫　　　　616

馬部：mǎ，音：ㄇㄚˇ

騳　　　　469　驫　　　　121

驫（驉）　497　驫　　　　616

骨部：gǔ，音：ㄍㄨˇ

骴（體）　469

鬥部：dòu，音：ㄉㄡˋ

鬥　　　　292

鬲部：lì，音：ㄌㄧˋ

⿰鬲鬲　472

魚部：yú，音：ㄩˊ

⿱魚魚　121　⿰魚魚　472

鱻　617　⿱⿰魚魚⿰魚魚　670

鳥部：niǎo，音：ㄋㄧㄠˇ

⿰鳥鳥　472　⿱鳥⿰鳥鳥　623

鹿部：lù，音：ㄌㄨˋ

麤（粗）　623

齒部：chǐ，音：ㄔˇ

⿰齒齒　472

龍部：lóng，音：ㄌㄨㄥˊ

龖　472　龘　626

卷之一　上下比並

　　本（上下比並）卷，收有六十三字，依《康熙字典》部首次第，分著如次：

　兂：一部六畫，《玉篇》：古文 " 天 " 字。
　音：tiān《唐韻》、《正韻》他前切，《集韻》、《韻會》他年切，茲音：腆，平聲，ㄊㄧㄢ
　義：《玉篇》：古文 " 天 " 字。
　　　《說文》：天，顚也。至高無上，从一大也。段注：至高無上，是其大無有二也，故从一大。於六書為會意，凡會意合二字以成，語如一大，人言止戈皆是。
　　　《白虎通》：鎭也，居高理下，為物鎭也。

《易‧說卦》：乾為天。《禮‧禮運》：天秉陽垂日星。荀子曰：天無實形，地之上至虛者，皆天也。邵子曰：自然之外，別無天。《程子遺書》：天之蒼蒼，豈是天之形？視下亦復如是。張子《正蒙》：天左旋，處其中者順之，少遲則反右矣。《朱子語類》：《離騷》有九天之說，諸家妄解云有九天。據某觀之，只是九重，蓋天運行有許多重數，裏面重數較軟，在外則漸硬，想到第九重，成硬殼相似，那裏轉得愈緊矣。

按：天形如卵白，細察卵白，其中之絪縕融密處確有七重，第八重白膜稍硬，最後九重便成硬殼，可見《朱子》體象造化之妙。今西洋歷說，天一層緩似一層，此七政退旋，所以遲速也。

又，星名。《爾雅‧釋天》：天根，氐也。《周語》：天根見而水涸。

又，古帝號。《疏仡紀》：葛天氏。
臧勵龢《中國人名大辭典》（頁一三
〇七‧四）：葛天氏，上古，帝王。
其治世不言而信，不化而行。
按《帝王世表》稱：有巢氏之後，有
葛天氏等，皆襲伏羲之號。《路史》
謂：在伏羲以前。

又，神名。《山海經》：形天與帝爭
神，帝斷其首，乃以乳為目，臍為口
，操干戚以舞。形，一作"刑"。陶
潛詩：刑天舞干戚，猛志故常在。又
或作"獸名"，非也。

又，地名。《蜀地志》：蜀卭嶨山後
，四野無晴日，曰漏天。杜甫詩：地
近漏天終歲雨。

又，山名。《九州要記》：涼州古武
城有天山，黃帝受金液神丹于此。
一曰：在伊州。《註》：天山，即祁
連山。

又，天，樂名。《史記‧趙世家》：

鈞天廣樂。

又，署名。《唐六典》：內閣惟祕書閣宏壯曰木天。今翰林院稱木天署。

又"景天"，草名。陶弘景曰：以盆盛，置屋上，辟火災。案《說文》：灾，同"災"。

又，髡刑。《易·暌象》：其人"天"且劓。

又，姓。《姓苑》：漢長社令天高。天氏，《姓考》：黃帝臣天老之後。案《中國人名大辭典》（頁三九·二）：天老，上古黃帝七輔，著《雜子陰道》（二十五卷）。

又，湯臣有天根。

按：先韻古與真文通，故"天"字皆以鐵因反。考之經史皆然，惟《易》六位時成，時乘六龍以御天，與庚青通耳。《正字通》謂"至尊莫如天，天以下又莫如君父。字音必不可僭易改叶"，所論頗正大。

串：｜部七畫

音：guàn《廣韻》、《集韻》、《正韻》
　　夶古患切，音：貫，《ㄨㄢˋ。與〞慣
　　〞通。

義：狎習也。《詩・大雅》：串夷載路。
　　《詩經今注》：串夷，即混夷，亦即
　　犬戎。載，猶則也。路，通露，敗也
　　。太王原居豳，犬戎侵豳，太王因而
　　遷岐，以後打敗犬戎。此二句，言上
　　帝保佑太王，所以犬戎失敗了。

　　《毛傳》：串，習，夷，常也。《箋
　　》：串夷，即混夷，西戎國名。

　　《荀子・大略篇》：國法禁拾遺，惡
　　民之串以無分得也。注：荀子，名：
　　況，戰國・趙人。倡性惡說，與孟子
　　性善說異。

　　梁簡文帝詩：長蛾串翠眉。謝惠連《
　　秋懷詩》：聊用布親串。《註》：言
　　賦詩布與親狎之人也。

　　又，chuàn《正韻》樞絹切，音：釧，

ㄔ ㄨ ㄢˊ

物相連貫也，與＂穿＂讀去聲通，＂穿＂亦作＂串＂。《前漢書・司馬遷傳》：貫穿經傳。即＂貫串＂，言博通經傳大義也。

又，與＂豢＂通，別作＂觶＂。《文字指歸》：支取貨物之契曰觶。今官司倉庫收帖曰串子。

又，Wàn《正韻》互換切，音＝玩，ㄨㄢˋ，義同。

飞：《新華字典》作：乙部二畫（飞）、《康熙字典》、《國語日報字典》皆作＂飛＂部，又借作：非（ㄈㄟ）。

音：fēi《唐韻》甫微切，《集韻》、《韻會》匪微切，太音＝非，ㄈㄟ

義：《標準學生字典》＝飞，作＂飛＂字的簡寫。《新華字典》作＂飞＂。《玉篇》：鳥翥。《廣韻》：飛翔。《易・乾卦》：飛龍在天。《詩・邶風》：燕燕于飛。《詩經今注》＝燕燕，一對燕子。于，語助詞。

又，官名。《前漢書·宣帝紀》：西
羌反，應募佽飛射士。

又《釋名》：船上重室曰飛廬。在上
，故曰飛也。

又"六飛"，馬名。《前漢書·袁盎
傳》：騁六飛馳不測山。《註》：六
馬之疾若飛也。別作"騛"。

又"桑飛"，"鷦鷯"別名。注：鷦
鷯，鳴禽類。全體有微細的黑褐色橫
斑，體長約三寸，嘴尖，又名："巧
婦"。

又"飛廉"，神禽名。《三輔黃圖》
：能致風。身似鹿，頭似雀，有角蛇
尾，文似豹。郭璞云：飛廉，龍雀也
，世因以飛廉為風伯之名，其實則禽
也。

又《本草》：漏蘆，一名"飛廉"。
《博雅》：飛廉，漏蘆也。

又《廣韻》：古通作"蜚"。《史記

・秦紀》：蜚廉善走。

又，借作〞非〞。《漢藁長蔡君頌》
：飛陶唐其孰能若是？

《說文徐註》：上旁飞者，象鳥頸。

三：二部四畫，《說文》：籀文〞四〞字。

音：Si《唐韻》、《集韻》大息利切，音
：泗，ㄙˋ

義：《說文》：三，籀文〞四〞字。《集
韻》：關東謂〞四〞數為三。

又《說文》：囗，四方也。八，別也
。囗中八，象四分之形。

《說文》：四，会（陰）數也。又《
玉篇》：陰數，次三也。《正韻》：
倍二為四。《易・繫辭》：天一，地
二。天三，地四。天五，地六。天七
，地八。天九，地十。五位相得，而
各有合。又：兩儀生四象，四象生八
卦。

又，姓。《正字通》：宋有四象，慶
元間，知汀州府。

四氏，《路史》：子姓，有四氏。

四飯氏，複姓。《通志氏族略》：四飯缺之後。

四水，春秋時代，越王勾踐臣。越饑，勾踐懼。四水諫四：夫饑，越之福也。吳國甚富，其君好名而不思後患。若我卑辭重幣以糴於吳，吳必與我，與我則吳可取也。越王從之（參見《中國人名大辭典》頁一八八，二）。

又《正字通》：今官司文移變四作肆，以防詐譌竄易，非四之本義也。

又，xī《集韻》息七切，音：悉，ㄒ一。關東謂四數為＂悉＂，亦謂四數為三。案：三，亦作悉，即四數也。

按：《正字通》云：平聲，音：司。引樂譜四、五讀司、烏，不知此特口變易，非四有司音也，《正字通》誤。

仌：人部四畫，冰本字。《說文》仌自為部，今依《正字通》列＂人＂部。

音：bīng《廣韻》筆陵切，《集韻》悲陵

切，故音：逼，平聲。ㄅ一

義：《說文》：仌，凍也。象水冰之形，本作"仌"，旁省作"冫"。

《說文》注云"冰"各本作"凝"，今正謂象水初凝之文理也。

《說文》：冰，水堅也。《易‧象傳》初六履霜陰始凝也，訓致其道至堅冰也。古本當作"陰"始冰也，至堅"仌"也。《釋器》冰脂也，孫本"冰"作"凝"。按此可證詩膚，如凝脂本作冰脂，以"冰"代"仌"，乃別製"凝"字，經典凡"凝"字，皆"冰"之變也。《說文通訓定聲》：仌，經史皆以"冰"爲之。

冰古文"^{仌水}"字。《說文》：本作"仌"，从水仌（會意）。徐四：今文作"冰"。《韓詩‧外傳》：冰者，窮谷陰氣所聚不洩，則結爲伏陰。

《禮‧月令》：孟冬水始冰，仲冬冰益壯，季冬冰方盛。水澤腹堅，命取

冰，冰以入。《周禮・天官》：凌人
共冰，秋刷冰室，冬藏春啟，夏頒冰。
又《爾雅・釋器》：冰，脂也。《註
》：莊子云：脂膚若冰雪，冰雪，脂
膚也。《疏》：脂膚，一名冰脂。

又，矢箙蓋曰冰。《左傳・昭二十五
年》：公徒釋甲，執冰而踞。《註》
：冰，櫝丸蓋。《疏》：盛弓者也。
或云：櫝丸是箭箙，其蓋可以取飲。

又，ning《集韻》、《正韻》达魚陵
切，音：凝，ㄋㄧㄥˊ，同"凝"。《
正韻》：古文"冰"作"仌"，凝作
冰，後人以冰代仌，以凝代冰。

又，bing《集韻》逋孕切，讀去聲，
ㄅㄧㄥˋ。《唐書・韋思謙傳》：涕泗
冰須。《註》：謂涕著須而凝也。李
商隱詩：碧玉冰寒漿。

又，biang《韻補》叶筆良切，音近浜
，ㄅㄤ。陳琳《大荒賦》：
　心愬懃以伊感兮，憫永思以增傷。

悵太息而攬涕，乃揮霫而渡冰。

僌：人部十四畫，《篇海類編》：同〞餘〞

音：yú《唐韻》以諸切，《集韻》、《韻

　　會》羊諸切，《正韻》雲俱切，夶音

　　：余，ㄩˊ

義：與余同，《玉篇》：僌，同〞余〞。

　　《說文》：僌，二余也，讀與〞余〞

　　同。五部按：易困九四來徐徐，子夏

　　作荼荼，王肅作余余，皆舒意也。許

　　言僌之形未言其義，舉此以補之。

　　又《集韻》僌，《說文少余也，《正

　　字通》余，又从二余，作〞僌〞。

　　　案：僌字，从二余，以會意。

　　《說文》：余，語之舒也。从八（象

　　氣之分散），舍省聲。《爾雅‧釋詁

　　》：余，我也。

　　又，月名。《釋天》：四月為余月。

　　又，菜名〞接余〞，荇菜也。

　　又《前漢書‧匈奴傳》：單于衣繡、

　　褡綺錦袷被各一，比余。《註》：比

余，髮之飾也。

又，姓。由余氏，《風俗通》：秦相由余之後。《姓苑》：今新安大族，望出下邳（治所在今江蘇睢寧西北）、吳興（治所烏程，在今浙江吳興縣南）。

又 xú《集韻》詳於切，音：徐，ㄒㄩ。"余吾"，水名，在朔方。

又 tú《集韻》同都切，音：徒，ㄊㄨˊ。《史記》：檮余，匈奴山名。

又 yé 于遮切，音：邪，ㄒㄧㄝˊ。"褒余"，蜀地名，一作"褒斜"。漢《陽厥碑》"褒斜"作"褒余"。

又 yú 叶演女切，音：與，ㄩˇ。《楚辭·九思》：

　　鸍雀列兮讙譁，雊雉鳴兮聒余。
　　抱昭華兮寶車，欲衒鬻兮莫取。

又，余與"餘"同。《周禮·地官》：委人，凡其余聚以待頒賜。《註》：余同餘。

又"⿱余余"與"餘"同。《篇海類編》：⿱余余，同"餘"。

yú《唐韻》以諸切，《集韻》、《韻會》羊諸切，《正韻》雲俱切，𠀤音：餘，ㄩˊ。

《說文》：餘，饒也。从食，余聲。《玉篇》：殘也。《廣韻》：賸也。《周禮·天官·冢宰》：以九賦斂財賄，九曰幣餘之賦。《鄭註》：百工之餘。《左傳·文元年》：歸餘于終。又《孟子》：餘夫二十五畝。《註》：一夫，上父母，下妻子，以五口、八口爲率。如有弟，是餘夫也。

又《周禮·地官·小司徒》：凡國之大事致民，大故致餘子。《註》：餘，謂羨也。鄭康成謂餘子，卿大夫之子，當守於王宮者也。《左傳·宣二年》：又宦其餘子。《註》：餘子，嫡子之母弟。

又，國名。《春秋·莊二年》：夏，

公子慶父帥師伐於餘丘。《註》：於
餘丘、國名。

又，地名。《左傳・昭二十二年》：
莒敗齊師於壽餘。

又，舟名。《左傳・昭十七年》：楚
大敗吳師，獲其乘舟餘皇。

又，草名。《山海經》：招搖山有草
，如韭、青花，名″祝餘″，食之不
飢。

又，姓。《姓譜》：晉有餘頠、餘文
仲。又″梁餘″、″夫餘″，俱複姓
（見《姓譜》載）。

餘氏，《路史》：吳後有餘氏。又云
：越王無疆之次子，蹄守歐餘亭之陽
，有餘氏。望出雁門，治所在今山西
右玉縣南。後移治在山西代縣西。

又，餘推、梁餘、夫餘，俱複姓：
餘推氏，《路史》：楚公族，有″餘
推氏″。

梁餘氏，《姓纂》：晉下軍大將軍梁

餘子養之後，本衛人，一作：梁子。

夫餘氏，《風俗通》：吳太子夫概王奔楚，其子在吳，以"夫餘"為氏。望出吳興，治所烏程，在今浙江省吳興縣南。

又《北史》：百濟國王姓"夫餘氏"，此以國為氏，一作"扶餘"。

又 yé《集韻》余遮切，音：耶一ㄝ。《莊子·讓王篇》：其緒餘以為國家。《司馬彪註》：緒餘，殘也。緒音奢（ㄕㄜ），餘音耶（一ㄝ）。

又 yóu 叶夷周切，音：由，一ㄡˊ。韓愈《驥驥詩》：

　　嘶鳴當大路，志氣若有餘。
　　騏驥生絕域，自矜無匹儔。

又 · yù 叶羊遇切，音：裕，ㄩˋ。《古詩》：新人工織縑，故人工織素。

　　織縑日一疋，織素五丈餘。

按：《正字通》：按《周禮·地官·委人》：凡其餘聚以待頒賜，本作"餘"

，因聲近譌作"余"。故《註》云：
"余"當為"餘"，謂縣都畜聚之物
。據本註，"餘"不當作"余"。《
正韻·四魚》"餘"字註，引《周禮
》"餘"本作"余"，合"余"、"
餘"為一，非。

八：八部四畫，《玉篇》："古文"別"字。

音：bié《唐韻》方別切，《集韻》、《韻
　　會》筆別切，《正韻》必別切，茲音
　　：鞭，入聲，ㄅ一ㄝ'

　　又bié《唐韻》、《集韻》、《韻會》
　　皮列切，《正韻》避列切，茲音：便
　　，入聲，ㄅ一ㄝ'。

義：《玉篇》：八，古文"別"字。
　　《說文》：八，分解也，从重八。《
　　孝經》說四：故上下有別。按：此引
　　緯說，字形重八之意也。上別下別則
　　二八矣，《集韻》改為上下有"八"
　　，非也。
　　又《玉篇》：分別也。《增韻》：辨

也。《禮·曲禮》：日月以告君，以厚其別也。《爾雅·釋山》：小山別大山，鮮。《疏》：謂小山與大山不相連屬者名鮮。《淮南子·齊俗訓》：宰庖之功割分別也。晋仲長敖戲《性賦》：同稟氣質，無有區別。

又"傳別"，謂券書也。《周禮·天官·小宰》：八成，聽稱責以傅別。《註》：鄭四：為大手書於一札，中字別之。

又《玉篇》：離也。《增韻》：解也，訣也。江淹《別賦》：黯然銷魂者，惟別而已矣。

宋·謝惠連《夜集歎乖詩》：

　　詩人詠踟躕，搔首歌離別。

梁·荀濟《贈陰梁州詩》：

　　已作金蘭契，何言雲雨別。

案：八·會意兼形聲。《說文通訓定聲》：八，分也，重八會意。八，別也，八亦形聲。《孝經》說四：故上下有分，經傳皆以〝別〞爲之。段（玉裁）氏以〝八〞爲〝兆〞字，大誤也。

𠔃：八部八畫

音：hài《五音篇海》音：害，ㄏㄞ。

義：未詳

伀：冂部四畫，《集韻》：人，古作：仒。

音：rén《唐韻》如鄰切，《集韻》、《韻會》、《正韻》而鄰切，竝音：仁，ㄖㄣˊ

義：《集韻》：人，古作〝仒〞。

《說文》：人，天地之性最貴者也。

《釋名》：人，仁也，仁生物也。《禮‧禮運》：人者，天地之德，陰陽之交，鬼神之會，五行之秀氣也。

又〝一人〞，君也。《書‧呂刑》：一人有慶，兆民賴之。又〝予一人〞，天子自稱也。《湯誥》：嗟爾萬方有衆，明聽予一人誥。

又〝二人〞，父母也。《詩‧小雅》：明發不寐，有懷二人。《詩經今注

》：明發，天亮。《廣雅·釋詁四》
：發，明也。二人，指父母。

又〞左人〞、〞中人〞，翟國二邑。

又，官名。《周禮》有〞庖人〞、〞
亨人〞、〞漿人〞、凌人〞之類。

又〞楓人〞，老楓所化，見《朝野僉
載》。又〞蒲人〞、〞艾人〞，見《
歲時記》。

又〞姓〞，明人傑。又〞左人〞、〞
聞人〞，俱複姓。

左人，以地為氏。《路史》：黃帝子
夷彭之後，有左人氏。

聞人，《風俗通》：少正卯，魯之聞
人，其後遂以為氏。漢世沛人多此姓
，望出河南（治所雒陽，在今河南省
洛陽市東北）。

又，rán《韻補》叶如延切，音二然，
曰ㄢ'。劉向《列女頌》：望色請罪，
桓公嘉焉。厥後治內，立為夫人。

閦：門部八畫，毘之籀文，兜之俗字。

音：chuò《唐韻》丑略切、《集韻》敕略切，夶音：逴，ㄔㄨㄛˋ

義：《玉篇》：宛，與"毚"同。

《說文》：毚，獸也。似兔，青色而大。象形，頭與兔同，足與鹿同。凡毚之屬皆从毚。宛，籀文。

按：中山經綸山，其獸多閭麈麢毚。

《郭注》：毚似兔而鹿腳，青色。音綽（ㄔㄨㄛˋ）。按：毚，乃毚之俗體耳。《集韻》別為二字，非也。

又《玉篇》、《廣韻》毚，夶同毚。

《山海經》：綸山，其獸多麢毚。《註》：毚似兔而鹿腳，青色。顏延之《自陳表》：息毚庸微，過宰近邑。

又，司馬相如《大人賦》：蜩蟉偃蹇，怵毚以梁倚。《註》：怵毚，奔走也。

龛：几部六畫

音：jī《篇海》音：无，ㄐㄧ。參見《康熙字典》（同文書局版頁一五一五）

　　　　又 wú《篇海》尣，音：无、ㄨˊ。參見
　　　　《康熙字典》（北京燕山出版社，現
　　　　我點校版，第一卷頁一二五）。

義：未詳

出：山部五畫

音：chū《廣韻》赤律切，《集韻》、《
　　　　韻會》、《正韻》尺律切，茲音：春
　　　　，八聲，彳ㄨ

義：《說文》：進也。《廣韻》：見也，
　　　　遠也。《增韻》：出、入也，吐也，
　　　　寫也。

　　　　又，生也。《爾雅・釋訓》：男子謂
　　　　姊妹之子為出。《左傳・成十三年》
　　　　：康公我之自出。《註》：秦康公，
　　　　晉之甥也。

　　　　又《周禮・秋官・大司寇》：其不能
　　　　改而出圜土者殺。《註》：出，謂越
　　　　獄逃亡也。

　　　　又《增韻》：斥也。《正韻》：亦作
　　　　〞黜〞、〞絀〞。

又，chuì《唐韻》、《集韻》、《韻會》尺類切，《正韻》蚩瑞切，茲音：椎。去聲，ㄔㄨㄟˋ。自中而外也。

又《正韻》：凡物自出，則入聲。非自出而出之，則去聲。然亦有互用者。

又，chuì叶尺偽切，音：吹，去聲，ㄔㄨㄟˋ。《詩·小雅》：匪舌是出，維躬是瘁。《詩經今注》：出，當讀為「拙（ㄓㄨㄛ）」。躬，自身。此句言：只是自身會受毀損。

又，chù叶敕律切，音：黜，ㄔㄨˋ。馬融《圍棋賦》：

燮彧窘乏兮，無令詐出。
深念遠慮兮，勝乃可必。

又，zhuó《韻補》叶側芳切，音：茁，ㄓㄨㄛˊ。曹植《卞后誄》：

詳惟聖善，歧嶷秀出。
德配姜嫄，不泰先哲。

又，chí叶春知切，音：侈，ㄔ。《穆天子傳·西王母謠》：

白雲在天，丘陵自出。

道里悠遠，山川間之。

又，chiɔˇ春至切，音：熾、彳。《楚辭·九章》：

竊快在其中心兮，揚厥憑而不竢。

芳與澤其雜糅兮，羌芳華自中出。

又《靈樞經》：

男內女外，堅拒勿出。

謹守勿內，是謂得氣。

嶍：山部十八畫

音：You《龍龕手鑑》：嶍，音：幽，一又

義：未詳

芻：勹部十畫，《字彙補》：與"芻"同。

按：《說文》"芻"从勹从艸，象包束艸之形。今改从小，無義，當是"芻"字譌文。

又《六書正譌》"芻"，象包束草之形，俗作"芻"，非也。

又"芻"字之音、義，參見"芻"字詮釋。

芻：勹部十畫，《唐韻》：古文 " 宜 " 字。

音：一ˊ《唐韻》、《集韻》魚羈切，《韻
　　會》疑羈切，太音＝儀，一ˊ

義：《唐韻》＝芻，古文 " 宜 " 字。

　《說文》＝宜，所安也。从宀之下一
　之上（一，猶地也。此言會意），多
　省聲。按《廣韻》曰＝《說文》本作
　" 宜 "，今據以正篆體多省聲。故古
　音魚何切，今音魚羈切，漢《石經》
　作 " 宜 "。又《廣韻》＝宜也。

　《增韻》＝適理也。《易·泰卦》＝
　後以財成天地之道，輔相天地之宜。

　《禮·王制》＝齊其政不易其宜。

　又《左傳·成二年》＝先王疆理天下
　物土之宜。《註》＝職方氏所謂青州
　宜稻粱，雍州宜黍稷之類是也。

　又《詩·周南》＝宜其室家。《詩經
　今注》＝宜，通當。《傳》＝宜者，
　和順之意。

　又《爾雅·釋詁》＝宜，事也。《詩

‧大雅》：公尸來燕來宜。《詩經今注》：宜，猶適也。來宜，來舒適舒適。《毛傳》：宜其事也。

又《五篇》：當也，合當然也。《禮‧樂記》：武之遲久，不亦宜乎？

又，祭名。《書‧泰誓》：類于上帝，宜于冢土。《註》：祭社曰宜，冢土，社也。《禮‧王制》：宜乎社。《註》引《爾雅》：起大事，動大眾，必先有事乎社，令誅罰得宜。

又，州名。古百越地，唐置粵州，改宜州。

又，姓。《正字通》：元‧宜桂可，博通經史。

宜氏，《潛夫論》：宋子姓有宜氏。按當為宜僚之後。

又，通作"儀"。《前漢書‧地理志》：伯益能儀百物。"儀"，讀與"宜"同。

又，é叶五何切，音=俄，ě。《詩

‧鄘風》：如山如河，象服是宜。叶
上〝佗〞下〝何〞。《詩經今注》：
如山如河，簪子有作鳥獸形的，有作
魚龍形的，所以說首飾〝如山如河〞
。又解：河，疑當作阿，大嶺。象，
借為襐（音：象），鑲也。襐服，衣
的周邊領袖，都鑲上花邊。

按：《音學五書》：宜，古音：魚何反。
宜字《詩》凡九見，《易》一見，《
儀禮》一見，《楚辭》一見，並同。
後人誤入五支韻，據此則又非，但叶
音矣！

又：《集韻》：𡧃（宜本字），隸作宜。

幺：厶部四畫，《集韻》：幻，古作：幺。

音：huàn《集韻》胡慣切，音患，ㄏㄨㄢˋ

義：《集韻》：〝幻〞，古作〝幺〞。
《說文》：幻，相詐惑也，从反予（
倒予字也，使彼予我，是為幻化）。
《書‧無逸》：民無或胥，譸張為幻。
又《廣韻》：化也。《金剛經》：一

切有為法，如夢幻泡影。

又《增韻》：幻、妖術也，或作〞眩〞。《前漢書‧張騫傳》：犛靬眩人。《註》：眩，讀與〞幻〞同。即今吞刀吐火，植瓜種樹，屠人截馬之類，皆是也。

又，xiàn《唐韻》、《集韻》��胡辨切，音：莧，ㄒㄧㄢˋ，義同。

又，yuàn叶熒絹切，音：院、ㄩㄢˋ。

陸機《刻漏賦》：

來像神造，去猶鬼幻。

因勢相引，來靈自薦。

案：幻字今義，有名詞、動詞、形容詞：

名詞：假得像真的，如：幻術、幻境

動詞：變幻莫測，如：幻覺、幻化

形容詞：空虛不實在，如：幻想、虛

幻、夢幻，……

叏：又部四畫，《玉篇》：古文〞友〞字。

音：yǒu《唐韻》云久切，《集韻》、《韻會》、《正韻》云九切，��音：有，一乂ˇ。

義：《玉篇》：叕，古文"友"字。

《說文》：叕，同志為"友"。（參
《周禮注》曰：同師為朋，同志為友
。）从二又相交（二又二人也，善兄
弟曰友，亦取二人而如左右手也。）
徐曰：二手相順也，叕有佐佑之義，
故从二手。

《禮·儒行》：儒有合志同方，營道
同術。竝立則樂，相下不厭。久不相
見，聞流言不信。其行本方立義，同
而進，不同而退，其交友有如此者。

又，善于兄弟為友。《書·君陳》：
惟孝友于兄弟。

又，凡氣類合同者，皆曰友。司馬光
《潛虛》：醜，友也。天地相友，萬
彙以生。日月相友，群倫以明。風雨
相友，艸木以榮。君子相友，道德以
成。

又，wei《韻補》叶羽軌切，音：洧，

ㄨㄟ。《前漢書・禮樂志・天馬歌》：
體容與，迣萬里。今安匹？龍為友。
又・迣。zhi《廣韻》：古文"迾"字
。按：俗譌作：迖、迏，茲非。

哥：口部十畫，《廣韻》：古文"歌"字。

音：ɡe《唐韻》古俄切，《集韻》、《韻
會》、《正韻》居何切，茲音：牁，
《ㄍㄜ。

義：《說文》：哥，聲也。从二可，古文
以為"歌"字（《漢書》多用"哥"
為"歌"）。《廣韻》：古文"歌"
字。《前漢書・藝文志》：哥永言。
《唐書・劉禹錫傳》：屈原作《九哥
》。案：哥，歌也。

又《廣韻》：今呼為"兄"。《韻會
》：穎川語，小曰哥。今人以配"姐
"字，為兄弟之稱。

又・對兄長，稱呼：哥哥、大哥。
於同輩兄弟，對年長者尊稱：老哥、
老大哥，……

又〝哥舒〞，複姓。《舊唐書》：突騎施有〝哥舒〞部，番人多以部落稱姓，因以為氏。

哥氏，《宋文憲集》：為哥舒氏所改。又於勃尼國，有〝哥〞姓。

又〝歌〞，古文〝哥〞字。《廣韻》：古〝歌〞字。《說文》：歌，詠也（詠，歌也，二字為轉注），从欠哥聲。又〝謌〞，歌或从言（歌永言，故从言，曰哥聲也，古文以為〝謌〞字）。徐曰：長引其聲以詠也。

《釋名》：人聲曰歌。歌者，柯也。以聲吟詠，有上下，如草木有柯葉也。楊子《方言》：充冀言歌聲如柯。《書·舜典》：詩言志，歌永言。《正義》曰：直言不足以申意，故令歌詠其詩之義，以長其言。《禮·樂記》：詩言其志也，歌詠其聲也。又：歌之為言也，長言之也。言之不足，故長言之。《詩·小雅》君子作歌。

又、曲合樂也。《詩·魏風》：我歌
且謠。《詩經今注》：歌、謠，唱有
曲調為歌，唱無曲調為謠。《傳》：
曲合樂曰歌，徒歌曰謠。《疏》：引
《正義》曰：謠既徒歌，則歌不徒矣
，故曰曲合樂曰歌。歌謠對文如此，
散則歌為總名，未必合樂也。《韓詩
章句》：有章曲曰歌，無曰謠。

又《古樂府注》：齊歌曰謳，吳歌曰
歈，楚歌曰豔。奏樂曰登歌、曰升歌。

又、鐘名。《左傳·襄十一年》：鄭
人賂晉侯歌鐘二肆，晉侯以樂之半賜
魏絳。

又，山名。《廣輿記》：歌山，在廣
西平樂府富川縣。

又〝朝歌〞，地名。《前漢書·地理
志》：朝歌，紂所都也。漢為縣，屬
河內郡。

又、guò叶古賀切，音：過，《ㄨㄜˋ。
左貴嬪《晉元后誄》：內敷陰教，外

毗陽化。綢繆庶政，密勿夙夜。恩從風翔，澤隨雨播。中外禔福，遐邇詠歌。說見《顏氏刊謬正俗》。

又，jī叶居之切，音：姬，ㄐ一。屈原《遠遊》：張樂咸池奏承雲兮，二女御九韶歌。使湘靈鼓瑟兮，令海若舞馮夷。

又，jū叶斤於切，音：居，ㄐㄩ。柳宗元《饒娥碑辭》：

　　鄱民哀號，或以頌歌。

　　齊女色憂，傷槐罷誅。

按：哥，《廣韻》：古文"歌"字，《說文》：或作"謌"，《集韻》：或作"哿"。

囘：口部六畫，《正字通》：俗"回"字。

音：huí《唐韻》戶恢切，《集韻》、《韻會》、《正韻》胡隈切，並音：洄，ㄏㄨㄟˊ

義：《說文》：回，轉也。（淵，回水也。故顏回，字子淵。《毛詩傳》曰：

回，邪也。言回為亶之假借也。又曰：回，違也，亦謂假借也。亶，音：圖，ㄨㄟˊ，衺也。衺，音：斜，讀：ㄒㄧㄝˊ。《類篇》：或作"袤"，《集韻》：通作"斜"。）从口，中象回轉之形。（中當作口，外為大口，內為小口，皆回轉之形也。如天體在外左旋，日月五星在內右旋是也。）又，囘，回古文。（古文象一气回轉之形。）徐鍇曰：渾天之氣，天地相承，天周地外，陰陽五行，回轉其中也。

又《說文》：邪也，曲也。《詩·小雅》：淑人君子，其德不回。《詩經今注》：回，邪也。《禮·禮器》：禮飾回，增美質，措則正，施則行。

又《正韻》：返也。《後漢書·蔡邕傳》：回途要至，俯仰取容。今案：回，返也。

又《廣韻》：違也。《詩·大雅》：

求福不回。《詩經今注》：回，邪僻。此句言君子以正道求福。又：徐方不回。《註》：回，猶敗也，違也，言不違命也。

又《詩・大雅》：昭回于天。《詩經今注》：昭，明也。回，轉也。《註》：昭明回旋也。

又，屈也。《後漢書・盧植傳》：可加殺恕，申宥回柱。又：抗議不回。

又，徘回。《說文》："徘徊"本作"裵回"，寬衣也。取其裵回之狀。張衡《思玄賦》：馬倚輈而徘回。《註》：言踟躕不進也。

又，低回，紆衍貌。《史記・孔子世家贊》：適魯觀仲尼車服禮器，餘低回留之不能去。《前漢書・揚雄傳》：大道低回。

又，姓。《韻會》：古賢者方回之後。《正字通》：明宣德中御史回續。回氏，《姓氏辯證》：出自妘姓，祝

融孫吳回之後。《姓源》：出古賢者
方回之後。望出臨安，即今浙江省杭
州市。

又，回紇。《唐書》：回紇九姓，一
曰回紇氏。

又，地名。《後漢書・郡國志》：右
扶風有回城，名曰〝回中〞。

又，通作〝迴〞。《荀子・儒效篇》
：圖迴天下於掌上。

又，通作〝迴〞。《史記・鄒陽傳》
：墨子迴車。

　　今案：迴，同〝迴〞。

又《正字通》：回回，國名，西域大
食國種也。明・丘濬曰：國在玉門關
外萬里，陳隋間入中國，金元以後，
蔓延滋甚所至輒相親守，其所謂教門
者尤篤，今在在有之。

又，huí《集韻》、《韻會》太戶賄切
，音：悔，ㄏㄨㄟˇ。繞也。《左傳・
襄十八年》：右回梅山。徐邈讀上聲。

又，hui《集韻》、《韻會》��胡對切，音：績，ㄏㄨㄟˋ

《前漢書‧趙充國傳》：回遠千里。《註》：回，謂路迂回也。音：胡悔反。又，畏避也。《前漢書‧王溫舒傳》：即有避回。《註》：謂不盡意，捕擊盜賊。又《蓋寬饒傳》：刺舉無所回避。《註》：回，��讀若諱。

按：《正字通》：囬，俗"回"字。又《鄞本監韻》：回作"囬"非，囬乃古"面"字也。

圭：土部六畫，《五篇》：古文"珪"字。

音：gui《唐韻》古攜切，《集韻》、《韻會》涓畦切，��音：閨，ㄍㄨㄟ

義：《說文》：圭，瑞玉也。（瑞者，以玉為信也。）上圜下方，（圭之制上不正，圜以對下方言之，故曰上圜。上圜下方，法天地也。故應劭曰：圭，自然之形，陰陽之始也。------《方言》四：圭，始也。多不得具解，愚

謂壴從主聲，與主同音。壴始也即圭
始也。）圭以封諸侯。（詳《周禮・
大宗伯・典瑞》：玉人天子以封諸侯
，諸侯守之以主其土田山川。）故以
重土。（重土者，土其土也。）楚爵
有執圭。（此說，楚制之乖異也，其
事橢見各書，如《國策》之景翠莊辛
，《淮南》之荊佽非子發，《說苑》
鄂君子晳，《呂覽》之能得五員者，
皆楚執圭者也。《高注》：《淮南》
曰：楚爵功臣賜以圭，謂之執圭，此
附庸之君。）珪，古文"圭"以玉。
（古文以玉，謂頒玉以命諸侯守此土
田培敦也。小篆重土而省玉，蓋李斯
之失，與今經典中圭珪錯見。圭珪移
於部末者，許例當如此也。）
《書・禹貢》：禹錫玄圭。《詩・大
雅》：錫爾介圭。《詩經今注》：介
，大也。圭，古代玉製禮器。《周禮
・春官・典瑞》：王執鎮圭，公執桓

圭九寸。（桓，玉部作"瓛"，此不改者，依《周禮》文也。鄭曰：雙植謂之桓，桓圭以宮室之象為琢飾。）侯執信圭，伯執躬圭皆七寸。（鄭曰：信當為身，身圭躬圭，皆象以人形為琢飾。九寸七寸，謂其長也。）

又《周禮·春官》：土圭以致四時日月，封國則以土地。《註》：土，猶度也。土圭，測日景之圭。

又量名，《標準學生字典》、《國語日報字典》、《新華字典》、《東方國語辭典》、《國語日報辭典》、《現代漢語詞典》：圭，量器名，升的十萬分之一。

《前漢書·律歷志》：量多少者，不失圭撮。《註》：六十四黍為圭。

又《後漢書·輿服志》：凡合單紡為一系，四系為一扶，五扶為一首，五首為一文、文采淳為一圭。

又《本草綱目序例》：丸散之刀圭，

準如梧桐子大，十分方寸匕之一。方
寸匕者，作：匕正方一寸，抄散不落
為度。

又，與〞閨〞同。《禮‧儒行》：蓽
門圭窬。

喜：士部十二畫，《字彙補》：與〞喜〞同

音：Xǐ《唐韻》虛里切，《集韻》、《韻
　　會》許己切，《正韻》許里切，竝音
　　：嘻，ㄒㄧˇ

義：《字彙補》：喜，與〞喜〞同。

　　《爾雅‧釋詁》：喜，樂也。《玉篇
　　》：悅也。《書‧益稷》：股肱喜哉
　　！《易‧否卦》：先否後喜。

　　又〞聞喜〞，縣名，山西絳州直隸州
　　屬縣。

　　又，姓。《正字通》：元順帝時喜同
　　，明正統中喜寧。

　　喜氏，《國語》：桀伐有施氏，有施
　　氏以妹喜女焉。《韋昭注》：有施，
　　喜姓國。《路史》：燕後有喜氏。

又，xī《集韻》虛其切，音：僖，
ㄒㄧ。"末喜"，有施氏女名。《晉
語》：夏桀伐有施氏，有施人以"妹
喜"女焉！

又《楚辭·天問》：簡狄在臺嚳何宜
，玄鳥致貽女何喜。《註》：喜，叶
音：羲，ㄒㄧ。

又，xì《集韻》許記切，與"憙"同
，ㄒㄧˋ。好也。《詩·小雅》：彤弓
弨兮，受言載之。我有嘉賓，中心喜
之。《詩經今注》：載，裝在車上。
《註》：載叶子利反，喜讀去聲。《
前漢書·廣陵王傳》：何用爲樂心所
喜，出入無悰爲樂亟。《註》：韋昭
曰：喜，許吏反。亟，丘吏反。

又，chì《集韻》、《類篇》赱昌志切
，音：熾，ㄔˋ。與"饎"同。
《爾雅·釋訓》：饎，酒食也。《註
》：猶今云："饎""饌"皆一語而
兼通。《疏》：饎，一字通酒食兩名

也。李巡云：得酒食則喜歡也。《詩
‧小雅》：吉蠲為饎，是用孝享。《
詩經今注》：吉，善。蠲（音：捐）
，潔也。饎，酒食也。用，指用酒食
。享，祭祀的通名。祭祀祖先，乃對
祖先的孝敬，所以說〝孝享〞。

又《玉篇》：黍稷也。《儀禮‧特牲
饋食禮》：主婦視饎爨于西堂下。《
註》：炊黍稷曰〝饎〞。

又，Xī《集韻》虛其切，音：僖，
ㄒㄧ。義同。

按：《集韻》：或作〝餾〞、〝餌〞、〝
餓〞、〝糦〞、〝喜〞、〝餒〞。《
正韻》：亦作〝饎〞。

多：夕部六畫，古文〝夘〞字，亦作〝吕〞
音：duō《廣韻》、《正韻》得何切，《集
韻》、《韻會》當何切，丛音：朵，
平聲，ㄉㄨㄛ

義：《說文》：多，緟也。（緟者，增益
也，故為多。多者勝少者，故引伸為

勝之偶。戰功曰多，言勝於人也。《
玉篇》或作"種"，今作"重"。）
从緟夕（會意），夕者相繹也，故為
多。（相繹者，相引於無窮也。抽絲
曰繹夕，繹疊韻說从重夕之意。）緟
夕為多，緟日為疊。

《爾雅・釋詁》：眾也。《詩・小雅
》：謀夫孔多。《增韻》：不少也。
《易・謙卦・象傳》：君子以裒多益
寡。《禮・表記》：取數多者仁也。

又，勝也。《禮・檀弓》：曾子曰：
多矣乎！予出祖者。《註》：曾子聞
子游，喪事有進無退之言，以為勝于
己之所說出祖也。《史記・高帝紀》
：臣之業，所就孰，與仲多？

又，刻求也。《左傳・僖七年》：後
之人將求多于汝，汝不必免。

又，稱美也。《前漢書・袁盎傳》：
諸公聞之皆多盎。《後漢書・馮異傳
》：諸將皆言頗屬大樹將軍，帝以此

多之。

又，戰功曰多。見《周禮‧夏官‧司勳》。

又〞荒俗〞，呼父為阿多。《唐書‧德宗紀》：貞元六年（790），回紇可汗謝其次相曰：惟仰食于阿多。

又，姓。漢‧多軍、多仰，宋‧多岳‧多氏‧《姓氏考略》：商有多父鼎，多姓始此。一云：漢多軍之後‧望出丹陽（治所宛陵，即今安徽宣城）。雲南夷亦有〞多〞姓，像〞剝〞氏改。《寰宇記》：唐‧氐立郡六姓，一曰〞多〞氏。

又，複姓。多利思，《隋書》：倭國王之姓為〞多利思〞氏。

多蘭氏，《唐韻》：代北多蘭部大人，因以為姓。

多蘭葛氏，《唐書》：回紇九姓，一曰：多覽葛，亦作：多濫葛，又作：多臘葛。在薛延陀東北，瀕同羅水，以部族為內。

又《梵語》"吃栗多"，華言賤人。
"底栗多"，華言畜生。

又，樹名。《酉陽雜俎》：多貝樹，
出摩伽陀國，長六、七丈，冬不凋。
又《西域記》：南印建那補羅國，北
有多羅樹，株三十餘里，其葉長廣，
其色光潤，諸國書寫采用之。

又，dāo叶都牢切，音：刀、ㄉㄠ。蘇
轍《巫山廟詩》：歸來無惡無以報，
山下麥熟可作醪。神君尊貴豈待我，
再拜長跪神所多。又《詩·魯頌》：
享以騂犠，是饗是宜，降福既多。《
詩經今注》：騂（音：辛，ㄒㄧㄣ）
，赤色。犠，祭神的牲稱犠。是言用
赤色牲犠，祭祀后帝與后稷。

按：《正字通》：朱傳：犠，虛宜、虛何
二反。宜，牛奇、牛多二反。多，章
移、當何二反。《字彙》專叶音趨，
不知《詩》有二反也。

朱子意，若从上虛宜切之犧，牛奇切
之宜，則當何切之多，宜叶章移切，
音：貲。若从下多字叶，則犧叶虛何
切，音：呵。宜叶牛多切，音：哦。
一在支韻止攝，一在歌韻果攝。《字
彙》叶遂須切音：趨、錯入虞韻遇攝
。《正字通》譏《字彙》不知二反，
殊不知其錯入虞韻，并不知一反也。
又《說文》：多，重也。从重夕，夕
者相繹也，故為多。重夕為"多"，
重日為"疊"。

夛：夕部六畫，《集韻》：多，古作：夛。

　　案：音、義，參見"多"字詮釋。

夥：夕部十二畫，《海篇》：同"多"。

　　案：音、義，參見"多"字詮釋。

夵：大部六畫，《篇海類編》：與"套"同

　　音：tào《廣韻》他號切，《集韻》土號切

　　，太音：滔，去聲，去幺。又《集韻

　　》叨號切，音：饕，去聲，去幺

　　義：《篇海類編》：夵，與"套"同。

《廣韻》、《集韻》：套，與"袠"
同，長大也。

又《集韻》：凡物重沓者為套。今之
沓杯曰套杯。方語不受人籠絡者曰不
落套。簡略時趨者曰脫套。

又，地曲。《明一統志》：後唐與梁
人戰于胡蘆套。又，河套本內地。

按：《字彙》誤分"套"、"袠"為二，
《正字通》註訓八畫"袠"，今多從
"套"，移于此。

姣：女部六畫，《玉篇》：古文"姣"字。

音：jiǎo《廣韻》、《韻會》、《正韻》
古巧切，《集韻》吉巧切，茲音：狡
，ㄐㄧㄠˇ

義：《玉篇》：姣，古文"姣"字。

《廣韻》、《韻會》、《正韻》、《
集韻》：姣，美也，媚也。

《史記·蘇秦傳》：前有樓閣軒轅，
後有長姣美人。

又"姣"與"狡"通，《後漢書·劉

金子傳》：卿所謂鍑中錚錚，傭中姣姣者也。一作"佼"。

又，xiáo《廣韻》胡茅切，《集韻》、《正韻》何交切，太音：肴，一ㄠ。淫也。《左傳·襄九年》：穆姜曰：棄位而姣，不可謂貞。一曰如字讀

又，xiào《集韻》後教切，音：效，ㄒㄧㄠ。義同。亦，姓。《姓氏考略》：姣，即"佼"氏。《後漢書·蓋延傳》：周大夫原伯佼之後。

又，"佼"、"妖"通。

yāo《唐韻》於嬌切，《集韻》於喬切，《正韻》伊堯切，太音：夭，一ㄠ。豔也、媚也。一曰異也、孽也。《左傳·莊十四年》：人棄常則妖興。《前漢書·五行志》：殺不以時，有草妖。又：妄聞之氣，發于音聲，有鼓妖。雲風太起，而者寔為夜妖。言之不文，是謂不艾，時則有詩妖。

又，yú叶央居切，音：於，ㄩ。孔臧

《鵩賦》：觀之歡然，覽考經書，

在德爲祥，棄常爲妖。

又，zǔ叶側呂切，音：阻，ㄗㄨˇ。《

前漢書‧三王敘傳》：

怙寵矜功，僭欲失所，

私心既霧，牛禍告妖。

按：《說文》：䄥，（本 "妖" 字，亦通

"夭"。）巧也。一曰女子笑貌，从

女芺聲。

㚒：子部十八畫

音：jí《餘文》音：芨，ㄐㄧˊ

義：未詳

尸：尸部六畫

音：xián《龍龕手鑑》音：賢，ㄒㄧㄢˊ

義：未詳

巛：巛部六畫，《海篇》：與 "坤" 同。

音：kūn《廣韻》苦昆切，《集韻》、《韻

會》、《正韻》枯昆切，太音：髡，

ㄎㄨㄣ

義：《海篇》：巛，與 "坤" 同。

又《玉篇》：巛，古文"坤"字。

《廣雅》：柔也，順也。《後漢書‧

輿服志》：黃帝、堯、舜，垂衣裳而

天下治，蓋取諸乾巛，乾巛有文，故

上衣玄，下裳黃。《北史‧魏文帝紀

》：太和三年，巛德六合殿成。

又《海篇》：巛，與"坤"同。古文

巛字。《廣韻》、《集韻》、《韻會

》、《正韻》太音：髡。地也。

《釋名》：順也，上順乾也。

《易》：卦名。《象傳》：地勢坤。

《說卦》：坤為地。

又、quán叶巨員切，音：拳，ㄑㄩㄢ

。桓君山《仙賦》：氾氾濫濫，隨天

轉旋。客客無為，壽極乾坤。

蘇軾（東坡）《服胡麻賦》：至陽赫

赫發自坤兮，至陰肅肅躋于乾兮。

按：《說文》：坤，地也，易之卦也。（

《象傳》曰：地勢坤，君子以厚德載

物。《說卦》傳曰：坤，順也。按：

伏羲取天地之德為卦名，曰：乾坤。

）从土、从申，上位在申也。古作"

《《"，象坤畫六斷也。

又"坤"，古文"《《"、"巛"。別

作"巺"、"界"、"魁"、"贄"。

蚩：工部十畫，《字彙補》：同"隳"。

音：huī《廣韻》許規切，音：隳，ㄏㄨㄟ

義：《字彙補》：同"隳"。

隳，俗"隓"字。老子《道德經》：

故物，或行或隨、或呴或吹、或強或

羸、或載或隳。宋玉《高唐賦》：長

吏隳官。

又，通作"墮"。《禮‧月令》：繼

長增高，毋有壞墮。《釋文》：墮，

本作：隳。

又《讀書通》：與"毀"通。《荀子

‧富國篇》：非特隳之也，說不免焉

。《後漢書‧袁紹傳》：所過毀突。

《文選》：作"隳"。

又，俗"隓"字。《說文》：敗城阜

曰隓。徐曰：俗作"隳"，非。

《玉篇》：廢也、毀也、損也。揚子

《方言》：擶隓，壞也。

《說文》：隓，篆作"塘"。隸變作

"隓"，《玉篇》：亦作"隨"。俗作

"隳"，《集韻》：又同"隓"。

又，tuǒ《集韻》杜果切，音：妥，

ㄊㄨㄛˇ。與"陊"同。

duò《廣韻》徒可切，《集韻》待可切

，茲音：舵，ㄉㄨㄛˇ。《玉篇》：陊

，壞也。《廣韻》：下坂貌。又落也

。于逖《聞奇錄》：徐知業少時遊天

台山，歇於大樹陰，巖上石盤欲陊，

空中語曰：下有人，石砳然架樹，回

身乃落，震地塌然。又：楊集牧復睦

州，至一巖下，忽一大石盤陊下。

《集韻》：本作"阤"，亦作"陀"。

又《玉篇》：小闕也。

又，duò《唐韻》徒果切，《集韻》杜

果切，茲音：埵，ㄉㄨㄛˇ。《說文》

：穧，落也。（艸部曰艸、曰苓木、曰落，引申之，凡自上而下皆曰落。石部砮下曰上摘，山巖空青，珊瑚隊之。《吳都賦》曰：砮隊山谷。按今字段"墮"為"隊"，而段"隊"為"阤"，義雖略相近，而實本不同。《召南》、《毛傳》盛極，則隋落者梅也。又，段"隋"為"隊"。）從自，多聲。《註》：俗作"墮"，非。《集韻》或作"陸"、"塘"。

又，zhi《廣韻》池爾切，《集韻》丈爾切，丛音：豸、沶。《廣韻》：山朋也。《集韻》：本作"阤"，或作"陀"。

案：墲，《字彙補》同"隳"。《廣韻》俗"隊"字，《釋文》隳，亦作隳。隳，《說文》：篆作"塘"，隸變作"隳"，《玉篇》：亦作"墮"。《集韻》：或作"陸"、"塘"，又同"隳"，亦與"隊"同。

陝，《集韻》：本作〝阤〞，或作〝
陁〞，亦作〝阽〞。《博雅》：〝阤
〞或作〝陝〞，〝陁〞。

𢀖：工部十六畫，《字彙補》：同〝多〞。
　　案：音、義、參見〝多〞字，詮釋。

𢀔：己部六畫
　　音：hàn《海篇》音：旱，ㄏㄢˇ。
　　義：未詳

帍：巾部六畫
　　音：cháng《搜真玉鏡》音：長，ㄔㄤˊ
　　義：未詳

帶：巾部十二畫
　　音：zǎo《篇韻》音：早，ㄗㄠˇ
　　義：未詳

𢆶：幺部十四畫，本〝繼〞字。
　　音：jì《廣韻》、《集韻》、《韻會》、
　　　　《正韻》林古詣切，音：計，ㄐㄧˋ
　　義：《說文》：繼从糸，从𢆶。一曰反𢇛
　　　　為繼。（大徐無篆文，但有一曰反𢇛
　　　　為𢆶六字不可了。小徐本云：或作𢇛

，反絲為亂。今依以補一篆文，乃使文從字順矣！反之而成字者，如反巳為㠯、反人為匕、反正為乏，是也。小徐本見《韻會》、《莊列》皆云：得水為亂。此篆見古書者惟此，而莊譌作絲。）

《莊子·至樂篇》：得水則為亂。《音義》：萬物得水土氣，乃相繼而生也。

本"繼"字，《說文》：繼，續也。（虞翻注《易》曰：繼，統也。）從糸，絲。（各本篆文作繼解，作從糸亂則不可通，今正此會意。字從糸絲者，謂以糸聯其絕也。自《傳》寫譌亂併篆體改之，因又刪亂篆矣！）

《玉篇》：紹繼也。《易·繫辭》：繼之者善也。《中庸》：善繼人之志。《孟子》：為可繼也。《五經文字》：繼，從亂，反絲為亂。俗作"継"，非。

又、ㄐㄧˋ《集韻》古棄切，音：繫，
ㄒㄧˋ。縛也。《後漢書・李固傳》：
群下繼望。《註》：劉攽曰：繼是繼
續之義，不可施於此，蓋本是繫字，
繫綴天下之望也。

按：繼又音：繫，訓＂縛＂即＂繫＂之義
。劉攽改＂繼＂為＂繫＂，非是。

𢇍：幺部十畫，《說文》：古文＂絕＂字。

音：jué《廣韻》、《集韻》情雪切，《韻
會》徂雲切，並音：截，ㄐㄩㄝˊ

義：《說文》：𢇍，古文＂絕＂字，象不
連體絕二糸也。路溫舒《尚德緩刑書
》：𢇍者不可復屬。

又《說文》：絕，斷絲也。（斷之則
為二是曰絕）从糸、从刀（斷絲以刀
也。會意）、卪聲，象不連體絕二絲
（象形也）。《廣韻》：絕，作＂𢇍
＂，非。《博雅》：斷也。《玉篇》
：滅也。《書・甘誓》：天用勦絕其
命。

又《詩・小雅》：終踰絕險。《詩經今注》：踰，越過。《箋》：踰度隘絕之險。

又《禮・月令》：振乏絕。《疏》：不續曰絕。

又《周禮・春官・大祝》：辨九祭，七曰絕祭。《註》：絕肺以祭，謂之絕祭。

又《爾雅・釋水》：正絕流曰亂。《註》：直橫流也。《史記・天官書》：絕漢抵營室。《註》：《索隱》曰：絕，度也。《荀子・勸學篇》：假舟楫者，非能水也，而絕江河。《註》：絕，過也。

又，屈原《離騷》：萎絕其何傷兮。《註》：絕，落也。

又，zhuó《集韻》祖悅切，音：茁，ㄓㄨㄛˊ。　義同。

又《韻補》叶此芮切，司馬相如《哀二世賦》：以"絕"叶"勢"。

按：豒，《餘文》：同＂絕＂。又＂斷＂

，《字彙補》：古文＂絕＂字。

弓：弓部四畫

音：xián《唐韻》胡先切，《集韻》胡千

切，太音：賢，ㄒㄧㄢˊ

義：《說文》：謂草木弓盛也。

又《說文》：弓，嘾也，艸木之華未

發函然。（函之言含也，深含未放）

象形（下象承華之莖，上象未放之蓓

蕾）。凡弓之屬皆从弓，讀若含厂ㄢ

尋：크部大畫，《字學指南》：同＂多＂。

案：音、義，參見＂多＂字，詮釋。

㪔：크部二十二畫，《字彙補》：同＂那＂

音：nuó《唐韻》、《廣韻》諾何切，《集

韻》、《韻會》囊何切，《正韻》奴

何切，太音：儺，ㄋㄨㄛˊ

義：《字彙補》：㪔，同＂那＂。

《說文》：邧，从邑冄聲。西夷國安

定有朝邧縣。（安定郡朝邧二志，同

今陝西平涼府，府東南有朝邧故城。）

又《五篇》：何也。《左傳·宣二年》：棄甲則那？

又，多也。《詩·小雅》：受福不那。《詩經今注》：那，多也。不那，即甚多。

又《集韻》：安貌。《詩·小雅》：有那其居。《詩經今注》：那（音：挪，ㄋㄨㄛˊ），安閑。

又，姓。《廣韻》：西魏有那椿。那氏，《姓譜》：左傳：楚武王克權，遷權於那處，因氏。望出丹陽（治所宛陵，即今安徽宣城）、天水（治所平襄，在今甘肅通渭西北）。

《風俗通》夷姓，東夷朝那有那氏。

又，大宛國之破落那氏，改為那氏。《漢書》：燒當羌有那氏。

複姓，那色波氏。《唐書》：康國九姓，皆支庶分王，第九曰那色波氏。那蔞氏，《魏書官氏志》：後魏時代北姓，後改為"蔞氏"。

那羅氏，《唐書》：天竺國人之姓。

又，nǎ上聲，《廣韻》、《正韻》奴可切，《集韻》乃可切，夶音：娜，ㄋㄚˇ。《集韻》：何也。《玉篇》：俗言那事。注：那事，即何事也。

又，nuò去聲。《廣韻》奴箇切，《集韻》、《韻會》、《正韻》乃箇切，夶音：哪，ㄋㄚˋ。語助也，《後漢書‧韓康傳》：公是韓伯休那？杜甫《詩》：杖藜不睡誰能那？

又，nǔ叶奴故切，音：怒，ㄋㄨˋ。陸雲《陸丞相誄》：

　　　　　改容肅至，傾蓋寵步。
　　　　　鞶帶翻紛，珍裘阿那。

按：𨙻，《字彙補》：同〞那〞。《說文》：那，本作〞𨚗〞，俗作〞𨙻〞。

又《玉篇》：𨙻，同〞那〞。

𢦒：戈部八畫，《廣韻》：通作〞殘〞。

音：cán《唐韻》昨干切，《集韻》、《韻會》財干切，《正韻》財難切，夶音

：ㄗㄨㄟˊ、ㄘ、ㄗㄞˊ

義：戔，《廣韻》：通作”殘”。

《說文》：戔，賊也。（此與殘音義皆同，故殘用以會意，今則殘行而戔廢矣。《篇韻》皆云：傷也。殘與殉通，故《周禮注》曰：雖其潘瀾戔餘不可褻也。《周易》束帛戔戔，《子夏傳》作殘殘，皆殉餘之意也。）

《廣韻》：傷也，二戈疊加，有賊傷之象。通作”殘”。

又，jiān《集韻》、《韻會》姑將先切，音：箋，ㄐㄧㄢ。”戔戔”，淺小之意。《易‧賁卦》：束帛戔戔。

又，jīn《字彙補》宗親切，音：津，ㄐㄧㄣ。劉孟陽《碑銘》：

有父子，然後有君臣。

理財正辭，束帛戔戔。

又，chǎn《集韻》楚限切，音：剗，ㄔㄢˇ。擣傷也。

又，chuǎn楯緒切，音：惴，ㄔㄨㄢˇ。

義同。

又、jiǎn子淺切，音：翦，ㄐㄧㄢˇ。

少意。

又、jiàn在演切，音：踐，ㄐㄧㄢˋ。

狹也。《周禮・冬官・鮑人》：自急者先裂，則是以博為帴。《註》：鄭云：讀為羊豬帴之帴。《說文》：音"踐"。

又、zhǎn旨善切，音：膳，ㄓㄢˇ。

賦也。

又、Piàn匹見切，音：片，ㄆㄧㄢˋ。

狹小之意，劉昌宗說。

庡：戶部八畫

音：yi《川篇》音：抑，ㄧ

義：未詳

瞷：日部十六畫，《篇韻》：作"閒"。

音：lǎng《字彙補》音：朗，ㄌㄤˇ

義：《字彙補》：瞷，出《西江賦》。

案：瞷，《篇韻》作"閒"。《字彙補》：閒，音、義與"朗"同，參見"閒

〞字詮釋。

棗：木部十二畫，古文〞栆〞字。

音：zǎo《唐韻》、《集韻》、《韻會》𡘋
　　子皓切，音＝蚤，ㄗㄠˇ

義：《說文》：果名（棗，羊棗也，从重
　　束）。《小爾雅》：棘實謂之棗。《
　　埤雅》：大者棗，小者棘，于文𡘋束
　　為棘，重束為棗，蓋棗性重喬，棘則
　　低矣。

　　又《儀禮‧士昏禮》：婦摯，舅用棗
　　栗。《疏》：以早自謹敬為義。棗，
　　早也。栗，肅也。《聘禮》：夫人勞
　　擯，使下大夫勞二竹簠，兼執之以進
　　。《註》：右手執棗，左手執栗。《
　　疏》：棗美，故用右手也。

　　又〞酸棗〞，地名。《前漢書‧地理
　　志》：屬陳留郡（在今河南開封縣境
　　內）。

　　又，姓。出潁川，棘子成後，避仇改
　　為棗。《文士傳》：本〞棘〞姓，衛

大夫棘子成後，避難改焉。望出穎川

、治所陽翟，即今河南禹縣。

棘祇、本姓棘，衛大夫棘子成後。一

云：棘與〝革〞字通，棘子成亦作：

革子成。

又、春秋時代。齊、楚，皆有棘氏。

或大夫食采，以邑為氏。

按：〝棗〞、〝棘〞字，《說文》別立〝

朿〞部，今併入。

走：止部八畫

音：zŏu《字彙補》子茍切，音：走，ㄗㄡˇ

義：闕（未詳）

按：此當即〝走〞字之譌。

毋：毋部八畫，古文〝蹯〞字。

音：fán《唐韻》附袁切，《集韻》符袁切

，《正韻》符難切，达音：煩，ㄈㄢˊ

義：《字彙補》：古文〝蹯〞字，見《韻

會小補》。

《說文》：作〝番〞，獸足謂之番。

从釆、田，象其掌。（下象掌，上象

指、爪是為象形。許意先有"釆"字，乃後从釆而象其形，則非獨體之象形，而為合體之象形也。）《左傳‧文元年》：食熊蹯。《註》：熊掌。《類篇》：亦作"蹞"、"𨅊"、"蹞"。

又，ń《集韻》符分切，音：汾，ㄈㄣˊ。　義同。

又《韻補》叶汾沍切，曹植《名都篇》：歸來燕平樂，美酒斗十千。

　　膾鯉臇胎鰕，寒鱉炙熊蹯。

毖：比部八畫，《玉篇》：古文"比"字。

　案：音、義，參見"比"字，詮釋。

炎：火部八畫

　音：yán《唐韻》、《集韻》于廉切，《韻會》疑廉切，《正韻》移廉切，𡘋音：鹽，一ㄢˊ

　　《說文》：炎，火光上也。（《洪範》曰：火曰炎上，其本義也。《雲漢傳》曰：炎炎，熱氣也。《大田傳》

曰：炎火盛陽也。皆引申之義也。）

从重火（會意），凡炎之屬皆从炎。

《玉篇》：熱也，焚也。《書‧胤征》：火炎崑岡，玉石俱焚。又《洪範》：火曰炎上。

又《爾雅‧釋訓》：爐爐炎炎，薰也。《詩‧大雅》：赫赫炎炎。《詩經今注》：赫赫，陽光顯耀貌。炎炎，暑氣熾熱貌。

又《吳語》：日長炎炎。《註》：進貌。又《正韻》：熾也。

又《禮‧月令》：其帝炎帝。《註》：此春精之君，炎帝大庭也。

又《呂氏春秋》：南方曰炎天，東北曰炎風。

又，yán《集韻》、《類篇》太于凡切，櫟平聲，ㄩㄢˊ 義同。

又，tán《類篇》徒甘切，音二談，ㄊㄢˊ。美辨也，《莊子‧齊物論》：大言炎炎。《註》：美盛貌。

又，yàn《集韻》以贍切，音：豔，
一ㄢˋ《史記・司馬相如傳》：獲耀
日月之末光絕炎，以展采錯事。《註
》：覩日月末光殊絕之用，以展其官
職。

又，通"焰"。《前漢書・五行志》
：人之所忌，其氣炎以取之。蔡邕《
釋誨》：懼煙炎之毀燼。

又《列子・湯問篇》：楚之南有炎人
之國。《註》：炎，去聲。一ㄢˋ

按：《集韻》：本作"爓"，亦同"餤"
、"燄"。

《說文》、《玉篇》、《類篇》：炎
字，俱自為部。

牪：牛部八畫，《玉篇》：同"㹠"。

音：guǐ《五音集韻》居洧切，《篇海類編
》古委切。林音：宄，《ㄨㄟˇ

義：《五音集韻》、《篇海類編》牛也。
又《玉篇》：同"㹠"。

㹠，guǐ《五音集韻》居洧切，音：宄

，《ㄨㄟ。　牛聲也。

又《玉篇》：與〝牟〞同。

甼：田部九畫，《玉篇》：古文〝申〞字。

音：shēn《談薈》式神切，音：伸，ㄕㄣ

義：《玉篇》：古文〝申〞字。《談薈》

　　：申也，重也。

shēn《唐韻》、《集韻》失人切，《

韻會》、《正韻》升人切，夶音：身

，ㄕㄣ。　十二支之一。

　　案：地支第九位：子、丑、寅、卯

　　　　、辰、巳、午、未、申、⋯⋯

《爾雅·釋天》：太歲在申曰涒灘。

《釋名》：申，身也。物皆成其身體

，各申束之，使備成也。《史記·律

書》：七月也。律中夷則，其於十二

子為申。申者，言陰用事申賊萬物。

又，重也。《易·巽卦》：重巽以申

命。《書·堯典》：申命羲叔。《傳

》：申，重也。《後漢書·朱暉傳》

：願將軍少察愚言，申納諸儒。

又，致也。《禮・郊特牲》：大夫執圭，而使所以申信也。

又，舒也。《武王弓銘》：屈申之義，廢興之行，無忘自過。班彪《北征賦》：行止屈申與時息兮。

又，欠伸也。《莊子・刻意篇》：熊經鳥申。

又《博雅》：申申，容也。《論語》：子之燕居，申申如也。朱《註》：申申，其容舒也。

又，姓。《史記・三皇本紀》：神農五百三十年，而軒轅氏興焉，其後有州、甫、申、呂，皆姜姓之後，並為諸侯。又＂申屠＂，複姓。

申氏，《史記・三皇本紀》：系出姜姓，神農之後。有申呂封申，後以國為氏。周有申伯，望出魏郡（治所鄴縣，在今河北臨漳西南）、丹陽（治所宛陵，即今安徽宣城）。

又《姓氏考略》：楚，亦有申氏。

複姓：申公、申叔、申徒、申章、
　　　申屠、申都。

申公，《姓纂》：楚有申公氏鬭克，
字子儀，謂之申公子儀，後以為氏。

申叔，《通志氏族略》：楚大夫申叔
時，食采於申，後以為氏。

申徒，《莊子》：湯時有申徒狄（亦
作：司徒狄），《風俗通》：本〝申
屠〞氏，隨音改〝申徒〞氏。

申章，《路史》：鄭後有申章氏、《
新序》：楚有申章氏。

申屠，《英賢傳》：周申侯後，支子
居安定之屠原，因以為氏。

申都，《楚春秋》：即〝申徒〞氏，
一作〝信都〞。

又，國名。《詩·王風》：彼其之子
，不與我戍申。《詩經今注》：彼其
之子，他們這些人，指貴族。其，是
語助詞。戍，守衛。申，國名，國君
姓姜，國都在今河南唐河縣境。《傳

》：申，姜姓之國。《左傳‧隱元年
》：鄭武公娶於申。《註》：申國，
今南陽宛縣。

又，州名。《韻會》：春秋時屬楚秦
南陽郡，後魏為郢州，周為申州。

又，山名。《山海經》：申山，其上
多穀柞，其下多杻橿。又北二十里，
曰上申之山。

又，池名。《左傳‧文十八年》：夏
五月，公遊于申池。《註》：齊南城
西門曰申門，左右有池。

又，矢名。《晉語》：乾時之役，申
孫之矢，集於橦鉤。《註》：申孫，
矢名。

又，草名。《淮南子‧人間訓》：申
茉、杜茝，美人之所懷服也。《註》
：申茉、杜茝，皆香草也。

又，xīn《集韻》、《韻會》、《正韻
》夶思晉切，音信，ㄒㄧㄣ 伸也。

又，shèn《集韻》試刃切，音：眒，

尸夕　引也。

畕：田部十畫

音：jiān《唐韻》、《集韻》达居良切，
　　音：薑，ㄐㄧㄢ

義：《說文》：畕，比田也。（比，密也
　　。二人為从，反从為比。比田者，兩
　　田密近也。）从二田（會意）。凡“
　　畕”之屬皆从畕，闕。（闕，大徐本
　　無，非也。此謂其音讀闕也，大徐居
　　良切。小徐、《五篇》同以畺之音，
　　皮傳之而已。籀謂田與田相乘，所謂
　　陳陳相因也，讀如陳列之陳。）案：
　　陳，古文“陳”字。

䵺：耒部十六畫，《集韻》“耰”古作：䵺
　　案：音、義、參見“䎟”字，詮釋。

需：西部十二畫，《集韻》：需，俗作需。

音：Xū《唐韻》相俞切，《集韻》、《韻
　　會》詢趨切，达音：須，ㄒㄩ

義：《集韻》：“需”，俗作“需”。
　　《六書統》：需，連繫也，从二而。

人之切，與〝需〞音義別。

《說文》：需，𡧾也。（𡧾者，待也。以疊韻爲訓。《易·彖傳》曰：需，須也。須，即𡧾之段借也。《左傳》曰：需事之賊也。又曰：需事之下也，皆待之義也，凡相待而成曰需。）遇雨不進止𡧾也，从雨而。（遇雨不進，說从雨之意，而者𡧾之意，此字爲會意。各本作而聲者非也，《公羊傳》曰：而者何難也，《穀梁傳》曰：而緩辭也。而爲遲緩之辭，故从而，而訓須，須通𡧾，从而猶从𡧾也。春秋經己丑葬我小君，頃熊雨不克葬，庚寅日中而克葬，是从雨而之證也。）《易》曰：雲上于天，需。（《易·需卦·彖傳》文，此偁《易》以證从雨之意。雲上于天者，雨之兆也。宋衷曰：雲上于天，需時而降雨。）《註》：徐鉉曰：李陽冰據《易》〝雲上于天〞云：當从天。然諸本皆从而，無从天者。

《玉篇》：卦名。《易·需彖》：需，須也，險在前也。

《周禮·冬官·考工記》：輈人，行數千里，馬不契需。《疏》：從《易·需卦》之需。《釋文》：音"須"。《莊子·徐無鬼》：濡需者，豕蝨是也。《註》：濡則不去，需則有待。

又《集韻》：一曰疑也。《韻會》：遲疑需待也。《左傳·哀十四年》：需事之賊也。

又，《韻會》：索也。

又，《字彙》：姓也。

又，rú《集韻》汝朱切，音：儒，曰ㄨˊ。　　韋柔滑貌。《戰國策》：其需弱者來使，則王必聽之。《註》：需，音：儒。《集韻》：或作"𦂌"。

又，ruǎn《集韻》、《正韻》㪏乳袞切，音：耎，曰ㄨㄢˇ。

《集韻》：本作"輭"，柔也。或作

"輭"、"軟"、"濡"，通作"耎"。《韻會》：本作"剬"，或作"剝"。《周禮‧冬官‧考工記》：鮑人，欲其柔滑，而腥脂之，則需。《註》：故書，"需"作"剝"。剝，讀爲柔需之需。《釋文》：需，人充反。

又《周禮‧冬官‧考工記》：弓人，薄其帑則需。《註》：需，謂不充滿。《疏》：需襦不進，故爲不充滿，陸云：罷需。

又，nuò《集韻》奴亂切，音：糯，ㄋㄨㄛˋ。　弱也。《周禮‧冬官‧考工記》：馬不契需。《註》：需，讀爲畏需之需。《釋文》：又乃亂反。《集韻》：本作"偄"，或作"愞"、"懦"、"燸"、"耎"。

又，xiù《韻會補》：鄭玄《周易註》：需，讀爲秀，ㄒㄧㄡˋ。陽氣秀而不直前者，畏上坎也。

按：霝、《字彙補》：古文"需"字。見
《歸藏易》。李陽冰曰：雲上于天也
。《集韻》：需，俗作"霝"。今"
需"存，而"雲"、"霝"廢矣。

臾：臼部十三畫，《字彙補》：古"申"字
，見《玉篇》：古文"申"字，本作"
毌"。

案：音、義，參見"毌"字，詮釋。

夤：臼部十七畫，《集韻》：寅，古作：夤

音：Yin《唐韻》弋真切，《集韻》、《韻
會》夷真切，並音：寅，一ㄣˊ

義：《集韻》："寅"，古作"夤"。
《說文》：寅、髕也。（髕字之誤也
，當作"濱"。《史記·淮南王》書
作"螾"，律書曰寅，言萬物始生螾
然也。天文訓曰斗，指寅則萬物螾。
高注：螾動生貌，《律曆志》曰：引
達於寅，《釋名》曰：寅，濱也，濱
生物也。《廣雅》曰：寅，濱也。《
晉書·樂志》曰：正月之辰，謂之寅

寅，寅，津也，謂物之津塗。按《漢志》、《廣雅》演字，皆濱之誤，水部曰濱，水脈行地中濱濱也，演長流也，俗人不知二字之別，濱多誤為演，以濱繹寅者，正月陽氣欲上出，如水泉欲上行也，螾之為物，詰詘於黃泉而能上出，故其字从寅，《律書·天文》訓以"螾"釋"寅"。）古文"寅"。徐曰：髕，擯斥之意。正月陽氣上銳，而出閡於宀也，臼所擯輵，象形。今作"寅"，東方之辰，一曰孟陬。《前漢書·律歷志》：引達於寅。《爾雅·釋天》：太歲在寅，曰攝提格。

又《玉篇》：演也，敬也，強也。《書·堯典》：寅賓出日。《註》：寅，敬也，以賓禮接之出日。方出之日蓋以春秋之旦，朝方出之日而識其初出之景也。又《舜典》：汝作秩宗，夙夜惟寅。《註》：言夙夜敬思其識也。又《皋陶謨》：同寅協恭和衷哉！《註》：謂當同其寅畏，協其恭敬，使民彝物，則各得其正也。

又、ㄧˊ《廣韻》以脂切，《集韻》、《韻會》、《正韻》延知切，並音：夷，一ˊ。義同。

按：《說文》＂寅＂訓髕也，《夕部》＂夤＂訓敬惕。今諸書＂寅＂字，兼敬惕義。＂寅＂、＂夤＂二字，古疑通。

芻：艸部十畫，《新華字典》作＂勹＂部。

音：chú《唐韻》側愚切，《正韻》楚徂切，並音：初，ㄔㄨ

義：《說文》：芻、刈草也。（謂可飤牛馬者）象包束艸之形。

《詩·大雅》：詢于芻蕘。《詩經今注》：芻蕘，割草打柴的人。此句意為施政應善遍徵詢意見，即使草野之人亦不應忽視。《疏》：芻者，飼牛馬之草。

又《孟子》：猶芻豢之悅我口。趙《

註》：草食曰芻。

《韻會》：羊曰芻、犬曰豢，皆以所食得名。

又《禮・祭統》：士執芻。《註》：藁也。《詩・小雅》：生芻一束。《詩經今注》：生芻，餵牲畜的草。《箋》：苂草，刈取以用曰芻，故曰生芻。

又，草名。《詩・小雅》：終朝采綠。《詩經今注》：綠，借為"菉"，草名，可以染黃。《箋》：綠，王芻也。

又，梵語。謂僧曰苾芻。

又，芻尼。《許彥周詩話》：嘗作《七夕詩》，押潘尼字，難于屬和，後讀《藏經》，有呼喜鵲為"芻尼"。

又，姓。見《何氏姓苑》。

芻氏，《姓考》：本姓鄒，去邑或為"芻"。一云：楚君負芻之後，負芻失國，後人以為氏。又：或掌芻積者

，以職為氏。望出隴西，治所狄道，
在今甘肅省臨洮縣南。

又，zōu《集韻》菑尤切，音=鄒，
Ｐㄡ。　韓愈《鸑驥》詩=

力小若易制，價微良易酬。

渴飲一斗水，饑食一束芻。

按=《六書正譌》=芻象包束草之形，俗
作〝蒭〞、非。《干祿字書》=通作
〝蒭〞、〝蒭〞。

又=芻之今義，有名詞、動詞、形容詞=

㈠名詞=草名、姓氏、芻豢、芻蕘、生
芻、茭芻、芻尼，……

草名=芻者，飼牛馬之草。

草，曰芻。《莊子・列禦寇》=食以
芻、菽。

藁，曰芻。《禮・祭統》=士執芻。
《註》=藁也。

芻氏，《姓考》=本姓〝鄒〞，去邑
為芻，望出隴西（在今甘肅）。

芻豢=牛羊草食故稱芻，犬豕穀食故

稱芻。《孟子‧告子》：猶芻豢
之悅我口。趙《註》草食曰芻。

芻蕘：亦即"草"、"薪"之意。
芻謂草，蕘謂薪。揚雄《長楊賦
》：躁踐芻蕘。

刈草之人曰芻，采薪之人曰蕘。
《孟子‧梁惠王》芻蕘者往焉。

本謂刈草蕘薪者，因喻野鄙之人曰
芻蕘。《詩‧大雅》：先民有言
，詢于芻蕘。

謙稱自己文章淺陋曰芻蕘，李白《
上韓荊州書》：欲觀芻蕘，請給
紙筆。

生芻：《詩‧小雅》：生芻一束，其
人如玉。《箋》：苙草，刈取以
用曰芻，故曰生芻。

苾芻：梵語，謂僧人曰苾芻。

芻尼：《藏經》有呼喜鵲為芻尼。

㈡動詞：芻者，飼養也。諸如：
《周禮‧地官》：芻之三月。

《儀禮‧少牢饋食禮》：繫於牢而芻
之。又《孟子》趙註：草食曰芻。

《韻會》：羊曰芻，犬曰豢，皆以所
食而得名。

韓愈《鴛鴦詩》……渴飲一斗水，饑
食一束芻。

又《說文》：芻，刈草也。

(三)形容詞，諸如：淺陋的、鄙俗的，……

《唐書‧李絳傳》：陛下不廢芻言，
則端士賢臣必當自效。

王勃《上絳州司馬書》：皇圖不隔於
芻議。

(四)辨正：芻，音：雛，ㄔㄨˊ。會意字，
曰文芻。《集韻》芻，俗作：蒭。
羅振玉氏，以為从又（手），持斷
艸是芻也。

金文 "芻" 與小篆 "芻"，略同。
小篆芻，象包（即勹）束艸之形，
其所包為兩束之艸為 "屮"，乃禾
已割斷之艸，故為艸之半，本義作

　　　"刈艸"解。《說文》：乃已刈之
　　艸。

茻：艸部八畫，《玉篇》：同"茻"。
　音：mǎng《廣韻》模朗切，音：莽，ㄇㄤˇ
　　　《說文》模朗切，讀若與冈同，ㄇㄤˇ
　義：茻，《玉篇》：同"茻"。
　　　名詞，《標準學生字典》：佛經中"
　　　菩薩"（讀：ㄆㄨˊ ㄙㄚˋ）的略字（
　　　見《唐人寫經》載）。
　按：《篇海類編》："茻"同"茻"。
　　　茻，即"茻"字，譌省。

茻：艸部十二畫，《玉篇》：作"茻"。
　音：wǎng《集韻》方紡切，音：惘，ㄨㄤˇ
　義：《玉篇：茻，作"茻"。
　　　《說文》：茻，眾艸也。从四屮，凡
　　　茻之屬皆从茻。讀若與冈（网）同，
　　　自為部。《正字通》：入艸部。
　　　《六書正譌》：象草也。象形、別作
　　　"莽"。訓逐兔艸中也，非"艸"、
　　　"茻"之義。

又：mǎng《廣韻》模朗切，音：莽，ㄇㄤˇ。　義同。又《通志‧六書略》：茻，薉類，繁薈而叢生。

又，mǔ滿補切，音：姆，ㄇㄨˇ。又，mù莫後切，音：晦，ㄏㄨㄟˋ。義，太同。

按：茻，《玉篇》：作"芔"。《篇海類編》"芔"，同"茻"。是"芔"，即"茻"字譌者。

譶：言部十四畫

音：è《篇海類編》烏合切，音：姶，ㄜˋ

義：未詳

闁：門部十六畫

音：bāo《字彙補》博毛切，音：包，ㄅㄠ

義：《字彙補》：褒讚也。

靤：面部十八畫

音：suàn《篇海》音：算，ㄙㄨㄢˋ

義：《篇海》：面慱也。

　　慱也，《廣韻》、《集韻》、《韻會》、《正韻》：憂勞也。

《詩・檜風》：勞心慱慱兮。《詩經今注》：勞心，是指居喪者。慱慱，悲苦不安貌。

又《爾雅・釋訓》：慱慱，憂也。（郭璞讀）

案：慱，从心从專。與"博"，从十从甫。兩字有別，音義亦不同。

馫：香部十八畫，《搜真玉鏡》作"馫"。

音：Xiāng《字彙補》火良切，音：香，ㄒㄧㄤ

義：《字彙補》：大香也。

馬馬：馬部二十畫

音：ǒu《玉篇》五豆切，偶去聲，又

義：《篇海》：馬馬，馳不齊也。

魚魚：魚部二十二畫

音：yú《唐韻》語居切，《集韻》牛居切，夶音：魚，ㄩ

義：《說文》：魚魚，二魚也。（此即形為義，故不言从二魚。二魚重而並焉，所謂貫魚也，魚行必相隨也。《晉語

》暇豫之吾吾不如烏烏，韋《注》吾
讀如魚，韓文公《詩》用魚魚雅雅，
豈即本《國語》乎！从二魚與从三魚
不同，三魚謂不變具新，二魚謂連行
可觀。）凡鱻之屬，皆从鱻。（所以
不併入魚部，必立此部者，以有〞瀺
〞字，从鱻也。）
又《說文長箋》：鱻，即魚之重文。

綜觀（上下比並）卷，內有：厸（厶部）
、圭（土部）、多（夕部）、戔（戈部）、炎
（火部）、芻（艸部）六字。於《康熙字典》
文中間有譌舛，悉參原書引文〞考證〞辨正。
本（上下比並）卷，計收六十三字，佔百
分之一十三·四九〇（13.490%）。

卷之二　左右並列

本〈左右並列〉卷，收七十五字，依《康熙字典》部首次第，分著如次：

丽：一部六畫，《說文》：古文"麗"字。
　音：lí《唐韻》、《集韻》、《韻會》郎計切，《正韻》力霽切，茲音：隸，ㄌㄧˋ
　義：丽，《說文》：古文"麗"字。
　　　《說文》：麗，旅行也。（此麗之本義，其字本作"丽"，旅行之象也，後乃加鹿耳。《周禮》麗馬一圉八麗一，師注曰：麗，耦也。《禮》之儷皮，《左傳》之伉儷，《說文》之驪駕，皆具義也，兩相附則為麗。《易》曰：離麗也，日月麗乎天，百穀艸木麗手土，是其義也。麗則有耦可觀，《焱部》曰：麗爾猶靡麗也，是其義也。兩而介其間亦曰麗，《離卦》之一陰麗二陽是也。）鹿之性，見食急，則必旅行。（此說，從鹿之意也。見食急而猶必旅行者，義也。《小雅》呦呦鹿鳴，食野之草。《傳》曰：鹿得萍呦呦然鳴而相呼，懇誠發乎中以興嘉樂，賓客當有懇誠相招呼以成禮也。《北史》裴安祖閱講鹿鳴，而兄弟同食。古文祇作"丽"，後乃加"鹿"之意，如是。）从鹿、丽。（各本"丽"下有"聲"字，今正从鹿，五經文字作从鹿省，蓋張氏所據如是，故隸書多作"麗"少一畫。）又，司馬相如《大人賦》：駕應龍象輿之蠖略委麗兮。師古《註》：行步進止貌。

又《玉篇》：偶也。《易·兌卦》：麗澤兌。《註》：麗，猶連也。《周禮‧夏官‧校人》：麗馬一圉。《註》：兩馬也。又，束帛麗皮。《註》：兩皮也。《史世紀》：太昊始制嫁娶，麗皮為禮。《釋義》：麗，偶數也。

又《玉篇》：好也。《廣韻》：美也。《楚辭‧招魂》：被文服纖，麗而不奇。又《前漢書‧東方朔傳》：以道德為麗。

又《玉篇》：數也。《詩‧大雅》：商之孫子，其麗不億。《詩經今注》：麗，數目也。不億，不止於一億。古時以十萬為億。

又《廣韻》：著也。《左傳‧宣十二年》：射麋麗龜。《註》麗，著也。

又《正韻》：附也。《易‧離卦》：離，麗也。日月麗乎天，百穀草木麗乎土。又《禮‧王制》：郵罰麗于事。《註》：麗，附也。過人罰人當各附於其事，不可假他以喜怒。

又，繫也。《禮·祭義》：祭之日，君牽牲，既入廟門，麗于碑。《註》：麗，猶繫也。

又《玉篇》：華綺也。《正韻》：華也。《書·畢命》：敝化奢麗，萬世同流。《韓詩外傳》：原憲謂子貢曰：仁義之匿，衣裳之麗，憲不忍為也。

又《玉篇》：施也。《書·多方》：不克開于民之麗。《傳》：不能開於民所施政教。麗，施也，言昏昧。

又《正韻》：光明也。

又，地名。《左傳·成十三年》：晉師濟涇，及侯麗而還。《註》：侯麗，秦地。又《前漢書·地理志》：樂浪郡華麗縣。

又，與"欐"同，屋棟也。《列子·力命篇》：居則連麗。

又"麗譙"，高樓也。《莊子·徐無鬼》：君必無盛鶴，列於麗譙之間。《前漢書·陳勝傳註》：樓，亦名"

譙″，故謂美麗之樓為″麗譙″。

又″梁麗″，車名。《莊子·秋水篇
》：梁麗可以衝城，不可以窒穴，言
殊器也。

又″魚麗″，陣名。《左傳·桓五年
》：高渠彌以中軍，奉公為″魚麗″
之陳。

又《正韻》：小舟也。

又，姓。見《姓苑》。又，複姓。《
左傳·成十七年》：晉厲公游于匠麗
氏。《姓氏考略》：晉大夫有匠麗氏
，見《左傳》，以官為氏。

麗氏，《姓苑》：晉匠麗之後，有″
麗氏″。《路史》：姜姓後有麗氏，
望出河東（治所安邑，在今山西省夏
縣西北）。

又，ㄌㄧ《廣韻》呂支切，《集韻》、
《韻會》鄰知切，《正韻》鄰溪切，
夶音：離，ㄌㄧˊ

《釋名》：麗，離也。言一目視天，

一月視地，目明分離，所視不同也。

又〝高麗〞，國名。《魏志》：高句麗，在遼東之東。《前漢書》作〝高句驪。案：即今之南北韓，俗稱：朝鮮，亦稱：高麗。

又，山名。《史記・黥布傳》：布故麗山之徒也。或作〝驪〞。

又，與〝鸝〞同。張衡《東京賦》：麗黃嚶嚶。《註》：〝鶬〞、〝麗〞，古字通。

又，li《集韻》憐題切，音：黎，ㄌ一。義同。

又，li《集韻》里弟切，音：禮，ㄌ一ˇ。蕭該說：彭蠡，澤名。古作〝彭麗〞。

又，li 力智切，音：詈ㄌ一。美也。

又，si《類篇》山宜切，音：釃，ㄙ。柿也。《標準學生字典》：同〝析〞字。動詞：如〝分析〞、〝離析〞。

又，li《集韻》朗狄切，音：歷，

ㄌㄧˋ。縣名（麗水縣在浙江省）。

按：麗，从丽，俗从两日，非。《六書正譌》：丽，古"麗"字，相附之形，借為伉麗，俗別作"儷"。

又"麗"，《篇海》：古文"麗"字。

丽：一部八畫，《說文》：丽，篆文麗字。

案：音、義，參見"丽"字，詮釋。

丽：一部八畫，《新華字典》"麗"字。

音：ㄌㄧˊ，讀作：利，ㄌㄧˊ

義：《新華字典》有名詞、形容詞二義：

名詞之義，如次：

國名：高丽，俗稱：朝鮮。

地名：丽水縣，在今浙江省。

街名：麗水街，在今臺北市大安區，俗稱：東門，永康商圈。

形容詞：音ㄌㄧˋ，讀ㄌㄧˋ。如：美丽、秀丽、壯丽，富丽、風和日丽

案：參見"丽"（麗）字，詳釋。

丽：、部八畫，《集韻》：麗，古作：丽。

音：ㄌㄧˋ，讀：麗，ㄌㄧˋ

義：《說文》：丽，古文 " 麗 " 字。《集
　韻》：麗，古作 " 丽 " 。
　《章太炎・文始》：旅行也，从鹿、
　丽。

案：麗（指事），古文 " 丽 " ，篆文作 "
　䘅 " 。丽、䘅、皆獨體指事。按旅行
　為動作，無實體可象，故丽為指事。
　又 " 丽 " 之音、義，參見 " 丽 " （麗
　）字，詮釋。

丽：丶部八畫，麗的簡體，亦稱：俗體。

音：lí，讀：麗，ㄌ一

義：《標準學生字典》：" 麗 " 的簡體。

案：參見 " 丽 " （麗）字，詳釋。

氏：丿部六畫，與 " 氏 " 同。

音：shí《唐韻》承旨切，音：是，ㄕˊ

義：氏族也，《釋例》曰：別而稱之，謂
　之氏。合而言之，則為族。
　趙彦衛《雲麓漫抄》：姓氏後世不復
　別，但曰姓某氏，雖史筆亦然。按：
　姓者，所以統系百世使不別也。氏者

，所以別子孫所自出。

又，氏本作〝𠀉〞。《古今印史》：
𠀉（承旨切），族下所分也。古者姓
統族，族統〝𠀉〞（氏），適出繼位
之餘。凡側出者，皆曰〝𠀉〞，故為
文，從側出以見意。（參見《康熙字
典》氏字）

兓：儿部十畫

音：jīn《唐韻》子心切，《集韻》咨林切
，竝音：浸，平聲，ㄐㄧㄣ。《說文
》子林切，讀：ㄗㄣ

義：《說文》：兓兓（各本譌〝朁朁〞，
今依《玉篇》、《集韻》正），銳意
也。（先主入，故兩先為銳之意。兓
兓，其言所謂意內而言外也。凡俗用
鐵尖字，即〝兓〞字之俗。）
《正譌》：通用〝鬵〞、从二先，諧
聲，與〝兓〞別。
又，zǎn《集韻》則旰切，音：贊，
ㄗㄢ。　二人屈已以贊也。

按：兟（會意），《說文》：兟，朁朁銳意也，从二先。

兢：儿部十八畫，"兢"古作：兢。

案：《集韻》：兢，古作：兢。《正字通》：兢，本"兢"字。

又"兢"字之音、義，參見"兢"字詮釋。

卝：卜部八畫，《玉篇》：古文"麗"字。

案：卝之音、義，參見"丽"（麗）字，詳釋。

𠨚：卜部十二畫，《字彙補》：古文我字。

音：wǒ《唐韻》五可切，《集韻》、《韻會》語可切，太音：俄，上聲，ㄜˇ

義：《說文》：我，施身自謂也。（不但云自謂而云施身，自謂者取施與我，古為疊韻，施讀施捨之施，謂用己廁於衆中而自稱，則為我也。施者旗貌也，引申為施捨者，取義於旗流下𥄉也。《釋古》曰：卬吾台予朕身甫余言我也。又曰：朕予躬身也。又曰：

台朕贅畀卜陽予也，或以贅畀卜予不
同義。愚謂有我則必及人，故贅畀卜
亦在施身自謂之內也。《口部》曰：
吾，我自稱也。《女部》曰：姇，女
人自稱。姇，我也。《毛詩傳》曰：
言我也，卬我也。《論語》二句，而
我吾互用，《毛詩》一句，而卬我襍
稱。蓋同一我義，而語音輕重、緩急
不同，施之於文若自其口出。）
《廣韻》：已稱也。
又，稱父母國曰我，親之之詞。《春
秋‧隱八年》：我入祊。（音：閞，
ㄈㄠ）注釋如次：
按《說文》作"禁"，從示彭聲，或
從方，門內祭先祖，所以彷徨也。
《詩‧小雅》：祝祭于祊。《詩經今
注》：祝，祠廟中司祭禮的人。祊（
音：崩），宗廟門內設祭的地方。
《傳》：祊，門內也。孝子不知神之
所在，使祝博求之門內之旁，待賓客

處也。

《禮・禮器》：設祭於堂為祊乎外。

《註》：祊，明日繹祭也。謂之祊者，於廟門之旁，因名焉。

《疏》：祊有二義，一正祭時祭神於廟，後求神於廟門內。一明日繹祭時，設饌於廟門外西室。

又，姓。古賢人，著書名《我子》。

《漢書・藝文志》：我，春秋齊公子子我之後。戰國時有我子，著書，為墨子之學。（見《姓氏考略》我氏）

又《說文》或說：我，頃頓也。（謂傾側也，頃頭不正也，頓下首也。故引申為頃側之意，賓筵傾弁之俄，《箋》云：俄，傾貌。《人部》曰：俄，頃也。然則古文以我為俄也，古文叚借如此。）从戈手（合二成我）。

　　按：頃頓，義與”俄”同。然字書　　　從無作”俄”音者，存考。

又，ㄧˇ《韻補》叶與之切，音：台，

去万。揚子《太元經》：出我入我，
吉凶之魁。《註》：我音如台小子之
台。

又，Wǔ叶阮古切，音：五，ㄨˇ。張衡
《鮑德誄》：業業學徒，童蒙求我。
　　　　　　濟濟京河，實為西魯。

卯：卩部四畫

音：Zhuǎn《字彙補》仕轉切，音：船，上
　　聲，彳ㄨㄢˊ

義：《字彙補》：卩也，"巽"字从此。

弔：卩音八畫，與"卯"同。

音：zhuàn《說文》士戀切，音：僎ㄓㄨㄢˋ

義：《說文》：弔，二卩也。（義取於形
　　）"巽"字从此，（見丌部）闕。（
　　謂其讀若未聞也，大徐云：士戀切者
　　，取"饌"、"僎"、"儐"等字之
　　音、義為之，《廣韻》亦云："卯"
　　，具也。）

　　《玉篇》：作"卯"。《集韻》：作
　　"卯"。《正字通》：作"選"本字

，非。

卯：卩部六畫，《說文》：與"卩"同。

音：Zhuán《說文》士戀切，音：譔ㄓㄨㄢ

義：《集韻》：弱，作"卯"。

《說文》"卯"與"卩"同，會意。

厸：厶部四畫，《集韻》：古文"鄰"字。

音：lín《唐韻》力珍切，《集韻》、《韻
會》、《正韻》離珍切，太音：鄰，
ㄌㄧㄣˊ

義：《集韻》："鄰"，古作"厸"。

《前漢書·班固敘傳》：亦"厸"惠
而助信。

《說文》：五家為鄰，（見《遂人》
職，按：引伸為凡親密之稱。）从邑
粦聲。

《廣韻》：近也，親也。《正韻》：
比也。《釋名》："鄰"，連也，相
接連也。《周禮·地官·遂人》：五
家為鄰，五鄰為里。

又，連界之國亦稱"鄰"。《書·蔡

仲之命》：睦乃四鄰。

又，左右輔弼亦曰〞鄰〞。《書·益稷》：臣哉鄰哉。《註》：臣以人言，鄰以職言。

又，車聲。與〞轔〞通。《詩·秦風》：有車鄰鄰。《註》：眾車聲。《詩經今注》：〞鄰鄰〞，車鈴聲。

又，lín《集韻》、《韻會》、《正韻》茲良刃切，音：吝，ㄌㄧㄣ

又〞鄰〞與〞甐〞通。《集韻》：敝也。《正韻》：動也。《周禮·冬官·考工記》：輪雖敝，不甐于鑿。《註》：以輪之厚，石雖齧之，不能敝其鑿，旁使之動也。〞甐〞，本又作〞鄰〞。

又，lián叶陵延切，音：連，ㄌㄧㄢˊ。陸機《挽歌》：

　　　　人往有反歲，我行無歸年。

　　　　昔居四民宅，今託萬鬼鄰。

按：《正字通》：本作：鄰，隸作〞隣〞

，今通作：鄰，又與〝鄰〞、〝轔〞

通。

𦐣：又部八畫，古文〝友〞字，亦作：𦐣。

　　案：音、義，參見〝叒〞（友）字詮釋。

𥬇：又部十畫，《字彙補》同啓。與启通。

　　音：qǐ《廣韻》康禮切，《集韻》、《韻

會》遣禮切，《正韻》袪禮切，並音

：綮、ㄑㄧˇ

　　義：《字彙補》：同〝啓〞。

　　《說文》：本作〝啟〞，教也。从攴

启聲。《論語》曰：不憤不啟（述而

篇文）。《玉篇》：開發也。

　　《書·堯典》：啟明。《傳》：啟、

開也。又《太甲》：啟迪後人。

　　又《爾雅·釋言》：啟，跪也。《註

》：跽也。《詩·小雅》：不遑啟處

。《詩經今注》：遑，閒暇。啟，跪

貌。古人席地而坐，兩膝跪着，臀部

坐腳掌上。啟處，安居休息。《傳》

：啟，跪。處，居也。

又《廣韻》：別也。又刻也。

又《詩·小雅》：元戎十乘，以先啟行。《詩經今注》：元，大也。元戎，指大的戰車。啟行，開道。是言元戎做開路先鋒。《註》：王氏曰：軍前曰啟，後曰殿，先軍行之前者，所謂選鋒也。

又·啟事。《晉書·山濤傳》：濤為吏部尚書，凡用人行政皆先密啟，然後公奏，舉無失才，時稱山公啟事。

又《字彙》：姓也。”啟”，亦作”啟”。《姓苑》：夏后啟之後。《路史》：楚公族有”啟”氏。

又《爾雅·釋畜》：前右足白，啟。《註》：《左傳》曰”啟服”。《疏》：昭二十八年，衛侯來獻其乘馬，曰啟服。杜預曰：”啟服”，馬名，是也。

又《埤雅》：雨而晝晴，曰啟。

又，星名。《詩·小雅》：東有啟明

。《詩經今注》：啟明，即"金星"
，日出前出現在東方。

又，與"启"通。《說文》：启，開
也。（按：後人用"啟"字訓，闢乃
廢"启"不行矣。啟，教也。《玉篇
》引《堯典》（允）子朱"启明"，
《釋天》明星，謂之"启明"。）从
戶口。（會意，此字不入戶部者，以
口戶為開戶也。）《玉篇》：《書》
曰"启明"，本亦作"啟"。

又《爾雅·釋天》：明星謂之启明。
《註》：太白星也。晨見東方為"启
明"，昏見西方為"太白"。按《詩
·小雅》（大東）：作"啟明"。

案：啓，《字彙補》：同"啟"，亦作"
啟"。《篇海》"啓"同"啟"。《
說文》：啟，本作"啟"。又與"启
"通，唯"启"今不行矣。

羉：又部十四畫，古文"羉"字。
按：《說文》"羉"，古文"羉"字。《

虞書》曰"禷"類于上帝。（《堯典》文許所據，蓋壁中古文也。伏生《尚書》及孔安國以今文讀定之古文，《尚書》皆作"肆"，太史公《史記》作"遂"，然則漢人釋"肆"為"遂"，即《爾雅》之"肆"故也。壁中文作"禷"，乃"肆"之假借字也。此引書說叚借與攷，即好莫、即義為一例。）

案：參見"禷"字，詮釋。

禷：又部十六畫，《集韻》：禷古作：禷。

案：《說文》"禷"、"禷"，古文"禷"，參見詮釋。

嚣：口部二十畫，古文"器"字。

音：qi《唐韻》、《集韻》、《韻會》、《正韻》太去冀切，敧去聲，（一

義：《字彙補》："嚣"，古文"器"字《說文》：器，皿也。（《皿部》曰皿，飯食之用器也。然則皿專謂食器，器乃凡器統稱。器下云皿也者，敧

文則不別也。《木部》曰：有所盛曰器，無所盛曰械。陸德明本如此。）象器之口（謂品也，與上文从品字不同。凡"品"之屬，皆从品），犬所以守之（會意）。《廣韻》：器皿。《易·繫辭》：形乃謂之器。《註》：成形曰器。《書·舜典》：如五器。《註》：器謂圭璧。

又《禮·王制》：瘖、聾、跛躄、斷者、侏儒、百工，各以其器食之。《註》：器，能也。《論語》：及其使人也，器之。《疏》：度人才器而官之。

又《論語》：管仲之器小哉！《註》：言其度量小也。

又，姓。見《姓苑》

器，《姓氏考略》：鐘鼎款識，周有器市尊。薛尚功曰：器，姓也。市，名也。望出河南（洛所雒陽，在今河南洛陽市東北）。

又，qí 叶欺迄切，音＝迄，ㄑㄧˇ

曹植《黃帝三鼎贊》：

　　鼎質文精，古之神器。

　　黃帝是鑄，以像太乙。

按：《集韻》：或作"甂"，《類篇》"
器"或作"甂"，《玉篇》：俗作"
器"。

垚：土部十畫，《玉篇》：古文"堯"字。

音：yáo《廣韻》五聊切，《集韻》倪么切
，茲音＝僥，一ㄠˊ

義：《玉篇》：古文"堯"字。

《說文》：堯，高也。（段注：堯本
謂高，陶唐氏以為號。《白虎通》曰
：堯猶嶢嶢，嶢嶢至高之貌。按：焦
嶢山高貌，見《山部》堯之言至高也
，舜《山海經》作"俊俊"之言至大
也，皆生時臣民所偁之"號"，非"
謚"也。）从垚在兀上，高遠也。（
段注：會意，兀者高而上平也。高而
上平之上又增益之以垚，是其高且遠

可知也。）

《白虎通》：堯猶嶢也。嶢嶢，至高貌。古唐帝（堯）。《書·舜典》：曰若稽古帝堯。

又，姓。魏·堯暄，上黨人，以武功著。《姓氏考略》：堯。引《辨證》：帝堯之後，以諡為氏。望出上黨（治所壺關，在今山西長治市北）。

又《諡法》：翼善傳聖，善行德義，皆曰堯。

又，人名。《前漢書·高帝紀》：帝擢趙堯為御史大夫。曰：無以易堯。《宋史》：陳堯叟、堯咨、堯佐，兄弟皆有聲，世謂陳氏三堯。

又，山名。《山海經》：美山東北百里曰大堯山。今直隸（河北省）真定唐山縣（今名：堯山縣）本名堯山，以堯始封得名。

按：垚，亦作〞壵〞，或作〞瑤〞，本作〞垚〞，小篆加〞兀〞作〞堯〞，兀

會"高"意。 一曰：从三土積累而
上，象"高"形。

𡎤：土部十畫，《說文》：古文"堯"。

按：《說文》段注：此从二土，而二人在
其下。小徐本汗簡，古文四聲尚不誤
，汲古閣乃大誤。

又"𡎤"音、義，參見"垚"（堯）
字，詮釋。

夳：大部八畫，《中文大辭典》作"文"部

案：《正字通》：竝，又同"夳"，今作
"並"。音、義，參見"竝"（並）
字，詮釋。

𡩡：宀部十四畫，古文"宜"字。

音：ㄧˊ《唐韻》、《集韻》魚羈切，《韻
會》疑羈切，夳音：儀，ㄧˊ

義：《玉篇》：𡩡，古文"宜"字。《集
韻》：宜，隸作"宜"。

《說文》：宜，所安也。（段注：《
詩・周南》宜其室家，《傳》曰宜以
有室家無踰時者。）从宀之下一之上

，（一猶地也，此言會意。）多省聲
。（按《廣韻》曰：《說文》本作"
宜"，今據以正。篆體多省聲，故古
音：魚何切，今音：魚羈切，漢《石
經》作"宜"。）"寵"古文"宜"
，"宜"亦古文"宜"。

《增韻》：適理也。《易·泰卦》：
後以財成天地之道，輔相天地之宜。
《禮·王制》：齊其政不易其宜。

又《左傳·成二年》：先王疆理天下
物土之宜。《註》：職方氏所謂青州
宜稻粱，雍州宜黍稷之類是也。

又《詩·周南》：宜其室家。《詩經
今注》：宜，適當也。《傳》：宜者
，和順之意。

又《爾雅·釋詁》：宜，事也。《詩
·大雅》：公尸來燕來宜。《詩經今
注》：公尸，尸是祭祀時裝祖先之神
的人，其祖先是公侯，則尸稱公尸。
燕，通宴。宜，猶適也。來宜，來舒

適舒適。《毛傳》：宜其事也。

又《玉篇》：當也，合當然也。《禮·樂記》：武之遲久，不亦宜乎？

又，祭名。《書·泰誓》：類于上帝，宜于冢土。《註》：祭社曰宜，冢土，社也。《禮·王制》：宜乎社。《註》引《爾雅》：起大事，動大眾，必先有事乎社，令誅罰得宜。

又，州名。古百越地，唐置粵州，改"宜州"。

又，姓。《正字通》：元·宜桂可，博通經史。

《姓氏考略》：宜，《潛夫論》：宋子姓，有宜氏。按：當為宜傑之後。

又，通作"儀"。《前漢書·地理志》：伯益能儀百物。"儀"讀與"宜"同。

又，é叶五何切，音：俄，ㄜ《詩·鄘風》：如山如河，象服是宜。叶上"佗"下"何"。《詩經今注

》：如山如河，簪子有作鳥獸形的，
有作魚龍形的，所以說首飾如山如河
。又解：河，疑當作〞阿〞，大嶺。
象，借作〞襐〞（音＝象），鑲也。
襐服，衣的周邊領袖都鑲上花邊。

按：《音學五書》：宜古音＝魚何反。宜
字《詩》凡九見，《易》一見、《儀
禮》一見、《楚辭》一見，太太同。後
人誤入五支韻，據此則又非，但〞叶
〞（協）音矣！

又《玉篇》：〞窫〞，古文〞窒〞字
。《集韻》：〞宎〞，隸作〞宜〞。
《說文》：〞窫〞、〞宎〞、宜〞，
古文〞宜〞。

絲＝小部十四畫

音＝guān《集韻》古還切，音＝關《ㄨㄢ

義＝《集韻》：織緝以絲，貫杼也。本作
〞紭〞，从絲，省卝聲。

按：《正字通》：即〞紭〞字之譌。
參見〞紭〞字，詮釋。

㞖：小部十八畫

　　音：méi《海篇》音：梅，ㄇㄟˊ

　　義：未詳

屮：屮部六畫，《字彙補》：古文"攀"字

　　音：Pān《唐韻》普班切，《集韻》、《韻

　　　　會》、《正韻》披班切，夶音：盼，

　　　　平聲，ㄆㄢ

　　義：《字彙補》：古文"攀"字。

　　　　《前漢書・司馬相如傳》：仰屮橑而

　　　　捫天。《註》：屮，古"攀"字。《

　　　　文選》：今作"攀"。

　　　　引也。《晉語》：攀輦即利而舍。

　　　　又，自下援上也。《莊子・馬蹄篇》

　　　　：烏鵲之巢，可攀援而闚。崔駰《達

　　　　旨》：攀台階，闚紫闥。

　　按：或作"扳"，亦作"樊"。《說文》

　　　　："屮屮"字重文。屮屮，引也，从

　　　　反廾。又从手，从樊作"樊"。

舝：屮部二十六畫，《集韻》古文"拜"字

　　音：bài《唐韻》博怪切，《集韻》、《韻

會》、《正韻》布怪切，达音＝擺，
去聲，ㄅㄞˋ

義：《集韻》：＂拜＂，古作＂琹＂。
＂捧＂字重文。《說文》：捧，首至
手也。（段注：各本作首至地也，今
正首至地，謂＂頴＂首拜中之一，不
可該九拜。拜之名生於空首，故許言
首至手。《周禮》之空首，他經謂之
拜手。鄭注曰：空首拜頭至手，所謂
拜手也。何注《公羊傳》曰：頭至手
曰拜手，某氏注《尚書·大甲語》曰
：拜手首至手也。何以謂之頭至手，
《足部》曰跪者所以拜也。既跪而拱
手，而頭俯至於手與心平，是之謂頭
至手。荀卿子曰：平衡曰拜是也，頭
不至地是以《周禮》謂之空首。空首
者對頴首頓首之頭著地言也。詳言曰
拜手省言曰拜，拜本專為空首之偁引
申之，則頴首頓首肅拜皆曰拜。頴首
者何也，拜頭至地也。既跪而拱手下

至於地，而頭亦下至於地，荀卿所謂下衡曰稽首，《白虎通》鄭注、《周禮》何注、《公羊傳》某注、《尚書‧召誥》趙注、孟子，皆曰拜頭至地曰稽首是也。頓首者拜頭叩地也，既跪而拱手下至於地，而頭不徒下至地且叩觸其額是之謂頓首。荀卿所謂至地曰稽顙也，《周禮》之頓首，即他經之稽顙，故《周禮注》云頓首頭叩地，《士喪禮》、《檀弓》稽顙注云頭觸地叩觸一也。凡言拜手稽首，言拜稽首者，先空首而後稽首也。言拜而後稽顙者，先空首而後頓首也。言稽顙而後拜者，先頓首而後空首也。言稽顙而不拜者，徒頓首而不空首也。空首稽首頓首三拜為經，振動吉拜凶拜奇拜褒拜肅拜為緯。振動者戰栗變動之拜，有不必為三拜，而為此三拜者也。吉拜者拜之常也，當拜而拜、當稽首而稽首是也。凡稽首未有用於凶者也，凶拜者何也，拜而後稽顙，稽顙而後拜皆是也。凡頓首未有不用於凶者也，奇拜者一拜也，一稽首一頓首亦是也，簡少之訾也。褒拜者拜不止於再也，稽首頓首不止於再者亦是也，多大之訾也。肅拜者婦人之拜不低頭者也，總計之曰九拜。凡言拜手者頭至手，故其字从手作𢷎。）

又《說文》：揚雄說：𢷎，从兩手下也。（段注：蓋爰《禮》等所說，揚所作《訓纂篇》中字如此。凡空首首至手而平衡，手未嘗下於心也。稽首頓首則下矣。揚蓋兼三拜而製此字也。見於《周禮》者作"𢷎"，他經皆同子雲作"拜"。）

《禮．郊特牲》：拜，服也，稽首服之甚也。《疏》：拜者，是服順也。

《周禮．春官．大祝》：辨九𢷎。《註》：稽首，頭至地也。頓首，頭叩地也。空首，頭至手，所謂拜手也。

吉拜，拜而后稽顙。凶拜，稽顙而后拜。奇讀為奇偶之奇，謂一拜也。褒讀為報，再拜是也。肅拜但俯下手，今時揖是也。振動，戰栗變動之拜也。《詩詁》：一稽首，謂下首至地稽留乃起。二頓首，謂下手置首於地即起。三空首，謂下手首不至地。四振動，謂恐悚迫蹙而下手。五吉拜，謂雍容而下手。七奇拜，謂禮簡不再拜也。八褒拜，謂答拜也。九肅拜，謂直身肅容而微下手，如今婦人拜也。又"膜拜"，舉兩手伏地而拜也。《穆天子傳》：膜拜而受。

又《荀子‧大略篇》：平衡曰拜。《註》：謂磬折，頭與腰平。

又，朝廷授官曰拜。《史記‧淮陰侯傳》：至拜大將，乃信也。《後漢書‧楊雄傳》：拜除如流，缺動百數。

又，屈也。《詩‧召南》：蔽芾甘棠，勿翦勿拜。《詩經今注》：拜，讀爲扒（參見《廣韻．十六怪》引作：扒），拔也。《詩詁》：攀下其枝，如人之拜也。

又，草名。《爾雅．釋名》：拜，蔏藋。《註》：疑即商陸。

按：《集韻》：拜，古作"𢸙"。《廣韻》、《正韻》：作"𢷎"，《周禮》：凡"拜"皆作"𢷎"。

又"𢷎"字重文。《說文》："拜"，亦作"𢳎"。古文"𢷎"，从二手，又从手、𠦪。或作"𢪒"，揚雄說"𢷎"，从兩手下也。

又"拜"，本作"𢷎"。《六書精蘊》：作"𢪒"，《六書正譌》：又作"𢪒"，从兩手向下會意。

𡿴：山部十四畫

音：Pài，裴害切，音：湃，ㄆㄞˋ

義：未詳

𡿳：山部十六畫

音：Zhī《搜真玉鏡》音：枝，亦作支，ㄓ

義：未詳

巽：己部十二畫，《說文》：古文 "巽" 字

音：xùn《唐韻》、《集韻》、《韻會》、
《正韻》𠀤蘇困切，音：遜，ㄒㄩㄣˋ

義：《說文》：古文 "巽" 字，本作 "𢍍
"，具也。篆文作 "巽"，徐鉉曰：
庶物皆具丌以薦之。

又《玉篇》：卦名。《韻會》："巽
"，入也，柔也，卑也。《易·巽卦
疏》：巽者，卑順之名。《說卦》云
：巽，入也。蓋以巽是象風之卦，風
行無所本入，故以入為訓。若施之於
人事，能自卑巽者，亦無所不容。然
巽之為義，以卑順為體，以容入為用
，故受巽名矣。

又 "巽"，與 "遜" 通。《書·堯典
》：汝能庸命，巽朕位。《釋文》：
巽，讓也。《集傳》："巽"、"遜
"，古通用。

又，zhuàn《五音集韻》雛睆切，音：

撰，ㄓㄨㄢˇ　持也。

又，xuàn《韻補》叶須閏切，音：潨，ㄐㄩㄣˊ　《易‧蒙卦》：童蒙之吉，順以巽也。叶下"順"。

又，xuǎn叶須絹切，音：選，去聲。ㄒㄩㄢˇ　《易‧家人》：六二之吉，順以巽也。叶上"變"。

按：《說文》："巺，具也。（段注：孔子說《易》曰：巽，入也。巽乃馔之假借字，馔，順也，順故善入。許云：具也者，巺之本義也。"巺"，今作"巽"。）从丌，𢀜聲。（段注：形聲包會意，《卪部》曰"𢀜"，二卪也。巺，从此。按：二卪者，具意也。）

巺，古文"巽"。（从𢀜，从廾。）
巽，篆文"巽"。（段注：《汗簡》、《古文四聲韻》載，此體各乖異未詳宜何從也，竊疑此篆字當作𥅷字之誤也。古文下从廾，廾亦具意也。𥅷文籀重則从𠬝从廾而又从丌，《古文四聲韻》作"巽"蓋不誤，小篆則省廾作"巺"，後人隸字則从籀變之作"巽"，《說文》仿隸為之，非也。）

𢁉：巾部八畫

音：guǐ《海篇》音：癸，ㄍㄨㄟˇ

義：未詳

𢄈：巾部十二畫，《字彙補》古文"牟"字

音：móu《唐韻》莫浮切，《集韻》、《韻會》迷浮切，𠀤音：謀，ㄇㄡˊ

義：《字彙補》："𢄈"，古文"牟"字

《說文》："牟"，牛鳴也。从牛𠃋，象其聲气從口出。（段注：此合體象形，與"羋"同意。韓愈《詩》曰：惟肥牛呼牟。）柳宗元《牛賦》：牟然而鳴，黃鍾滿脰。

又《玉篇》：取也，奪也，過也。《戰國策》：上干主心，下牟百姓。《註》：牟，取也。《韓非子・七反篇》：牟食之民。《史記・平準書》：

富商大賈，無所牟大利。《前漢書‧景帝紀》：侵牟萬民。《註》：李奇曰：牟，食苗根蟲也。侵牟食民，比之蟊賊也。

又《玉篇》：倍也。《楚辭‧招魂》：成梟而牟，呼五白些。《註》：倍勝為牟。

又《玉篇》：大也。《淮南子‧要略篇》：原道者，盧牟六合，混沌萬象。

又《揚子‧方言》：愛也，宋魯之間曰牟。

又《後漢書‧禮儀志》：仲夏以朱，索連葷菜，彌牟樸蠚。《正字通》：郝敬曰：彌牟，禦上塗抹之義。

又《玉篇》：進也。

又《前漢書‧霍光傳》：輦道牟首。《註》：孟康曰：牟首，地名。如淳曰：牟首，屏面，以屏面自隔也。瓚曰：牟首，池名。師古曰：瓚說是。《左思‧吳都賦》：長塗牟首。《註

》：劃逹四；牟首，闇逹有室屋也。

又，國名。《春秋·桓十五年》：邾

人、牟人、葛人來朝。《前漢書·地

理志》：泰山郡，牟。《註》：故國

。《晉語》：成王盟諸侯於岐陽，楚

爲荆蠻，置茅蕝，設望表，與鮮牟守

燎，故不與盟。《註》：鮮牟，東夷

國。

又，地名。《春秋·隱四年》：莒人

伐杞，取牟婁。案：亦作牟樓，今河

南省杞縣。又《左傳·宣九年》：取

根牟。又《論語》：佛肸以中牟畔。

《前漢書·地理志》：河南郡，中牟

。又：東萊郡，東牟。

又《釋名》：牟追：牟，冒也，言其

形冒髮追追然也。

又，姓。《風俗通》：牟子國祝融之

後，後因氏焉。《史記·田敬仲完世

家》：大夫牟辛。《後漢書·牟融傳

》：牟融，北海安丘人。少博學，擧

茂才。拜司空，進太尉卒。（參見《
中國人名大辭典》頁二七七‧一）

又〞牟〞氏‧《姓氏考略》：引《風
俗通》牟子國，祝融之後，因氏焉。
望出鉅鹿（亦作：巨鹿，治所在今河
北省鉅鹿縣）。

又《廣韻》：複姓三氏，《禮記》有
賓牟賈，《東萊先賢傳》有曹牟君卿
，《何氏姓苑》有彌牟氏。

賓牟氏，《姓氏考略》：賓牟《姓纂
》楚臧孫之後，《樂記》有賓牟賈。

彌牟氏，《姓苑》出衛大夫公孫彌牟
之後。（參見《姓氏考略》彌牟）

牟孫氏，《路史》小邾子後有牟孫氏
。（參見《姓氏考略》牟孫）

又，麥也。《詩‧周頌》：貽我來牟
。《詩經今注》：貽，遺留。來牟，
古時大小麥的統稱。《傳》：牟，麥
也。《釋文》：牟字，書作〞�헒〞，
或作〞麳〞。

又，器也。《禮·內則》：敦牟卮匜
。《註》：牟讀曰堥。敦牟，黍稷器
也。《釋文》：齊人呼土釜為牟。《
後漢書·禮儀志》：卮八，牟八。

又《後漢書·禰衡傳》：著岑牟單絞
之服。《註》：通史志曰：岑牟，鼓
角士冑也。《韻會》：鍪，通作牟。

又，與"眸"通。《荀子·非相篇》
：堯舜參牟子。《註》：牟，與"眸
"同。參牟子，謂有二瞳之相參也。

又，mǒu《集韻》莫後切，音：母，
ㄇㄨˇ "中牟"，地名。按："中牟
"地名多讀平聲，《集韻》又收上聲
，未知何據。

又，mào《集韻》莫候切，音：茂，
ㄇㄠˋ 本作"務"。冒也。

又，與"務"同。《荀子·成相篇》
：天乙湯，論舉當，身讓卞，隨舉牟
光。《註》："牟"與"務"同。

幦：巾部十四畫

音＝ji《龍龕手鑑》紀力切，音＝殛，
ㄐㄧˊ

義＝未詳

帬帬＝巾部十六畫

音＝ci《海篇》音＝賜，ㄙˋ。語音＝ㄘ

義＝未詳

幵＝干部八畫，《說文》本作＝〞奸〞。

音＝bing《唐韻》府盈切，《集韻》、《
韻會》卑盈切，《正韻》補明切，茲
音＝餅，平聲。ㄅㄧㄥ

義＝《說文》本作＝〞奸〞，从二人，幵
聲。一曰从持二干為〞奸〞。（段注
＝干舊奪，今依《韻會》本，補上言
形聲，此言會意。〞干〞經典用為〞
竿〞，如子子干旄是也。二人持二干
是人持一竿奸合之意，或曰當出奸，
篆解云＝〞奸〞或从人，人持二干為
〞奸〞，人持二干為〞奸〞者，猶又
持二禾為兼也。俗〞奸〞字之所本也
，漢隸作〞奸〞。）〞奸〞（幵），

相从也。（段注：从，舊作"從"今正。合也，兼也。）

《周禮・冬官・考工記》：輿人爲車，凡居材大與小無幷。《註》：幷，謂偏邪相就也。

又《廣韻》：幷，合也。謝靈運《初去郡詩》：

　　盧園當巖栖，卑位代躬耕。

　　顧己雖自許，心迹猶未幷。

又《玉篇》："幷"，兼也，同也。

又，州名。《書・舜典》：肇十有二州。《註》：舜分冀州爲幽州、幷州。《廣韻》：春秋時爲晉國，後屬趙，秦爲太原郡，魏復置"幷"州。《韻會》：唐爲太原府。

又，姓。《廣韻》：出《姓苑》。《萬姓統譜》：幷韶有文藻，吏部以"幷"姓無先賢，下其選格。

幷氏，《姓氏考略》：見《姓苑》，以地爲氏。

幷官氏，《路史》柔微子後。按《魯
國先賢傳》：孔子娶幷官氏，韓勑《
孔廟禮器碑》作：幷官氏。蓋幷官氏
，隸寫作：幷耳。

又，bīng《廣韻》、《集韻》、《韻
會》卑正切，《正韻》陂病切，𠀤音
：餅，去聲。ㄅㄧㄥˋ

《廣韻》：幷，專也。《禮‧檀弓》
：趙文子曰：陽處父行，幷植於國。
《註》：幷，猶專也，謂剛而專己。
《釋文》：幷，必正反。

又，與 "併" 同。《集韻》：併，或
省作：幷。賈誼《過秦論》：幷吞八
荒。謝靈運《擬鄴中詩序》：天下良
辰、美景、賞心、樂事，四者難幷。

又《韻會》：與 "偋" 通。《莊子‧
天運篇》：至貴國爵幷焉。《註》：
幷，棄除也。

又，Páng 叶卑陽切，音：旁，ㄆㄤˊ
張籍《祭韓愈詩》：

偶有賈秀士，來茲亦同拜。

移船入南溪，東西縱篙楸。

玆：幺部六畫，古文 "兹" 字。

　　音：yōu《唐韻》、《集韻》太於虯切，音

　　　　＝幽，一又

　　義：《說文》＝玆，微也。（段注＝微當

　　　　作 "妝"，《人部》曰＝妝眇也。小

　　　　之又小則曰妝。）从二幺。（段注＝

　　　　二幺者，幺之甚也。）

　　　　《唐韻》＝微小也。《元包經》＝俶

　　　　幺玆，卒飄鼺。《傳》＝俶幺玆，始

　　　　於細微也。卒飄鼺，終於強盛也。

　　　　又，zī《集韻》＝ "兹"，古作 "玆

　　　　"。　案＝參見 "兹" 字，詮釋。

絲：幺部八畫

　　音：yōu《五音篇海》音＝幽，一又

　　義：《五音篇海》＝絲，小也。

　　　　又zhí，音＝直，坐。　義同。

絲：幺部十一畫

　　音：guān《唐韻》古還切，《集韻》姑還

切，太音：關，《ㄨㄢ

義：《説文》：絭，織絹以絲質杼也。

又，guàn《集韻》古患切，音：慣，

《ㄨㄢ。　義，同。

按：《説文解字注》：絭，織以絲毋杼也

。（段注：織字下各本衍"絹"字，

《玉篇》又誤，絹今刪。"以絲"各

本誤作：从糸，"毋"作"質"今正

。杼者機之持，緯者毋穿物持之也。

以絲質於杼中而後織，是之謂"絭杼

"之往來。如關機，合開也。）从絲

省丱聲。（段注："丱"者，卵字也

。徐鉉等云：古"礦"字，非也。）

"丱"古文"卵"字。（段注：各本

無此五字，今補説。）

弱：弓部十畫，《説文》：本作"弜"。

音：ruò《唐韻》而勺切，《集韻》、《韻

會》日灼切，太音：若，日ㄨㄛˋ

義：《玉篇》：尫劣也。《釋名》：委也

。《增韻》：懦也。《書・洪範》：

六極，六曰弱。《傳》：尫劣。《疏》：尫劣甚是弱事，為筋力弱，亦為志氣弱也。鄭康成云：愚懦不毅曰弱，言其志氣弱也。

《禮・曲禮》：二十曰弱冠。《疏》：體猶未壯，故曰弱也。《釋名》：二十曰弱，言柔弱也。

又"孅弱"，體柔貌。司馬相如《上林賦》：嫵媚孅弱。

又"弱行"。《左傳・昭七年》：孟縶之足不良，弱行。《註》：跛也。

又，水名。《書・禹貢》：導弱水至于合黎。《山海經》：海內崑崙之墟，弱水出西南偶。《史記・大宛傳》：安息長老，傳聞條枝有弱水、西王母而未嘗見。《註》：《索隱》曰：《魏略》云，弱水在大秦西。《玄中記》云：天下之弱者，有崑崙之弱水、鴻毛不能載也。

又，衰也。《左傳・昭三年》：姜族

弱矣！而趙將始昌。

又、敗也。《釋名》：尅也。《左傳
・襄二十六年》：頡遇王子弱焉！《
註》：弱、敗也，言為王子所得。

又、喪也。《左傳・昭三年》：又弱
一个焉。

又〝繁弱〞、弓名，亦作〝蕃弱〞。
《左傳・定四年》：封父之繁弱。《
註》：繁弱、大弓名。《孔叢子・公
孫龍篇》：楚王張繁弱之弓。司馬相
如《上林賦》：彎蕃弱。《註》：文
穎曰：蕃弱、夏后氏之良弓名。

按：《說文》本作〝弜〞、橈也。（《說
文解字注》段注：橈者，曲木也。引
伸為凡曲之偁、直者多強，曲者多弱
，《易》曰棟橈本末弱也。弱與橈疊
韻。）上象橈曲，（謂弓也）彡象毛
氂橈弱也。（曲似弓故以弓像之、弱
似毛氂故以彡像之。）弱物并（不能
獨立），故从二弜。

弱：弓部十二畫，《說文》："弱"本字。

　　案：音、義，參見"弱"字，詮釋。

肆：⺕部十四畫，《字彙補》古文"肆"字

　　音：sì《玉篇》、《廣韻》、《集韻》、

　　　　《類篇》、《韻會》息利切，《正韻

　　　　》息漬切，並音：四，ㄙ。

　　義：《字彙補》："古文"肆"字。又，與

　　　　"肆"同。

　　　　《說文》：極陳也。《爾雅·釋言》

　　　　：肆，力也。《疏》：極力也。《左

　　　　傳·昭十二年》：昔穆王欲肆其心，

　　　　周行天下。《註》：肆，極也。《周

　　　　語》：藪澤肆既。《註》：肆，極也

　　　　。既，盡也。

　　　　又《玉篇》：放也，恣也。《易·繫

　　　　辭》：其事肆而隱。《疏》：其辭放

　　　　肆顯露，而所論義理深而幽隱也。《

　　　　左傳·昭三十二年》：伯父若肆大惠

　　　　，復二文之業，沈周室之憂。《註》

　　　　：肆，展放也。《禮·表記》：君子

莊敬日強、安肆日偷。《註》：肆，
猶放恣也。

又，遂也。《書・舜典》：肆類于上
帝。《傳》：肆，遂也。

又，次也。《詩・小雅》：跂彼織女
，終日七襄。《詩經今注》：跂，通
歧，分歧。織女，織文星。織女有三
顆星，聯成等邊三角形，三角分出，
所以用"跂"字形容它。七襄，不可
解。七疑當作"才"，形似而誤。才
，古在字。襄可能是織布機的古名。
《箋》：襄，駕也。駕，謂更其肆也
。《疏》：謂止舍處也。天有十二次
，日月所止舍也。舍即肆也。在天為
次，在地為辰，每辰為肆，是歷其肆
舍有七也。

又，陳也，列也。《書・牧誓》：昏
棄厥肆祀弗答。《傳》：昏，亂也。
肆，陳也。《詩・大雅》：肆筵設席
。《註》：肆者，陳設之意。

又《古今注》：肆所以陳貨鬻之物也
。《周禮・地官・司市》：掌以陳肆
辨物而平市。《註》：肆，謂陳物處
。《前漢書・刑法志》：開市肆以通
之。《註》：師古曰：肆，列也。

又《韻會》：既刑陳尸曰肆。《禮・
月令》：仲春之月，令有司省囹圄，
去桎梏，毋肆掠。《註》：肆，謂死
刑暴尸也。《周禮・秋官・掌囚》：
凡殺人者，踣諸市，肆之三日。

又《爾雅・釋詁》：肆，故也。《疏
》：肆之為故，語更端辭也。

又"肆"，今也。《註》：肆，既為
故，又為今，此義相反而兼通者。《
書・大禹謨》：肆予以爾眾士，奉辭
伐罪。《傳》：肆，故也。《詩・大
雅》：肆不殄厥慍，亦不隕厥問。《
詩經今注》：肆，既也。殄，消除。
厥，其也。慍，憤怒。此指亶父對昆
夷的憤怒並不消除，懷著復仇、收復

土地的決心。隤，墜落，此處是斷絕之意。問，聘問。壹父對昆夷的聘問並不斷絕，暫時採取敷衍的手段。《傳》：肆，故今也。

又《博雅》：伸也。《左傳·僖三十年》：既東封鄭，又欲肆其西封。《註》：肆，申也。.

又《小爾雅》：餘也。

又，緩也。《書·舜典》：眚災肆赦。《傳》：肆，緩也。過而有害，當緩赦之。《左傳·莊二十二年》：肆大眚。《疏》：肆，緩也。按：《公羊傳》註：肆，跌也，過度也。《穀梁傳》註：肆，失也。三傳異義。

又《五篇》：量也。

又，大也。《書·梓材》：越厥疆土，于先王肆。《傳》：能遠拓其界壤，則先王之道遂大。

又，長也。《詩·大雅》：其詩孔碩，其風肆好。《傳》：肆，長也。《

詩經今注》：孔碩，指篇幅很長。風
，曲調也。肆好，馬瑞辰說：肆好，
即極好。

又，弃（棄）也。揚雄《長楊賦》：
故平不肆險，安不忘危也。《註》：
服虔曰：肆，弃也。

又《小爾雅》：突也。《詩‧大雅》
：是伐是肆。《詩經今注》：肆，與
”襲”通，攻也。《傳》：肆，疾也
。《箋》：肆，犯突也。《疏》：肆
為犯突，言犯師而衝突之。《左傳‧
文十二年》：若使輕者，肆焉其可。
《註》：肆，暫往而退也。

又《周禮‧春官‧小胥》：凡縣鐘磬
，半為堵，全為肆。《註》：編縣之
二八，十六枚在一虡，謂之堵。鐘一
堵、磬一堵，謂之肆。《左傳‧襄十
一年》：歌鐘二肆。《註》：肆，列
也。縣鐘十六為一肆，二肆三十六枚。

又，官名。《周禮‧地官》：肆長，

各掌其肆之政令。

又，姓。《何氏姓苑》：有漁陽太守肆敦。《風俗通》：宋大夫肆臣之後。（見《姓氏考略》肆氏）

又，祭名。《史記·周本紀》：肆祀不答。

又，xi《集韻》息七切，音：悉，ㄒㄧ。　赦也。

又 gai，音：陔、ㄍㄞ。《禮·禮器》：其出也，《肆夏》而送之，蓋重禮也。《註》：《肆夏》當為《陔夏》。《釋文》：肆，依《註》作"陔"，古來切。

又，ti《集韻》他歷切，音：逖，ㄊㄧ。　解也。《禮·郊特牲》：腥肆爓腍祭。《註》：治肉曰肆。《疏》：肆，剔也。《釋文》：肆，敕歷切。《周禮·地官·大司徒》：祀五帝，奉牛牲，羞其肆。《註》：鄭司農云：肆，陳骨體也。《士喪禮》曰

：肆，解去蹄。《賈疏》：羞，進也。肆，解也。謂於俎上進所解牲體於神座前。《釋文》：肆，他歷切。

又，yí《韻會》羊至切，音：異，一。與"肄"同。《五音集韻》：習也，嫩條也。《禮·玉藻》：肆束及帶，勤者有事則收之，走則擁之。《註》：肆，讀為"肄"。肄，餘也。《釋文》：肆音肄。

又，yì《廣韻》、《集韻》、《韻會》羊至切，《正韻》以智切，竝音：易，一

《廣韻：習也。《左傳·文四年》：臣以為肄業及之也。《禮·檀弓》：君命，大夫與士肄。《註》：肄，習也。君有命大夫，則與士展習其事。又，勞也。《詩·邶風》：有洸有潰，既詒我肄。《詩經今注》：有，又。洸（音：光），兇暴。潰，糊塗。詒，通貽，給予。肄，勞苦。《傳》

：肄，勞也。又《小雅》〈雨無正，當作：雨無止〉：正大夫離居，莫知我肄〈原詩文，作〝勩〞〉。《詩經今注》：正大夫，當即上大夫。離居，離開原來的住處，逃難他方。勩〈音：義〉，疲勞。

又《廣韻》：嫩條也。《博雅》：肄，枿也。《詩‧周南》〈汝墳〉：遵彼汝墳，伐其條肄〈原詩文，作〝枚〞〉。《詩經今注》：遵，循，即沿著走。汝，水名〈在今河南〉。墳，借為〝濆〞〈音：楚〉，水邊。條，借為〝樤〞〈音：滔〉，木名，又名山楸。枚，枝也。《傳》：肄，餘也，斬而復生曰肄。

《左傳‧襄二十九》：晉國不恤周宗之闕，而憂肄是屏。《註》：憂肄，杞也。肄，餘也。是斬而復生之餘也。又，水名。《山海經》：肄水出臨晉西南，而東南注海。《註》：按，即

"溱水"（在今河南省），或作"肄水"。

又，"肄"與"肆"通。《禮·玉藻》〈肆束及帶〉註：肆讀為"肄"。

肄，餘也。

𢑚：彑部十六畫，《說文》古文𢑚、𢑚字。

音：si《唐韻》、《集韻》並息利切，音：四，ㄙˋ

義：《說文》：古文"𢑚"、"𢑚"字。

又《說文》：𢑚，𧰨屬，从二𧰨。

《玉篇》：豕聲也。

又《廣韻》：鼠名。

《廣韻》：俗作"隸"。

案：參見"𢑚"字，詮釋。

𢨋：户部十四畫，《字彙補》：古文靈字。

音：ling《唐韻》、《集韻》、《韻會》並郎丁切，音：鈴，ㄌㄧㄥˊ

義：《字彙補》："𢨋"，古文"靈"字

《玉篇》：神靈也。《大戴禮》：陽之精氣曰神，陰之精氣曰靈。《書·

泰誓》：惟人萬物之靈。《傳》：靈，神也。《詩·大雅》：以赫厥靈。《詩經今注》：赫，借為訴，告也。靈，巫也。是言后稷下生後，姜嫄把這件事告訴巫者，請巫占卜。又《大雅·靈臺傳》：神之精明者稱靈。

又《詩·鄘風》：靈雨既零。《詩經今注》：靈雨，好雨。零，落也。《箋》：靈，善也。

又《廣韻》：福也。

又《廣韻》：巫也。《楚辭·九歌》：思靈保兮賢姱。

又﹁靈氛﹂，古之善占者。屈原《離騷》：欲從靈氛之吉占兮。

又《周禮·地官·鼓人》：以靈鼓鼓社祭。《註》：靈鼓，六面鼓也。

又《禮·檀弓》：塗車芻靈。《註》：芻靈，束茅為人。

又《左傳·定九年》：載蔥靈。《註》：蔥靈，輜車名。

又《楚辭・天問》：曜靈安藏。《註》：曜靈，日也。揚雄《羽獵賦》：上獵三靈之旒。《註》：如淳曰：三靈，日月星垂象之應也。

又《廣韻》：寵也。

又《禮・禮運》：何謂四靈？麟、鳳、龜、龍。《爾雅・釋魚》：二曰靈龜。《註》：即今觜蠵龜，一名靈蠵，能鳴。《史記・龜筴傳》：下有伏靈，上有兔絲。

又《諡法》：亂而不損曰靈，不勤成名曰靈，死而志成曰靈，死見神能曰靈，好祭鬼怪曰靈，極知鬼神曰靈。

又，州名。《史記・匈奴傳》：丁靈。《註》：《魏略》云：丁靈，在康居北。《後漢書・西羌傳》：繫零昌於靈州。《韻會》：魏武置靈州，取靈武縣名。

又，姓。《廣韻》：《風俗通》云：齊靈公之後，或云：宋公子靈圉龜之後。

靈氏，《姓考》：古有靈國。舜七友
有靈甫，為臾後。《路史》：姜姓後
有靈氏。《辨證》：宋公子圍龜，字
子靈。其後不緩為左師，以王父字為
氏。又：晉有靈輒。見《左傳》。望
出河南（治所雒陽，在今河南省洛陽
市東北）。

靈姑氏，越王餘善後有"靈姑"氏。
《左傳》：靈姑浮以戈擊闔閭，傷將
指。

又，lián 叶靈年切，音：連、ㄌ一ㄢˊ
《道藏歌》：

　　冥化自有數，我真法自然。
　　妙曲發空洞，宮商結仙靈。

按："靐"、《字彙補》：古文"靈"字
、《說文》：本作"靈"。靈，巫也
。（段注：各本巫上有"靈"字，乃
複舉篆文之未刪者也。許君原書篆文
之下，以隸複審其字，後人刪之時有

未盡，此因巫下脫也。字以靈，巫為句，失之今補也。字，屈賦《九歌》靈偃蹇兮姣服，又：靈連蜷兮既留，又：思靈保兮賢姱。王注：皆云靈巫也。楚人名〝巫〞為〝靈〞，許亦當云巫也，無疑矣！引伸之義，如《謚法》曰：極知鬼神事曰靈，好祭鬼神曰靈。曹子曰：陽之精氣曰神，陰之精氣曰靈。毛公曰：神之精明者稱靈，皆是也。）以玉事神（依《韻會》無也，字），从王（巫，能以玉事神，故其字从玉），霝聲。靈，靈。或从巫。

丽：日部十二畫，《字彙補》與〝明〞同。

音：ming《廣韻》武兵切，《集韻》、《韻會》、《正韻》眉兵切，竝音：鳴，ㄇㄧㄥˊ

義：《字彙補》：丽，與〝明〞同。《說文》：明，照也。《易·繫辭》：日月相推，而明生焉！又：縣象著明，莫大乎日月。《疏》：日月中時，徧照天下，無幽不燭，故云明。《史記‧歷書》：日月成，故明也。明者，孟也。

又《易‧乾卦》：大明終始。《疏》：大明，曉乎萬物終始。

又《易‧乾卦》：天下文明。《疏》：有文章而光明。

又《書‧堯典》：欽明文思安。《疏》：照臨四方，謂之明。

又《書‧舜典》：黜陟幽明。《傳》：升進其明者。

又《書‧太甲》：視遠惟明。《疏》：謂監察是非也。又《洪範》：視曰明。《傳》：必清審。

又《詩‧小雅》：祀事孔明。《詩經今注》：明，讀為孟。《爾雅‧釋詁》″孟，勉也。″即勤勉。《箋》：明，猶備也。

又《詩‧大雅》：明明在下。《詩經

今注》：明明在下，指上帝監察下土是很明亮的。《傳》：明明，察也。

《爾雅・釋詁疏》明明，言甚明也。

又《禮・檀弓》：其曰明器，神明之也。

又《禮・禮運》：故君者所明也。《疏》：明，猶尊也。

又《禮・樂記》：作者之謂聖，述者之謂明。《疏》：明者，辨說是非也。

又《韓非子・難三篇》知微之謂明。

又《廣韻》：昭也，通也。

又，星名。《詩・小雅》：東有啟明。《詩經今注》：啟明，即金星，日出前出現在東方。《傳》：日旦出，謂明星為啟明。

又《詩・小雅》：明發不寐。《詩經今注》：明發，天亮。《廣雅・釋詁四》"發，明也。"《疏》：言天將明，光發動也。

又《正字通》：凡顧明賢明，皆與昧

爽義同。

又，姓。《姓氏急就篇》：《明氏山公集》有平原明普，晋・荀晞從事明預。《姓氏考略》：明氏，引《姓苑》"秦盂明視之後。"一云：燧人四佐有明由，明姓始此。望出平原（治所在今山東省平原縣西南）、河南（治所雒陽，在今河南省洛陽市東北）。又《魏書官氏志》：後魏・壹斗眷氏，改為明氏。

又，與"盟"同。《詩・小雅》：不可與明。《詩經今注》：明，借為"盟"。不可與明，指不能與之訂立約言。《箋》：明，當為盟。

又，與"孟"同。《周禮・夏官・職方氏註》：望諸明都也。《釋文》：明都，《禹貢》作"孟豬"，今依《書》讀。

又《前漢書・地理志》：廣漢郡葭明。《註》：師古曰：明，音萌。ㄇㄥˊ

又《韻補》叶謨郎切，《書‧益稷》
：元首明哉！股肱良哉！庶事康哉！
《楚辭‧九歌》：

　　暾將出兮東方，照吾檻兮扶桑。

　　撫余馬兮安驅，夜皎皎兮既明。

又，叶彌延切。《道藏歌》：

　　觀見學仙客，蹊路放炎烟。

　　陽光不復朗，陰精不復明。

按：朙，《字彙補》與＂明＂同。《說文
》：朙，照也。〈段注：《火部》曰
照明也，小徐作＂昭＂，《日部》曰
昭明也。《大雅》皇矣！《傳》曰：
照臨四方曰明，凡明之至則曰明明。
明明猶昭昭也。《大雅》＂大明＂、
＂常武＂傳，皆云：明明，察也。《
詩》言明明者五，《堯典》言明明者
一，《禮記‧大學篇》曰：大學之道
在明明德，鄭云：明明德，謂顯明其
至德也，有斄在公明明。鄭《箋》云
：在於公之所，但明明德也，引《禮

記》大學之道在明明德。夫由微而著
，由著而極光。被四表，是謂明明德
於天下，自孔穎達不得其讀，而經義
隱矣。）从月囧。（从月者，月以日
之光為光也。从囧，取窗牖麗廔闓明
之意也。囧亦聲不言者，舉會意包形
聲也。）凡朙之屬皆从朙。朙（明）
古文从日。（段注：云古文作〞明〞
，則〞朙〞非古文也。蓋籀作：朙，
而小篆、隸从之，《干祿字書》曰〞
明〞通〞朙〞正，顏魯公書無‧不作
朙者，開成《石經》作〞明〞，從張
參說也，漢《石經》作〞明〞。）

橆：木部十六畫，《玉篇》古文〞無〞字。

音：Wú《唐韻》武扶切，《廣韻》武夫切
，《集韻》、《韻會》、《正韻》微
夫切，並音：巫，ㄨˊ

義：《玉篇》：橆，古文〞無〞字。
　　《說文》：橆，亡也。（段注：凡所
　　失者、所未有者，皆如逃亡然也。此

有無字之正體，而俗作：無。無乃𣳴之隸變𣳴之訓，豐也。與無義正相反。然則隸變之時，昧於亡為其義，𣳴為其聲，有聲無義，殊為乖繆。古有段𣳴為𣳴者。要不云本無二字，漢隸多作"𣳴"可證也。或段"亡"為無者，其義同其音則雙聲也。）从亡𣳴聲。（按：不用莫聲而用"𣳴"聲者，形聲中有會意。凡物必自多而少而無，老子所謂多藏必厚亡也。武夫切，古音：武夫與莫胡二切不別，故無模同音，其轉語則《水經注》云：燕人謂無為毛，揚子以曼為無，今人謂無有為沒有，皆是也。）

《玉篇》：不有也。《書·舜典》：剛而無虐，簡而無傲。又《益稷》：懋遷有無化居。

又《爾雅·釋詁》：虛、無之閒也。《註》：虛、無，皆有閒隙。《老子·道德經》：萬物生于有，有生于無

• 周子《太極圖說》：無極而太極。

又《禮‧三年問》：無易之道也。《註》：無，猶不也。

又，縣名。《前漢書‧地理志》：越巂郡會無縣（今四川省會理縣治）。

又，姓。《正字通》：漢‧無且明、無能。

《姓氏考略》：無氏，河南新鄭縣有無氏，見《萬姓統譜》。當係無庸、無忌、無鉤等氏所改。

又《廣韻》：漢複姓：無庸、無鉤，俱出自楚。

無庸氏，《英賢傳》：楚熊渠生無庸，因以為氏。

無鉤氏，《潛夫論》：楚蚡冒生達章，為王子無鉤，氏焉。

無忌氏，《路史》：韓萬後，有無忌氏。

又“文無”，藥名。《古今注》：相別贈之以文無。文無，一名：當歸。

又《說文》云奇字作"无"。於段玉裁《說文解字注》"无"奇字，無也。（謂古文奇字如此作也，今六經惟《易》用此字。）通於元者。（元，俗刻作"无"，今依宋本正。《禮運》云：是謂合莫，《註》引《孝經》說曰：上通元莫，《正義》云：上通元莫者，《孝經·緯》文言人之精靈所感上通元氣。寂寞引之者，證莫為虛無也。正本"元"字作"无"，謂虛無寂寞，義或然也。按：此《註》、《疏》今本譌誤不可讀，而北宋本可據正《疏》正本字，當是定本之誤，謂鄭引"上通元莫"，顏師古定本作"无莫"也。依許云：通於元者，虛無道也。則《孝經·緯》必作元莫矣。蓋其義謂上通元始，故其字形亦用元，篆上毋於一。）虛无道也。（謂虛无之道，上通元氣寂寞也。《玉篇》曰"无"，虛无也。奇字之"无

"與篆文之"森"，義乃微別。許說其義，非僅說其形也。）王育說：天屈西北為无。（此稱王育說，又"无"之別一義也，亦說其義非說其形。"屈"，猶傾也。天傾西北地不滿東南，見《列子》及《素問》。天傾西北者，謂天體不能正圓也。）

《玉篇》：虛无也，《周易》"無"字俱作"无"。

又《集韻》：或作"亡"。《詩·邶風》（谷風）：何有何亡。《詩經今注》：亡，通"無"。案：《康熙字典》作《詩·衛風》，今正之。

又，通作"毋"。《書》"無逸"，《史記·魯世家》作"毋逸"。

又，通作"毛"。《後漢書·馮衍傳》：飢者毛食。《註》：《衍集》"毛"作"無"，今俗語猶然，或古亦通乎。《佩觿集》：河朔謂"無"曰"毛"。《通雅》：江楚、廣東，呼

"無"曰"毛"。

又《集韻》：或作"武"。

按①《禮器》：詔侑武方。《註》：武當為無，聲之誤也。鄭《註》明言其誤，《集韻》合"無"、"武"為一，非。

②《集韻》：無或作"橆"，《韻會》"橆"本古文"蕃橆"字，篆借為有無字，李斯變隸，變林為四點。

③按《說文》"橆"从亡無聲，在《亡部》。至"蕃橆"之橆，在《林部》。音義各列，不云相通。且"有無"與"蕃橆"，義尤相反，不應借用。《玉篇》、《集韻》、《韻會》俱非，《韻會》"蕃橆"作"蕃橆"尤非。又按《讀書通》云：通作"勿、莫、末、沒、蔑、微、不、曼、瞀"等字，或止義通，或止音近，實非一字也，《讀書通》誤。

又，梵語。"南無"呼"那謨"。那如"

擎"之上聲，讀音如"摩"，猶云"
歸依"也。

棘：木部十四畫，《字彙補》俗"棘"字。

音：jí，讀：級，ㄐㄧˊ

義：《字彙補》：俗"棘"字。

　　袁桷《七觀》：不棘不茨。

案：參見"棘"字，詮釋。

歮：止部十二畫，《字彙補》與"諸"同。

音：zhū《唐韻》、《廣韻》章魚切，《集
　　韻》、《類篇》、《韻會》、《正韻
　　》專於切，茲音：渚，平聲，ㄓ×

義：《字彙補》："歮"，與"諸"同。
　　《說文》：諸，辯也。（段注：辯，
　　當作辨判也。按"辨"下奪詈字，諸
　　不訓辨，辨之詈也。詈者，意內而言
　　外也。《白部》曰：諸別事詈也，"
　　諸"與"者"音義皆同。《釋魚》前
　　弇諸果，後弇諸獵，諸即者。《郊特
　　牲》或諸遠人乎，亦作：或者遠人乎
　　。凡舉其一則其餘謂之諸以別之，因

之訓諸為眾，或訓為之，或訓為之於，則於雙聲、聲韻求之。）从言者聲。（此以聲苞意）徐曰：別異之辭。《爾雅·釋訓》：諸諸，便便，辯也。《註》：皆言辭辯給也。

又《玉篇》：非一也，皆言也。《正韻》：凡眾也。《書·舜典》：歷試諸艱。《詩·邶風》：變彼諸姬。《詩經今注》：變，美好貌。諸姬，許穆夫人姓姬，許君姓姜，多取姓姬女子。諸姬指嫁到許國來的幾個姓姬的女子。《史記·賈誼傳》紛亂諸事。

又《廣雅》：之也，於也。《穀梁傳·莊二十四年》：迎者，行見諸，舍見諸。《詮》：諸，之也。《禮·射義》：射求正諸己。《註》：諸，猶於也。

又《韻會》：語助辭。《詩·邶風》：日居月諸。《詩經今注》：居、諸，都是語氣詞。《疏》：居、諸，語助也。《公羊傳・桓六年》：其諸以病恒與？《註》：其諸，辭也。《韻會》：有諸，疑辭。《孟子》：文王之囿，方七千里，有諸？

又〞于諸〝，真也。《公羊傳・哀六年》：陳乞使人迎陽生，于諸其家。《註》：齊人語也。

又〞諸侯〝，國君也。《易・比卦》：先王以建萬國親諸侯。

又，官名。《周禮・夏官》：諸子。《註》：主公卿大夫士之子者，或曰庶子。

又，神名。《淮南子・地形訓》：諸稽，攝提條風之所生也。又：諸比，涼風之所生也。《註》：皆天神名。

又〞囚諸〝，齊獄名。《公羊傳・昭二十一年》：宋南里者何若？曰：囚諸者然。《註》：囚諸者，齊故刑人之地。

又〞諸于〝，衣名。《前漢書・元后

傳》：政君獨衣絳緣諸于。師古《註
》：諸于，大掖衣，即袿衣之類也。
又「偏諸」，衣緣也。《賈誼傳》：
為之繡衣絲履偏諸緣。師古《註》：
若今織成，以為要襻及褾領者。

又《韻會》：方諸，鑑名。以取明水
於月。

又《釋名》：諸，儲也。藏以為儲，
待給冬月用之也。《禮・內則》：桃
諸，梅諸。《疏》：王肅云：諸，菹
也。謂桃菹、梅菹，即今之藏桃、藏
梅也。《周禮・天官・六飲》疏：紀
莒之間，名諸為濫。

又，草木名。《爾雅・釋木》：諸慮
，山櫐。《註》：今江東呼「櫐」為
「藤」，似葛而麤大。嵇含《南方草
木狀》：諸蔗，一曰：甘蔗。交阯所
生者。

又，獸名。《山海經》：單張山有獸
，狀如豹，長尾，人首，牛耳，一目

，名曰諸犍。又：敦岸山有獸，狀如白鹿、四角，名曰夫諸。

又、蟲名。《爾雅・釋魚》：蟾諸。《註》：似蝦蟆、居陸地，淮南謂之"去蚊"。一作"詹諸"。

又、山水名。《山海經》：諸餘之山、諸餘之水出焉。

又、邑名。《春秋・莊二十九年》：城諸及防。《註》：諸、防皆魯邑。《前漢書・地理志》：琅琊郡有諸縣。《註》：《春秋》城諸及鄆者。

又、澤名。《爾雅・釋地》：宋有孟諸。《疏》：一曰望諸、一曰孟豬。

又、姓。《說苑》：越大夫諸發。《唐書》：兵部侍郎諸道。又、複姓。《漢書》有諸葛豐，《三國志》有諸葛亮。

諸氏，《姓氏考略》：春秋時魯有"諸"邑，大夫食采其地者，子孫以為氏。望出琅邪（治所在今山東諸城）

。或言閩越王無諸之後，見《姓考》。又五代（周）諸葛十朋，當陳橋兵變後，易姓諸，隱於會稽山。是今會稽"諸"姓，出自"諸葛"。

諸葛氏，《吳書》：其先葛氏，為琅邪諸縣人，後徙陽都。陽都先有姓葛者，時人謂徙居者為"諸葛"氏，因氏焉。

《風俗通》：葛嬰為陳涉將軍有功，非罪而誅。漢文追錄其孫封諸縣侯，因以為氏。望出琅邪（治所在今山東諸城縣）。

又，zhē《廣韻》正奢切，《集韻》之奢切，夶音：遮，ㄓㄜ。亦姓也。《風俗通》：漢有洛陽令諸於。《何氏姓苑》：吳人。《南唐書·妖賊傳》：諸祐，蘄州獨木人。《註》：諸，音：查，ㄓㄚ。《正字通》：六麻有諸姓，音：查。按：本作"諸"，譌作：諸。"諸"，本"詐"上聲，

音 " 查 " 非。

又、chú《字彙》常如切，音＝秣，
彳ㄨˊ，亦讀作＝去ㄨˊ。 " 詹諸 " ，
蝦蟆也。《六書正譌》＝別作 " 蟾蜍
" ，非。

歰＝止部十四畫，《集韻》或作澀、歮、澁

音＝sè《唐韻》色立切，《集韻》色入切
，茲音＝澀，ㄙㄜˋ

義：《說文》＝歰，不滑也。从四止。《
五篇》＝難轉也。

又《博雅》＝歰、吃也。揚子《方言
》＝譅極、吃也。楚語也，或謂之軋
，或謂之 " 歰 " 。郭《註》＝語 " 歰
" 難也。

又《六書故》＝水涸行難謂之歰。味
苦歰亦謂之歰。

又、shà《集韻》色甲切，音＝箑，
ㄕㄚˋ。 與 " 翣 " 同，棺羽飾也。《
周禮・天官》＝縫人衣翣柳之材。《
註》＝ " 翣柳 " 作 " 接檽 " 。鄭司農

云：接讀爲綍，檳讀爲柳，皆棺飾。
《檀弓》：曰周人牆置翣。《春秋傳
》曰：四綍不蹕。今《左傳》“綍”
作“翣”。

《說文》：翣，棺羽飾也。（段注：
羽衍文棺飾，本《周禮》周禮喪縫棺
飾焉，衣翣柳之材，《檀弓》周人牆
置翣。又飾棺牆置翣，鄭曰：翣以布
衣木如襦㦱，《喪大記》注：“漢禮
”，翣以木爲筐，廣三尺，高二尺四
寸，方兩角高。衣以白布畫者，畫雲
氣，其餘各如象。柄長五尺，車行使
人持之，而從旣窆樹於壙中。按：翣
、柳，皆棺飾也。鄭云：以布衣木，
又引《漢禮》況之，經無用羽，明文
以其物下垂，故从羽也。）天子八、
諸侯六、大夫四、士二。（錢注：《
禮器》曰：天子八翣，諸侯六翣，大
夫四翣。《喪大記》君黼翣二、黻翣
二、畫翣二，此諸侯六翣也。大夫黻

翣二、畫翣二，此大夫四翣也。《周
禮注》天子，又有龍翣二。）下猶从
羽，（翣者，下垂於棺兩旁如羽翼然
，故字从羽非真羽也，故居末焉！从
羽之上，當有"如羽"二字。）妾聲
。（段注：《周禮》故書"翣"作"
接"，鄭司農云：接讀為"歰"，引
《檀弓》周人牆置"歰"，《春秋傳
》曰"歰"不蹕。"接"與"歰"，
皆假借字也。）

《周禮·天官·文御》：后之喪持翣
。《註》：翣，棺飾也。《禮·檀弓
》：飾棺牆置翣。《註》：翣以布衣
木，如襵與。《疏》：鄭註《喪大記
》云：漢禮，翣以木為筐，廣三尺，
高二尺四寸，方兩角高，衣以白布，
畫雲氣，柄長五尺。云如襵與者，"
襵如"，漢時之扇。又《禮器》：天
子八翣，諸侯六翣，大夫四翣。
又《小爾雅》：大扇謂之翣。《儀禮

·既夕禮》：燕器杖笠翣。《註》：
翣，扇也。

又《禮·明堂位》：周之璧翣。《註
》：畫繒為翣，載以璧，垂五采羽於其
下，挂於簨之角上。

又《五篇》：翣也。

又，shà《集韻》色輒切，音：箑，
ㄕㄚˋ。　義同。

翣，或作"翜"。

又《說文》：从四止。徐鉉曰：四皆
止，故為"歰"，當作"歰"。經典
作"澀"。《集韻》或作"澀"、"
卌"、"歰"。

澀，音：瀋，與"歰"同。《說文》
：不滑也。《風俗通·十反篇》：冷
澀比于寒蜒。

又，墻叠石，作水文為澀浪。溫庭筠
《詩》：澀浪浮瓊砌。

又，竹名。范成大《桂海草木志》：
澀竹膚麤，澀如砂紙。

《集韻》或作"澁"、"歰"、"澀"。

又《玉篇》：澁，同"澀"。

又《龍龕手鑑》：濇，同"澀"。

按：澀，《集韻》或作"澁"、"歰"、"澀"。又與"歰"同，今《左傳》"澀"作"歰"。又"歰"，或作"歰"。

又"澀"與"澀"同，《集韻》或作"澁"、"歰"、"澀"。《玉篇》"澀"同"澀"，《龍龕手鑑》"濇"亦同"澀"。

比：比部四畫，古文作"𠤎"、"𣬈"。

音：bǐ《廣韻》卑履切，《集韻》、《韻會》補履切，《正韻》補委切，𠤎音：匕，ㄅㄧˇ

義：《集韻》：比，古作"𠤎"。

《玉篇》："𣬈"，古文"比"字。校也、𠤎也。《周禮·天官》：凡禮事，贊小宰，比官府之具。《註》：比校次之，使知善惡足否也。《儀禮

‧大射儀》二遂比三耦。《註》二比，校也。《齊語》二比校民之有道者。又，類也，方也。《禮‧學記》二比物醜類。《疏》二謂以同類之事相比方，則學乃易成。《韓詩外傳》二高比所以廣德也，下比所以挾行也。比於善自進之階，比於惡自退之原。

又《詩》有比體。《毛詩序》二《詩》有六義二一曰風，二曰賦，三曰比，四曰興，五曰雅，六曰頌。鄭司農云二比者，比方於物，諸言如者，皆比詞也。比之與興，同附託外物，比顯而興隱。

又，比例。《禮‧王制》二必察小大之比以成之。鄭《註》二已行故事曰比，比，例也。《後漢書‧陳忠傳》二父寵在廷尉，上除漢法溢於甫刑者，未施行。寵免，後忠略依寵意，奏上二十三條，為决事比。《註》二比，例也。

又，綴輯書史曰比。《前漢書・儒林傳》：公孫弘比輯其義。《唐・藝文志》：玄宗命馬懷素為圖書使，與褚無量整比。

又，諡法之一。《左傳・昭二十八年》：擇善而從之曰比。《詩・大雅》：王此大邦，克順克比。《詩經今注》：比，《禮記・樂記》引作：俾。陳奐《詩毛氏傳疏》：《爾雅》俾、從也。比與俾古字通。《註》：比，必里反。《正義》引服虔云：比方損益古今之宜而從之也。

又"比部"，官名。取校勘亭平之義，即今"刑部"。《正韻》音：皮，夂ㄧˊ，謨。

又，水名。《前漢書・地理志》：南陽郡有比陽縣。應劭曰：比水所出，東入蔡。

又，阝《集韻》、《正韻》毗善弭切，音：諀，夂ㄧˇ。 與"庀"同。

治也，具也。《周禮・春官》：大胥比樂官。《註》：錄具樂官也。與"庀"通。案："庀"，治理也。

又，ㄅㄧ《唐韻》、《韻會》毗至切，《集韻》毗義切，《正韻》毗意切，茲音：避、ㄅㄧˋ

備也，輔也。《爾雅・釋詁》：比，備也。郭《註》：備猶輔。《易・比卦象辭》：比，輔也，不順從也。《卜氏傳》：地得水而柔，故曰比。

又，親也，近也。《周禮・夏官》：形方氏使小國事大事，大國比小國。《註》：比，猶親也。

又，和也。《周禮・春官》：簭人，辨九簭之名，六曰巫比。《註》：巫，讀為"筮"，比謂筮與民和比也。案：簭，《正字通》古文"筮"字。

又，近鄰之稱。《周禮・地官》：五家為比，使之相保。五比為閭，使之相愛。

又，案比。《周禮・地官》：小司徒掌九比之數，乃頒比法於六鄉之大夫，及三年則大比。又：鄉大夫大比，考其德行道藝，而興賢者能者。《疏》：三年一閏，天道有成，故每至三年則大案比。

又，及也。《詩・大雅》：比于文王，其德靡悔。《詩經今注》：比，及也。比于文王，猶言及于文王。悔，古語稱小過為悔。《註》：比于，至于也。《前漢書・高帝紀》：自度比至皆亡之。

又，頻也。《禮・王制》：比年一小聘。《漢志》：比年，猶頻年也。又〞比比〞，猶言頻頻。《前漢書・成帝紀》：郡國〞比比〞地動。

案：〞比比〞，猶頻頻也。

又，杘也。《書・牧誓》：比爾干。《正義》：楯則杘以扞敵，故言比。《史記・蘇秦傳》：騎不得比行。

案：〝比〞，校也。

又，齊也。《詩·小雅》：比物四驪。《註》：比物齊其力也。《詩經今注》：比，猶配也。物，指馬。同色的馬配在一起，即是〝比物〞。驪，黑色馬。

又，偏也，黨也。《書·洪範》：人無有比德。《正義》：人無阿比之德，言天下眾民盡得中也。《論語》：君子周而不比，小人比而不周。鄭《註》：忠信為周，阿黨為比。

又，從也。《論語》：義之與比。朱《註》：比，從也。《晉語》：事君者，比而不黨。《註》：比謂比義。

又，合也。《禮·射禮》：其容體比於禮，其節比於樂。《註》：比，親合也。漢·劉歆《移太常博士書》：比意同力，冀得廢遺。師古《註》：訓〝合〞。

又，密也。《詩·周頌》：其比如櫛

。《詩經今注》：比，密也。櫛，今
各：篦子。此句言莊稼秾密密地排列
如篦齒一般。

又〝比余〞，櫛髮具。《史記‧匈奴
傳》：漢文帝遺單于比余。《漢書》
作〝比疏〞。《廣雅》：比，櫛也。
《蒼頡篇》：靡者為比，麤者為疏。
今亦謂之梳。顏師古《急就篇註》：
櫛之大而麤，所以理鬢者謂之疏，言
其齒稀疏也。小而細，所以去蟣蝨者
謂之比，言其齒密比也。皆因其體，
以立名。

又，矢括曰比。《周禮‧考工記》：
矢人為矢，夾其陰陽以設其比，夾其
比以設其羽。鄭司農《註》：比，謂
括也。

又，揚子《方言》：比，代也。

又，bǐ《廣韻》、《集韻》、《韻會
》並必至切，音：畀，ㄅㄧ。
近也，併也，密也。　義同。

又，bì《正韻》兵媚切，音：祕，
ㄅ一。　先也。《禮·祭義》：比時
具物，不可以不備。鄭《註》：比時
，猶先時也。比，必利反。又，甫至
反。

又，pí《廣韻》房脂切，《集韻》、
《韻會》頻脂切，《正韻》蒲縻切，
夶音：毗，ㄆ一。　和也。一曰次也
，夶也，"比鄰"，猶"夶鄰"。杜
甫《詩》：不教鵝鴨惱比鄰。

又"比蒲"，地名。《春秋·昭十一
年》：大蒐于比蒲。

又"皋比"，虎皮也。《左傳·莊十
年》：蒙皋比而先犯之，後人以講席
。戴叔倫《詩》：皋比喜接連。朱子
《張載銘》：勇撤皋比。

又"師比"，胡革帶鈎也。《戰國策
》：胡服黃金師比。通作"毗"、"
紕"。

又，bǐ《唐韻》毗必切，《集韻》、

《韻會》簿必切，《正韻》簿密切，
太音二鄰，ㄅㄧ。　比次也，《增韻
》：比比，猶總總也。張九齡《荔枝
賦》：皮龍鱗而駢比。顧況《持斧章
》：檳之斯密，如鱗櫛比。皆讀如"
鄰"。又《莊子‧齊物論》：人籟則
比竹是矣。李軌讀。

按：《說文》：比，密也。（段注：今韻
平上去入四聲，皆錄此字。要"密"
義足以括之，其本義謂相親密也。餘
義備也、及也、次也、校也、例也、
類也、頻也，擇善而從之也，阿黨也
，皆其所引伸。許書無"笓"字，古
祇作"比"，見《蒼頡篇》、《釋名
》、《漢書‧匈奴傳》、《周禮》或
段"比"為"庀"。）二人為从，反
从為比。（猶反人為匕也，毗二切。
按"四聲"俱收真義，本一其音強今
身！唐人"詩"多讀入聲。）凡比之
屬皆从"比"，"太"古文"比"。

（按：蓋从二"大"也。二大者二人也。）

舜：比部十畫，《集韻》："拜"，古作"舜"。又"𥩾"，《說文長箋》：古文"拜"字。

窠：音、義，參見"𥩾"（拜）字詮釋。

燚：火部十六畫，《集韻》業，古作：燚。

音：ㄧㄜ《唐韻》魚怯切，《集韻》逆怯切，𠀤音：鄴，一ㄝ

義：《集韻》："業"，古作"燚"。

《說文》：業，大板也，所以飾懸鐘鼓。《詩·大雅》：虡業維樅。《詩經今注》：虡（音：巨），懸編鐘編磬的木架。業，懸鼓的木架。維，猶與也。樅，懸大鐘的木架，形制未詳。《疏》：植鐘磬之木，植者名為虡，橫牽者為栒，栒上大版為之飾為業，刻板捷業如鋸齒，故曰業。

又，功業。《易·繫辭》：富有之謂大業。

又，事業。《易・坤卦》：暢於四肢，發於事業。

又，基業。《孟子》：創業垂統。《新譯四書讀本》（孟子・梁惠王下）：垂，由先傳布於後也。統，緒也，傳統也。朱注：君子造基業於前，而垂統緒於後，但能不失其正，令後世可繼續而行身。

又，學業。《禮・曲禮》：所習必有業。

又，世業。《左傳・昭元年》：子產曰：臺駘能業其官。

又《爾雅・釋訓》：業業，危也。《書・皋陶謨》：兢兢業業，一日二日萬幾。

又，壯也。《詩・小雅》：四牡業業。《詩經今注》：牡，公獸也，此指公馬。業業，高大貌。

又，凡所攻治者曰業，事物已為而未成亦曰業。《孟子》：有業屨於牖上。《新譯四書讀本》（孟子·盡心下）：業屨，正織造猶未完成之麻鞋也。趙注：織之有次業而未成也。牖，窗也。

又，已然曰業。《前漢書·吳王濞傳》：高祖召濞相之，悔業已拜。

又，藝業。《史記·貨殖傳》：田農，拙業也。賣漿，小業也。

又〝建業〞，地名。《吳志》：權改秣陵為〝建業〞（今南京市）。

又，姓。《姓苑》有業氏。一云：宜為古掌巨業之官，以職為氏（見《姓氏考略》業氏）。

又，ㄐㄧˊ《集韻》逆及切，音：岌，ㄐㄧˊ。亦壯也。

又，ㄜˋ《集韻》五盍切。亦危也。

又，ㄋㄧˋ叶宜戟切，音：逆，ㄋㄧˋ《鶡冠子·泰鴻篇》：

兩治四致，閞以止息。

歸時離氣，以成萬業。

文，nuè叶逆約切，音：虐，ㄋㄩㄝˋ

《前漢書・藝文志述》：

伏羲畫卦，書契後作。

虞夏商周，孔纂其業。

按：《說文》从"丵"，从"巾"。巾象版，不从木，收《丵部》，今誤入。《說文解字注》：丵，叢生艸也。象丵嶽相並出也。（段注：謂此象形字也，丵嶽疊韻字，或作：族嶽。《吳語》不經見者謂丵嶽。）凡丵之屬皆从丵，讀若浞，ㄓㄨㄛˊ。）業，大版也。所以飾縣鐘鼓，捷業如鋸齒，以白畫之。《周頌》傳曰：業大版也，所以設栒爲縣也，捷業如鋸齒或曰畫之，植者爲虡，橫者爲栒。《大雅箋》云：虡也，栒也，所以縣鐘鼓也。設大版於上，刻畫以爲飾。按：栒以縣鐘鼓，業以覆栒爲飾。其形刻之捷業，然如鋸齒。又以白畫之分明可觀，故此大版名曰業，業之爲言{{曠}}也。

許說本毛，《毛傳》或曰畫之，或曰
二字。乃以白二字之譌，未有正其誤
者。凡程功積事言業者，如版上之刻
，往往可計數也。）象其鉏鋙相承也
，从丵。（鉏鋙相承，謂捷業如鋸齒
也，象之故從丵。）从巾，巾象版。
（巾版皆方正，丵巾會意也，俗作：
牒。）詩曰：巨業維樅。（段注：《
大雅》文，今詩作"虡"。《上林賦
》虡作：鉅，許作：巨。蓋三家詩"
巨"與"鉅"同也。《墨子·貴義》
曰：鉅者白也，黔者黑也。鉅業者，
蓋謂以白畫之業。）𣎴，古文"業"
（字形未詳其意）。

𣎴：犬部二十畫，《集韻》"業"，古作"
𣎴"。

案：音、義，參見"𣎴"（業）字詳釋。

㸚：爻部八畫

音：⑴《唐韻》力几切，《廣韻》力紙切
，《集韻》輦爾切，𠀤音：邐，ㄌㄧˇ

義：《說文》：㸚，二爻也。（段注：二爻者，交之廣也。此形為義，故下不云從二爻，"㸚"、"㸚"疑皆此例，無庸補從二五、從二余也。《玉篇》力爾切。《廣韻》力紙切，云：㸚尒布明白象形也。此附合"爾"之同韻為音，大徐力几切。）凡"㸚"之屬皆从"㸚"。

《廣韻》：㸚尒，布明白，象形也。

又，yǐ《集韻》、《類篇》达演爾切，音：迤，ㄧˇ。　布明貌。

又，lì《廣韻》、《集韻》达郎計切，音：麗，ㄌㄧˋ

《廣韻》：止也，象也。《集韻》：二爻也。

㗊：田部二十畫
　音：léi《龍龕手鑑》郎迴切，音：雷ㄌㄟˊ
　義：未詳

竝：立部二十畫
　音：lā《龍龕手鑑》音：拉，ㄌㄚ

義：未詳

羬：羊部十八畫

音：yóu《廣韻》與之切，音：酉，一ㄡˇ

義：《廣韻》：水名。羑水，源出河南省
　　湯陰縣北。

羽：羽部六畫

音：yǔ《廣韻》、《集韻》、《韻會》玆
　　王矩切，音：禹，ㄩˇ

義：《說文》：羽，鳥長毛也。（段玉裁
　　《說文解字注》：長毛別於毛之細縟
　　者，引伸為五音之羽。《晉書·樂志
　　》云：羽，舒也，陽氣將復，萬物孳
　　育而舒生。《漢志》曰：羽，宇也，
　　物聚藏宇覆之。《爾雅》：羽謂之栁
　　。）象形，（長毛必有耦故並羽。《
　　仝部》曰：习新生羽而飛也，羽並习
　　也。）凡羽之屬皆从羽。
　　《廣韻》：鳥翅也。《易·漸卦》：
　　其羽可用為儀。《書·禹貢》：齒革
　　羽毛。《傳》：羽，鳥羽。

又《周禮・天官・庖人》：冬行鱻羽。《註》：羽，鴈也。又《地官・司徒》：宜羽物。《註》：翟，雉之屬。《禮・月令》：其蟲羽。《註》：象物從風鼓翼，飛鳥之屬。

又，五聲之一。《周禮・春官・大師》：皆文之以五聲：宮、商、角、徵、羽。又《大司樂》：凡樂，圜鐘為宮，黃鐘為角，大簇為徵，姑洗為羽。《註》：凡五聲，宮之所生，濁者為角，清者為徵、羽。《禮・月令》：其音羽。《註》：羽數四十八，屬水者，以為最清物之象也。又《樂記》：宮為君，商為臣，角為民，徵為事，羽為物。《前漢書・律歷志》：羽，宇也，物聚藏宇覆之也。

又，舞者所執也。《書・大禹謨》：舞干羽于兩階。《傳》：羽，翳也。舞者所執。《周禮・地官・舞師》：教羽舞。《註》：羽，析白羽為之，形如帳也。《左傳·隱五年》：初獻六羽。公問羽數于眾，仲對曰：天子用八，諸侯六，大夫四。

又，山名。《書·舜典》：殛鯀于羽山。《傳》：羽山東裔在海中。又《禹貢》：蒙羽其藝。《疏》：羽山在東海祝其縣南。《史記·五帝紀註》：羽山在東海沂州臨沂縣界（今山東省臨沂縣）。

又，星名。《史記·天官書》：其南有眾星，曰羽林天軍。《註》：羽林四十五星，三三而聚散在壘壁南，天軍也。

又，官名。《前漢書·百官志》：期門羽林。《註》：師古曰：羽林，亦宿衛之官，言其如羽之疾，如林之多也。一說：羽所以為王者羽翼也。

又，姓。《左傳·襄三十年》：羽頡出奔晉。

羽氏，《姓氏考略》：鄭穆公之子揮

、字子羽。其孫頡，奔晉為任大夫（見《左傳》載），以王父字為氏，望出河南（治所雒陽，在今河南省洛陽市東北）。

又《山海經》：羽民國，其人長項，身生羽。

又，yú《廣韻》、《集韻》、《韻會》並王遇切，音：雲，ㄩˊ。義同。

又，hù《集韻》、《類篇》並後五切，音：戶，ㄏㄨˋ。緩也。《周禮·冬官·考工記·矢人》：五分其長，而羽其一。

羿：羽部十二畫，"羿"本字。

音：yì《廣韻》五計切，《集韻》研計切，並音：詣，一。

義：《說文》作"羿"，羽之羿風。（段玉裁《說文解字注》"羿"疑當為"羿"，羿平也。羽之羿風，謂搏扶搖而上之狀。）亦古諸侯也。（此謂有窮后羿，《邑部》曰：窮夏后時諸侯

夷羿國也，《弓部》曰：𢍺帝嚳射官

夏少康滅之。）一曰射師。（段注：

《淮南書》曰：雖有羿之知而無所用

之高，云是堯時羿也。能射十日，繳

大風，殺窫窳，斬九嬰，射河伯之知

，巧也非有窮后羿。按：許云：一曰

射師，亦謂堯時羿。）从羽、幵。（

段注：鉉本無聲，鉉有。蓋會意兼形

聲也，幵合韻也。俗作"羿"。）

《五經文字》："羿"，隸省作"羿

"。《書·五子之歌》：有窮后羿。

按：《正字通》：此字下尚有"弙"字，

已入《弓部》，重出，今刪。

《弓部》："弙"，《海篇》同"羿

"。"𢍺"，《說文》"羿"，作"

𢍺"。"𢎵"，《集韻》"羿"，作

"𢎵"。

翍：羽部十二畫，《字彙補》古文"翏"字

音：𠱣《唐韻》、《韻會》力竹切，《集

韻》力大切，𠀤音：陸，ㄌㄨˋ

義：⿱彐彐⿰勿勿，《字彙補》：古文"戮"字。見顏氏《刊謬正俗》。

按：即"翏"字之譌。

《說文》：戮，殺也。（段注：殺下曰戮也，二篆為轉注古文，或段翏為之。又"勠"力字，亦段"戮"為"勠"。）从戈，翏聲。

《廣韻》：刑戮。

又《晉語》：殺其生者，而戮其死者。《註》：陳尸為戮。

又，癡行也。

又，辱行也。《左傳·文六年》：夷之蒐，賈季戮臾駢。臾駢之人欲盡殺賈氏以報焉，臾駢曰：不可。《爾雅·釋詁》：病也。《註》：相戮辱，亦可恥病也。

又，或作"僇"。《荀子·非相篇》：為天下大僇。《史記·田單傳》：僇及先人。

又，與"勠"通。《書·湯誥》：與

之戮力。

亦與"雄"通。野鵝也。揚雄《蜀都賦》：戮鶬初乳。

又"雄"與"鵱"通，《集韻》：與"鵱"通。《說文》：鵱蔞，鵝也。《爾雅．釋鳥》：鵱鷜，郭《註》：今之野鵝。

又，liáo《集韻》憐蕭切，《正韻》憐條切，並音：聊，ㄌㄧㄠˊ。

又，liù《正韻》力救切，音：溜，ㄌㄧㄡˋ。　義並同。

𦘼：聿部二十畫，《字彙補》古文"肆"字

案：音、義，參"𩇈"（肆）字，詮釋。

𦡞：肉部十六畫

音：xián《字彙補》徐廉切，音：燅，ㄒㄧㄢˊ

義：《字彙補》：湯瀹肉也。

艸：艸部六畫，亦作"艹"，草字本體。

音：cǎo《唐韻》采老切，《正韻》采早切，並音：草，ㄘㄠˇ

義：艸，亦作〞艹〞。《標準學生字典》

、《東方國語辭典》：艸，〞草〞的

本體字，通常寫作〞艹〞。

《唐韻》、《正韻》：百卉也。

《儀禮‧士相見禮》：在野則曰艸茅

之臣。

《說文》：艸，百芔也。（段玉裁《

說文解字注》芔下曰艸之總名也，是

謂轉注二屮三屮一也。引伸為艸稿艸

具之艸。）从二屮，（俗以草為艸，

乃別以皁為草。）凡艸之屬皆从艸。

《廣韻》：艸，篆文。隸變作：艹。

又，zhé《集韻》直列切，音：徹，

彳さˊ。 草初生貌。

又〞草〞（屮）。《說文》作〞艸〞

，百卉也。經典相承作：草。《書‧

禹貢》：厥草惟繇。《詩‧小雅》：

在彼豐草。《禮‧祭統》：草艾則墨

，未發秋政，則民弗敢草也。《註》

：草艾謂艾取草也。《論衡》：地性

生草，山性生木。《大戴禮·易本命》：食草者，善走而愚。

又《史記·陳丞相世家》：惡草具進。《註》：草，粗也。

又《篇海》：苟簡曰草草。《左傳·隱四年》：公及宋公遇于清。《註》：遇者，草次之期，二國各簡其禮也。《疏》：草次，猶造次也。

又《詩·小雅》：勞人草草。《傳》：草草，勞心也。《詩經今注》：勞人，猶憂人，指被讒者。草草，憂貌。

又《易·屯卦》：天造草昧。《疏》：言天造萬物于草創之始。

又《前漢書·淮南王傳》：常召司馬相如等，視草迺遣。《註》：謂為文之草藁。《百官志》註：一曹有大人，主作文書起草。《後漢書·陳寵傳》：蕭何草律。

又《魏志·衛覬傳》：覬好古文隸草，無所不善。

又，姓。《正字通》：草中。

萆氏，《姓氏考略》：周官草人之後。

又，cǔ《韻補》脞五切，音：徂，上聲，ㄘㄨˇ。

徐幹《齊都賦》：樊梗林，燎圍萆。

又，cóu此苟切，音：湊，上聲，ㄘㄨˇ

邊讓《章華賦》：

　　攜西子之弱腕兮，援毛嬙之素肘。

　　形便纖以嬋娟兮，若流風之靡草。

又，zào《說文》自保切，音：皁，

ㄗㄠ。　草斗櫟實也。一曰橡斗子。

徐鉉曰：今俗以此為艸木之艸。別作

"皁"字，為黑色之皁。

案：櫟實可染白為黑，故曰草。通用

　　。今俗書或从白从十，或以白从

　　七，皆無音義。

《說文解字注》：草，草斗櫟實也，

一曰象斗。（段注：《木部》栩柔也

，其"皁"一曰"樣"，又曰柔栩也

，又曰樣栩實也。按此言櫟者，即栩

也。陸璣云：梂今作櫟也。徐州人謂
櫟為杼，或謂之梂，其子為阜，或言
阜斗。其殼為汁可以染，阜今京洛及
河內多言杼汁，或云橡斗。按草斗之
字，俗作"阜"，作"皂"於《六書
》不可通，象斗字當從《木部》作"
樣"，俗作"橡"。）从艸，早聲。
（自保切，古音在《三部》，《周禮
·大司徒》其植物宜早物，假借早晚
字為之，籀文作"萛"。）

䒭：艸部十畫，《玉篇》：古文"友"字。
　　按：《集韻》：古文作"艼"
　　案：音、義，參見"ㅿ"（友）字詮釋。

荨：艸部十畫
　　音：qián《集韻》輕烟切，音：寧ㄑㄧㄢˊ
　　義：《類篇》：秦荨，藥草。

萍：艸部十二畫，《玉篇》：同"萍"。
　　音：Píng《集韻》、《類篇》旁經切，
　　　　音：鮃，ㄆㄧㄥˊ
　　義：《玉篇》：同"萍"。又同"蓱"。

萍，草名也。《說文》：葟，馬帚也。（段注：見《釋艸》夏小正七月葟秀，葟也者馬帚也。《廣雅》曰：馬帚，屈馬葟也。）从艸、幷聲。（薄經切，《詩・大雅》幷，使也。）

《爾雅・釋草》：葟，馬帚。《疏》：草似蓍，俗謂蓍葟，可為掃彗。

又，人名。《呂氏春秋》：青葟，趙人。為襄子驂乘，與義士豫讓友善。（見《中國人名大辭典》頁六二〇。）

又，ping《韻會》滂丁切，音：俜，ㄆㄧㄥ。　《詩・大雅》：葟云不逮。《傳》：葟，使也。《詩經今注》：葟，當讀為耕。云，借為耘。逮，借為懥。《廣雅・釋詁》：懥，緩也。《詩・周頌》：莫予葟蜂。《傳》：葟蜂，摩曳也。《詩經今注》：葟，借為抨，擊也。莫予葟蜂，即予莫葟蜂。是句之意，比喻不討伐武庚管蔡等，自己招致禍亂。

又〞蕑〝，《玉篇》同〞萍〝，草。
《本草註》：萍即楊花所化，一葉經
宿，即生數葉，葉下有微鬚，即其根
也。《禮・月令》：萍始生。《周禮
・萍氏註》：萍之草無根而浮，取名
於其不沉溺。《後漢書・鄭元傳》：
萍浮南北。

又〞青萍〝，劍名。

又，地名。《竹書紀年》：薨于萍澤
。《晉書・地理志》：萍鄉，屬安成
郡。

又《集韻》、《正韻》與〞苹〝同。
《韻會》〞苹〝、〞萍〝本是一物，
字異而音、義相同。

按：《詩》：食野之苹。《毛傳》云：苹
、蓱也。鄭氏《箋》云：苹，藾蕭也
。《疏》：萍是水中之草，非鹿所食
。故鄭氏不从毛氏。觀下〞食蒿〝、
〞食芩〝，皆陸草可知，則〞苹〝當
依經疏〞藾蕭〝。萍是浮萍，絕然二

物。字可通借，義不相通，《韻會》
之說，非。

蒕：艸部十二畫，《直音》：同〞芸〞。

音：yún《廣韻》、《集韻》玉分切，《韻
　　會》、《正韻》于分切，太音：云、
　　ㄩㄣˊ

義：蒕，《直音》：同〞芸〞。
　　《說文》：芸，艸也，似目宿。（段
　　注：夏小正正月，采芸為廟采也。二
　　月榮芸，月令仲冬芸始生。《注》芸
　　，香艸。高《注》、《淮南》、《呂
　　覽》，皆曰芸，芸蒿菜名也。《呂覽
　　》曰：菜之美者，陽華之芸。《註》
　　芸，芳榮也。賈思勰引《倉頡解詁》
　　曰芸蒿，似斜蒿，可食。沈括曰：今
　　謂之七里香者是也。葉類豌豆真葉極
　　芳香，古人用以藏書辟蠹，採置席下
　　能去蚤蝨。）从艸、云聲，淮南王說
　　：芸艸可以死復生。（淮南王劉安也
　　，可以死復生。謂可以使死者復生，

蓋出《萬畢術》、《鴻寶》等書，今失其傳矣。）

《禮‧月令》：芸始生。《註》：芸，香草也。《爾雅翼》：芸，類豌豆‧叢生，其葉極芳香。秋後葉閒微白如粉，南人採置席下，能去蚤蝨，今謂之七里香。

《續博物志》：引《典略》云：芸香辟紙魚蠹，故藏書臺稱芸臺。成公綏《芸香賦》：美芸香之脩潔，

合陰陽之淑清。

又《急就篇》註：芸，芸蒿也。生、熟，皆可啖。

又《拾遺記》：芳蔬園多異菜，有菜名芸薇，紫色者最繁。一名芸芝。

又，多貌。老子《道德經》：夫物芸芸，各復歸其根。

又，通＂耘＂。《論語》（微子第十八）：植其杖而芸。何晏《註》：除草曰芸。《新譯四書讀本》＂植＂：

拄著，扶持。"芸"：通"耘"，除草也。

又 yùn，音：運、ㄩㄣˋ。《詩·小雅》：裳裳者華，芸其黃矣。《詩經今注》：芸，深黃色。

按：《集韻》"芸"作"蒀"，《直音》"蒀"同"芸"。

棶：屮部十四畫，《篇海》：與"麻"同。

音：má《唐韻》、《集韻》莫遐切、《韻會》、《正韻》謨加切，竝音：蟆、ㄇㄚˊ

義：《篇海》："棶"，與"麻"同。

《玉篇》：枲屬也，皮績為布，子可食。《爾雅·釋草》：枲，麻。《疏》：麻，一名枲。《禹貢·青州》云：厥貢岱畎絲枲，是也。《禮·內則》：女子執麻枲學文事，以共衣服。

又，大麻有實者名"苴"，無實者名"枲"。《本草》：雄者名枲麻、牡麻，雌者為苴麻、荸麻。

又，蓖麻。蓖，本作"蓖"。見《本草圖經》。

又《詩・豳風》：禾麻菽麥。《詩經今注》：禾，穀之一種。《標準學生字典》：禾，穀類植物的通稱。《禮・月令》：食麻與犬。《黃帝素問》：麻、麥、稷、黍、豆為五穀。《正字通》：麻，即油麻。

又，胡麻。《爾雅翼》：胡麻，一名巨勝。《正字通》：言其大而勝，即今黑芝麻也。

又，疏麻。《楚辭・九歌》：折疏麻兮瑤華。《註》：疏麻，神麻也。

又"升麻"、"天麻"，皆藥名。

又，樂器。"鼖"，鼓名。《爾雅・釋樂》：大鼓謂之鼖，小者謂之料。《註》：鼖者音概而長也。

又，固麻。《南史・百濟傳》：百濟國號王所都，城曰固麻，邑曰檐魯，如中國言郡縣也。又《山海經》：有壽麻國。

又，地名。《左傳・成十三年》：晉師及秦師戰于麻隧。《註》：秦地。

又《後漢書・蓋延傳》：南伐劉永、進取麻鄉。《註》：麻鄉，聚名。

又，姓。《風俗通》：齊大夫麻嬰之後。漢・麻達，註《論語》。

《姓考》：楚大夫食采於麻，即今麻城，因氏。見《姓氏考略》，望出上谷，治所在今河北省易縣。

又，朝廷綸命曰麻。《翰林志》：唐中書用黃白二麻為綸命，其後翰林專掌白麻，中書獨用黃麻。

又，mó《韻補》叶謨婆切，音：模，ㄇㄜ。《詩・陳風》：東門之池，可以漚麻。彼美淑姬，可與晤歌。《詩經今注》：漚麻，把麻浸入水中。麻要經過幾天水泡，才能剝下麻皮。

淑，當作叔（《釋文》本作叔）。長子或長女稱孟稱伯，次女稱仲，再次稱叔，最幼稱季。一說：淑，善良。

姬，姓也。叔姬，姬家三姑娘。

晤歌，相對而歌。

又，mó叶眉波切，音：摩，ㄇㄛˊ。

潘岳《河陽詩》：

> 曲蓬何以直，託身依叢麻。

> 黔黎竟何常，政在成民和。

按：《六書正譌》：从林，音：派，ㄆㄞ

，麻片也。从广，人在屋下，治麻之

意。俗作〝麻〞，从木，非。

又〝檾〞，《篇海》：與〝麻〞同。

𦸛：艸部二十畫，《字彙補》：古〝葬〞字

音：zāng《唐韻》、《集韻》、《正韻》

太則浪切，音：髒，ㄗㄤ

義：《字彙補》：𦸛，古〝葬〞字。

《說文》：葬，藏也。（見《禮・檀

弓》載）从死在茻中，一其中，所以

荐之。（段注：荐，各本作：薦，今

正。荐，艸席也。有藉義，故凡藉於

下者用此字。）《易》曰：古者葬厚

衣之以薪。（此引《易·繫辭》說，從死在茻中之意也。上古厚衣以薪，故其字上下皆茻。）茻亦聲（此於疊韻得之）。

《禮·檀弓》：國子高曰：葬者，藏也。

又，zàng《集韻》才浪切，音：臟，ㄗㄤ。義與"藏"同。

又，cáng《正韻》茲郎切，音：藏，ㄘㄤ。《周禮·地官》：族師相葬埋。劉昌宗引《漢書·尹賞傳》：枯骨後何葬。協平聲讀。《註》音：子郎反。

按：葬，《韻學集成》：或作"塟"，見《三輔黃圖》。《字彙補》作"麼"同"葬"，《直音》"塟"與"葬"同。《玉篇》"韠"古文"葬"字。

韠：艸部二十二畫，《直音》古文"葬"字。案：音、義，參見"韠"（葬）字詮釋。

蘇：艸部二十四畫，《直音》作"蘇"。

音：xié《篇海》：直甲切，音邪，ㄒㄧㄝˊ

義：《直音》：作"薛"。

又，zhá《直音》直夾切，音：協，ㄒㄧㄝˊ。 花突開。亦作"薛"。

競：言部十八畫、隸作"競"。

音：jing《唐韻》渠慶切，《集韻》渠映切，𠀤音：擎，去聲，ㄐㄧㄥˋ

義：《說文》：競，彊語也。（段注：競、彊，疊韻。彊語，謂相爭。）从誩二人、（從二人，二言也。古音，讀如彊。）一曰逐也，（別一義）隸作"競"。

案：參見"競"字，詮釋。

譱：辛部二十畫、《字彙補》：與"競"（竞）同。《字彙》：二言為"競"（竞）。

案：音、義，參見"競"字，詮釋。

阝：阜部六畫

音：yóu《五音篇海》音：尤，一又ˊ

義：未詳

丯：丨部十畫，古文〞丰〞字。

　音：fēng《集韻》符風切，音：馮，ㄈㄥ

　義：丯、古文〞丰〞字。

　　《集韻》：丰首，艸盛貌。

　　《說文》：丰，艸盛丰丰也。（段注

　　：引伸為凡豐盛之偁，《鄭風》子之

　　丰兮。毛曰：丰，豐滿也。鄭曰：面

　　貌丰丰然豐滿，《方言》好或謂之姝

　　姝，即〞丰〞字也。）从生，上下達

　　也。（上盛者，根必深。）徐曰：艸

　　之生，上盛者，其下必深根也。毛氏

　　曰：凡邦、夆、峰、豐等字从此。

　　又，容色美好貌。《詩‧鄭風》：子

　　之丰兮。《詩經今注》：子，你。丰

　　，容貌豐。

　按：《六書正譌》：俗作〞丰〞，上畫从

　　〞ノ〞者，非。

　是（左右并列）卷，其中〞比〞字（比部

）、於《康熙字典》文中有譌誤，已參照原書

引文 "考證" 辨正。

　　本（左右并列）卷，計收七十五字，佔百分之一十六・○六○（16.060%）。

拾　遺

廾：廾部四畫，《說文》："廾"本字。

　　音：gǒng《唐韻》居悚切，音：拱《ㄍㄨㄥˇ》

　　義：廾，《說文》："廾"本字。

　　　　廾，《說文》："竦手也。（段玉裁注
　　　　："竦，敬也。"）从屮从右，今變作"
　　　　廾"。（按此字謂竦其兩手以有所奉
　　　　也，故下云奉承也。《手部》曰承奉
　　　　也受也，《五經文字》具蒙反，《九
　　　　經字樣》音邛，《廣韻》引《說文》
　　　　居竦切，以業從廾聲求之古音在三部
　　　　。）揚雄說"廾"从兩手。（蓋《列
　　　　篆篇》如此作古文捧從二手，此以古
　　　　文"捧"為"廾"也。）

　　　　又，gǒng《廣韻》九容切，《集韻》
　　　　居容切，太音：恭、《ㄍㄨㄥ

又、qióng《廣韻》渠容切，音：蛩、
〈ㄑㄩㄥˊ〉　　義，茲同。

按：艸，《說文》：＂艹＂本字。

　　艸，《集韻》：或作＂芔＂。

卷之三　左右背列

　　本〈左右背列〉卷，計有二十八字．依《
康熙字典》部首次第，分著於次：

卄：｜部五畫，同 "卝" 字。

音：guàn《廣韻》、《集韻》、《韻會》
　　、《正韻》太太古患切，音：慣，
　　《ㄨㄢ》

義：《廣韻》、《集韻》、《韻會》、《
　　正韻》太太音：慣．同 "卝" 字。
　　" 卄 "，《標準學生字典》、《東方
　　國語辭典》，有 " 名詞 "、" 形容詞
　　" 之義。

名詞：小孫，如：童卄。總角，孩童
　　　束髮兩角之貌。

《字彙》：卄，束髮如兩角貌。

又《廣韻》：丱，鬠角也。

《詩‧齊風》：總角丱兮。或作〝丱〞。《詩經今注》：總角，總是束髪。古代未成年的人，頭髪束成兩個髻，左右各一，形似牛角，叫做總角。

丱（音：慣），兩髻對稱豎起狀。

形容詞：把頭髪束成兩角，如丱角。

丱，幼稚也。《毛傳》：總角，聚兩髦也。

丱，幼稚也。《朱傳》：〝丱〞，兩角貌。

又〝丱〞，同〝丱〞。《廣韻》：鬠角也。幼稚也。《集韻》：束髪貌。

又，kuàng《廣韻》呼替切，《韻會》合猛切，《正韻》胡猛切，竝同〝礦〞（丱），丂ㄨ尤

《說文》：古文〝礦〞（丱）字。《說文解字注》：礦，銅鐵樸石也。（段注：《文選注》二引，及《玉篇》無石字，樸木素也，因以為凡素之偁

。銅鐵樸者，在石與銅鐵之間，可為銅鐵而未成者也。不言金玉者，舉銅以該精也。《周禮・卝人》：掌金玉錫石之地，而為之厲禁以守之。《註》云：卝之言礦也，金玉未成器曰礦，未成器謂未成金玉。）从石黃聲，讀如穬。（段注：按各本此下出卝，《篆解》云：古文"礦"，《周禮》有"卝人"。按《周禮》鄭注云：卝之言礦也，賈《疏》云：經所云"卝"是總角之卝字，此官取"金玉於卝"字無所用，故轉从石邊廣之字，語甚明。析"卝"之言礦，卝非"礦"字也。凡云之言者，皆就其雙聲疊韻，以得其轉注假借之用。卝本《說文》"卵"字，古音如關亦如鯤，引伸為總角卝今之卝，又假借為金玉樸之礦，皆於其雙聲求之讀。《周禮》者，徑謂卝即礦字則非矣。又或云與角卝之字有別亦誤。至於《說文》卵字

本作朴不作卯，《五經文字》曰〃朴
〃古惠友，見《詩風》、《說文》以
為古〃卯〃字。《九經字樣》曰〃朴
〃、〃卯〃上《說文》、下隸變是《
說文》〃卯〃字作〃朴〃、唐時不誤
、確然可證。《五經文字》又云：朴
《字林》不見，可證〃朴〃變為〃卯
〃始於《字林》，今時《說文》作〃
卯〃不作〃朴〃，則五李以後，據《
字林》改《說文》者所為也。《說文
》既無〃朴〃，乃有淺人於〈石部〉
妄增之。〃朴〃果是古文〃礦〃，則
鄭何必云之言，賈何必云此官取金玉
於〃朴〃字無所用哉！今於〈卯部〉
正之，於〈石部〉刪之，學者循是以
求之，許書之真面可見矣。《五經文
字》云《說文》以為古〃卯〃字，謂
《說文》作〃朴〃乃古〃卯〃也，《
九經字樣》語甚明。）
又《玉篇》：強也。

又，huǎng《集韻》胡光切，音：黃，ㄏㄨㄤˊ。 石名。

又〞礦〞，《集韻》：同〞礦〞。《周禮·地官·丱人註》：丱之言礦也，金玉未成器曰礦。郭璞《江賦》：其下則金礦丹礫。

又，谷名。《水經注》：倚毫川水，出北山礦谷。

按：丱，《廣韻》、《集韻》、《韻會》、《正韻》同〞卝〞。又《廣韻》、《韻會》、《正韻》茲同〞礦〞。

卝，《說文》：古文〞礦〞字。

又，礦。《集韻》：同〞礦〞。

《正韻》上聲《梗韻》：〞礦〞亦作〞丱〞，去聲《諫韻》：〞丱〞亦作〞卝〞。

《字彙》：卝為總角之卝，丱為銅錫礦之丱。〞卝〞、〞丱〞分而為二，非。

串：丨部八畫，古文〞中〞字。

音：zhāng《唐韻》陟弓切，《集韻》、《韻會》、《正韻》陟隆切，玆音：忠，ㄓㄨㄥ

義：《玉篇》：古文＂中＂字。

《說文》：中，內也。（段注：俗本和也，非是，當作：內也。宋麻沙本作：肉也，一本作：而也，正皆內之譌，〈入部〉曰：內者入也，入者內也。然則中者，別於外之辭也，別於偏之辭也，亦合宜之辭也。作內則此字，平聲去聲之義，無不賅矣。許以和為唱和，字龢為諧龢，字龢和皆非中之訓也。《周禮》中失即得失。）從口丨，下上通也。（按＂中＂字會意之恉，必當從口音圍，衛宏說：冊字從十，冊則中之，不從口明矣。俗皆從口失之，云下上通者，謂中直或引而上、或引而下，皆入其內也。）

屮，古文＂中＂。（段云：此字可疑，豈淺人誤以屈中之虫入此歟！）

《書‧大禹謨》：允執厥中。《周禮‧地官‧大司徒》：以五禮防民偽，而教之中。《左傳‧成十三年》：劉子曰：民受天地之中以生。

又《左傳‧文元年》：舉正於中，民則不惑。《註》：舉中氣也。

又「司中」，星名，在太微垣。《周禮‧春官‧大宗伯》：以槱燎祀司中、司命、觀師、雨師。

又《前漢書‧律歷志》：春為陽中，萬物以生。秋為陰中，萬物以成。

又「中央」，四方之中也。《書‧召誥》：王來紹上帝，自服于土中。《註》：洛為天地之中。張衡《東都賦》：宅中圖大。

又，正也。《禮‧儒行》：儒有衣冠中。《周禮‧秋官‧司刺》：以此三法者，求民情斷民中，施上服下服之罪。《註》：斷民罪，使輕重得中也。

又，心也。《史記‧韓安國傳》：深

中寬厚。

又，內也。《易・坤卦》：黃裳元吉，文在中也。又《老子・道德經》：多言數窮，不如守中。

又，半也。《列子・力命篇》：得亦中，亡亦中。《魏志・管輅傳》：鼓一中。《註》：猶言鼓一半也。

又，成也。《禮・禮器》：因名山升中于天。《註》：中，猶成也。燔柴祭天，告以諸侯之成功也。

又，滿也。《前漢書・百官表》：制中二千石。《註》：謂滿二千石也。《索隱》：漢制九卿已上，秩一歲，滿二千石。

又，穿也。《周禮・冬官・考工記》：中其莖。《註》：謂穿之也。

又，盛算器。《禮・投壺》：主人奉矢，司射奉中。《註》：士鹿中，大夫兕中，刻木如兕鹿而伏，背上立圜圈，以盛算也。

又《禮·深衣》註：衣有表者，謂之中衣。與"表"通。

又，俚語以不可為不中。蕭參《希通錄》引《左傳·成公二年》：無能為役。杜預《註》：不中為之役使。

又《禮·鄉飲酒義》：冬之為言中也。中者，藏也。

又，姓。漢少府鄉中京。又：中行、中英、中梁、中壘、中野，皆複姓。

中氏，《姓纂》：《呂氏春秋》云：中倚，魏公子牟之後。魏得中山，以邑與之，子孫因以為氏。

中氏，一云：《逸周書》有中旄父，中氏當出此。

中行，《左傳》：晉侯作三行以禦敵，荀林父將中行，後以為氏。本姓："荀"。漢文帝時，有宦者中行說。

中英，《廣韻》：虞有五英之樂，掌中英者，因以為氏。《姓纂》：少昊氏，有六英之樂，掌中英者，以官為氏。

中梁，《英賢傳》：古隱者中梁子後。鄧名世云：中，"仲"通，必仲梁氏之後。

中壘，《風俗通》：劉向為漢中壘校尉，子孫以官為氏。

中野，《潛夫論》：宋徵子之後。《路史》：纍項別部，有中野氏。

又，zhòng《廣韻》、《集韻》、《韻會》太陟仲切，音：妕，ㄓㄨㄥˋ

矢至的曰中。《史記·周本紀》：養由基去柳葉百步，射之，百發百中。

又，著其中曰中。《莊子·達生篇》：中身當心則為病。猶醫書"中風"、"中暑"是也。

又，要也。《周禮·春官》：凡官府鄉州及都鄙之治中，受而藏之。《註》：謂治職簿書之要也。

又，應也。《禮·月令》：律中大簇。《註》：中，猶應也。

又，合也。《左傳・定元年》：季孫
曰：子家子亟言於我，未嘗不中吾志
也。又《類篇》、《正韻》並直眾切
，音：重，ㄓㄨㄥˋ

與〞仲〞通。《禮・月令》：〞中呂
〞，即〞仲呂〞。

又《東方國語辭典》特殊釋義，如：
軍人階級：中士、中尉、中校、中將
中央政府：乃一國政治的最高機關。
中央研究院：係我國最高的學術研究
機構。

又，dé讀作：得，ㄉㄜˊ。《周禮・地
官》：師氏掌國中失之事。《註》：
故書中為得。陸德明云：中，杜讀得。

又，zhāng《韻補》叶陟良切，音：章
，ㄓㄤ。　師古曰：古讀中為章。《
吳志・胡綜傳》〈黃龍大牙賦〉：

　　　四靈既布，黃龍處中。

　　　周制日月，是曰太常。

又，zhēng叶諸仍切，音：征，ㄓㄥ。

劉貢父《詩話》：關中讀"中"為"烝"。《詩‧大雅》：泉之竭兮，不云自中。叶上"頻"。班固《高祖泗水亭碑》：天期乘祚，受爵漢中。叶下"秦"。古東韻與庚陽通。

俗讀：中酒之"中"為去聲，中興之"中"為平聲。

按：《魏志‧徐邈傳》：邈為尚書郎，時禁酒，邈私飲沈醉，趙達問以曹事，曰"中聖人"。時謂酒清為聖人，濁者為賢人。蘇軾詩：公特未知其趣耳，臣今時復一中之。則中酒之"中"亦可讀平聲。《通鑑》：周宣王成中興之名。《註》：當也。杜詩：今朝漢社稷，新數中興年。則中興之"中"亦可讀去聲。

㲱：丨部十二畫，《說文》：古文"龜"字

音：guī《唐韻》居追切，《集韻》居逵切，《韻會》居為切，夶音：龜，讀如愧。ㄎㄨㄟ，亦讀：規，《ㄨㄟ。

義：申蟲之長。《說文》：龜，外骨內肉者也。段玉裁《說文解字注》：龜，舊也。（段注：此以疊韻為訓，門聞、戶護之例。龜古音姬亦音鳩，舊古音臼亦音忌，舊本鵂。舊字段借為故，舊即久字也。劉向曰：蓍之言蓍，龜之言久，龜千歲而靈，蓍百年而神，以其長久，故能辨吉凶。《白虎通、《語略》同龜之大者曰鼇，救與久音相近。）外骨內肉者也。（外骨，《考工記·梓人》文，鄭云：龜屬。）以它，龜頭與它頭同。（段注：此如黽頭與它頭同，魚尾與燕尾同，兔頭與兔頭同，兔足、麤足、能足與鹿足同，虎足與人足同，兒頭與禽頭、离頭同，皆其物形相似，故製字同之也。此說，从它之意也。）天地之性，廣肩無雄，龜鼇之類，以它為雄。（段注：《列子》曰：純雌其名大鼻，純雄其名稺蜂。張《注》：大鼻龜

鱉之類也、釋小也。許《注》：蝸臝

齐備。《列子》按：以宅為雄，則其

子皆宅子也。故字从宅，此以宅之又

一說也。）黽，象足甲尾之形。（以

宅者象它頭而已，左象足右象背，甲

曳者象尾。居追切，古音在《一部》

讀如基音，轉讀如鳩。）凡龜之屬皆

以龜。圇，古文"龜"字。（象形而

不从它）

《玉篇》：文也、進也。外骨內肉，

文性無雄，以蛇為雄也。《爾雅‧釋

魚》：十龜：一神龜，二靈龜，三攝

龜，四寶龜，五文龜，六筮龜，七山

龜，八澤龜，九水龜，十火龜。

又《爾雅‧釋魚》：龜三足，賁。《

疏》：龜之三足者名賁也。

又《廣雅》：龜、貝，貨也。《前漢

書‧食貨志》：天用莫如龍，地用莫

如馬，人用莫如龜。

又，星名。《石氏星經》：天龜六星

，在尾南漢中。

又，地名。《春秋·桓十二年》：公
會宋公于龜。杜《註》：宋地。

又，山名。《詩·魯頌》：奄有龜蒙
。《詩經今注》：奄，包括。龜，山
名，在今山東新泰縣西南四十里。蒙
，山名，在今山東蒙陰縣南。龜、蒙
二山均屬蒙山山系。《毛傳》：龜，
山也。《左傳》龜陰之田在山北，山
今在山東袞州府泗水縣。

又，背梁。《左傳·宣十二年》：射
麋麗龜。杜《註》：麗，著也。龜背
之隆高當心者。

又，官名。《周禮·春官·龜人》：
掌六龜之屬。

又 "龜目"，酒尊也。《禮·明堂位
》：周以黃目，蓋以龜目飾尊，今龜
目黃。

又，沍《廣韻》居求切，音：鳩，

4一又。 龜茲，西域國名。《前漢

書·西域傳》：龜茲，音：鳩茲。

又，𪄳《集韻》、《韻會》祛尤切，《正韻》驅尤切，茲音：丘，ㄑㄧㄡ。龜茲，漢縣名。《前漢書·地理志》：上郡龜茲屬國都尉治。《註》：應劭曰：音丘茲。師古曰：龜茲國人來降，處之於此，故名。

按：龜茲之"龜"，有"鳩"、"丘"二音。

又，張衡《西京賦》：摭紫貝、搏耆龜，撈水豹，騖潛牛。

按：此則"龜"亦叶尤韻，不獨龜茲有"丘"、"鳩"之音也。

又，jūn《集韻》、《韻會》茲俱倫切，音：麇，ㄐㄩㄣ。《莊子·逍遙遊》：宋人有善為不龜手之藥者，世世以洴澼絖為事。《註》：不龜，謂凍不皸瘃也。《釋文》：舉倫反。

又，叶於居。《易·損卦》：或益之十朋之龜，弗克違。王褒《僮約》：

結網捕魚，繳雁彈凫。登山射鹿，入
水搤鼇。

按：鼈，古文＂𪓑＂、＂𪓊＂、＂𪓕＂。

　　鼇，《正字通》＂鼈＂本字。

　　𪔀，《字彙補》：同＂鼈＂。

　　𪓥，《龍龕手鑑》：同＂鼇＂。

𪓑：乙部十一畫，《玉篇》古文＂鼈＂字。

　　案：音、義，參見＂𪓑＂（鼈）字詮釋。

屮：丨部三畫，《類篇》：同＂屮＂。

　　音：jué《類篇》居月切，音：厥，ㄐㄩㄝˊ

　　義：《類篇》：同＂屮＂。

　　　　又，jié《集韻》、《類篇》太居謁切

　　　　，音：訐，ㄐㄧㄝˊ。　＂屮＂、＂屮

　　　　＂，動貌。从乚、丨，相向。

𠤎：儿部六畫

　　音：gǔ《唐韻》公戶切，《集韻》果戶切

　　　　，太音：古，《ㄨˇ

　　義：《說文》：𠤎，从人，象左右薉形。

　　　　又《說文解字注》：𠤎，靡薉也。〈

　　　　段注：靡當作𡿪，俗作靡。此字經傳

罕見，音與蠱同，則亦蠱惑之意也。
《晉語》四：在列者獻詩，使勿兜疑
、兜或當為兆。韋曰：兜，惑也。）
从儿，象左右皆蔽形。（左右當作屮
，又謂［］也。）凡兆之屬皆从兆，讀
若瞽。（公戶切，音：古，《ㄨˇ。）
《總要》：有眼無精，中象鼻齃狀，
小篆从目，諧鼓聲，作：瞽。

《玉篇》：壅蔽也，象左右皆蔽也。

兆：儿部六畫，《說文》"兆"之古字。

音：zhào《唐韻》治小切，《集韻》、《
　　韻會》直紹切，太音：肇，ㄓㄠˋ

義：《說文》：兆，古文"兆"。

又《說文》：灼龜坼也。（段注：兆
，灼龜坼也。《周禮》注曰：兆者，
灼龜發於火，其形可占者，其象似五
瓦，原之璺罅是用名之焉。按：凡四
朕兆者，朕者如舟之縫，兆者如龜之
坼，皆引伸假借也。）从卜，兆象形
（治少切）。兆，古文"兆"省。（

按古文祇為象形之字，小篆加"卜"非，古文減"卜"也。《廣韻》曰：

𠦤，灼龜坼出《文字指歸》，兆治小切，引《說文》分也。分也之訓見《八部》，公下𠦤出《說文》，則不得云出《文字指歸》。蓋古本《說文》卜部無"𠦤"，兆字《八部》，公字即"龜"，兆字今"公"音兵列切，《卜部》"兆"中多一筆，以殊於兆，皆非古也。《玉篇》卜部之外，別為《兆部》云：兆，事先見也，形也。"𠦤"同上，假令顧氏所據，《說文》早同今本，何為作此紛更乎！是必《說文》無兆而增此一部，曉然據《篇韻》以正，《說文》可無疑矣！尋此字之原委，蓋由虞翻讀《尚書》分"水"三苗為兆，云兆古別字，由是信之者，讀《說文》八部之兆兵列切。又增窊八亦聲，於說解中而《說文》，乃無龜兆字矣！《說文》無龜兆字，梁顧氏作《玉篇》，乃增《兆部》於《卜部》之後，隨曹憲作《文字指歸》，乃又收"㸚"爲龜兆字。而改竄《說文》者，乃於《卜部》增㸚爲篆文，兆爲古文。又恐其形之溷於《八部》也，乃加增一筆以殊之，紕繆之由歷歷可見，前注《八部》未能了然，後之學者依此說而刪定可也。又按《集韻》、《類篇》皆引《說文》㸚古省或作兆，臣光曰：按"兆"矣列切重八也，"㸚"古當作兆，是則勉強區分，蓋由司馬公始，徐鉉、丁度等皆作兆，司馬公所襲者，夏竦輩之書也。）

又《說文解字注》：兆，分也。（段注：此即今之"兆"字也，《廣韻》"兆"治小切，引《說文》分也。此可證孫愐以前"兆"即"兆"矣！又云"㸚"灼龜圻也，出《文字指歸》，《文字指歸》者曹憲所作，此可證

孫愐以前《卜部》無 "兆" "牭" 字
矣！顧野王《玉篇》八部有 "八" 矣
列切，《卜部》之後出《兆部》。又
云 "牭" 同 "兆" ，此可證顧氏始
不謂 "八" 即 "兆" 字矣！虞翻說《
尚書》分北三苗云：北古別字，不知
其所本，要與重八之 "八" 無涉豈希
，馮始牽合而岐誤。與治《說文》者
，乃於《卜部》增 "牭" 為小篆 "兆"
"為古文，於 "八" 下增之云八別也
，丙聲矣列切，以證其非 "兆" 字，
而《說文》之面目全非矣！"兆" 以
重八者分之甚也，龜兆其一也。凡言
朕兆者，如舟之縫，如龜之坼。)从
重八。(此下刪 "八別也丙聲" 五字
會意，治小切《二部》，楚金云或本
音 "兆" ，按此相承古說也。) 孝經
說曰：(孝經說者孝經緯也，後《鄭
注》經引緯本曰某經說，鄭志荅張逸
曰：當為《注》時，時在文網中，嫌

引祕書，故諸所牽圖讖者謂之說。）
故上下有別。（此引緯說，字形重八
之意也。上別下別則二八矣，《集韻
》改為上下有＂公＂，非也。）

《周禮・春官・大卜》：掌三兆之法
：一曰玉兆，二曰瓦兆，三曰原兆。
《註》：兆者，灼龜發于火，其形可
占者。《前漢書・文帝紀》：兆得大
橫。《註》：應劭曰：龜曰兆。

又，灼龜坼裂、以驗吉凶之文，曰：
兆。《左傳・襄二十八年》：卜攻慶
氏，示子之兆。

又，徵候曰兆。《晉書・孫楚傳》：
此乃吉凶之萌兆。

又，入曰兆。班固《幽通賦》：斯眾
兆之所感。

又，朕兆。老子《道德經》：我則泊
兮其未兆。《註》：意未作之時也。

又，壇域（祭場）、塋界（墓地）皆
曰兆。《前漢書・郊祀志》：謹按《

周官》兆五帝于四郊。《註》：兆謂為壇之塋域也。《孝經・喪親章》：卜其宅兆，而安厝之。《註》：塋墓界域也。

又，數名。《韻會》：十萬為億，十億為兆。

又〝京兆〞，《韻會》：兆者，象數，言大象所在也。今注：漢代稱京師為〝京兆〞（長安），在今陝西省西安市西北。

又，姓氏。《姓氏考略》：兆，見《姓苑》。望出趙郡（今注：治所在今河北省邯鄲縣）。明有蓬萊縣丞兆元亨。《姓苑》：兆元亨，樂亭人。明萬曆間，蓬萊縣丞。

又《國語・晉》：魂兆於民矣。《史記・曆書》：游兆執徐三年。《註》：游兆，景也。執徐，辰也，丙辰歲也。

又，象也，多也。《書・五子之歌》

二豫臨兆民，若朽索之馭六馬。

又，zhāo《韻補》叶直遙切，音二朝

，ㄓㄠ。《晉書・樂志歌》二神之來

，光景昭。聽無聲，視無兆。

北：匕部五畫，古文"背"字。

　音二bèi《唐韻》博墨切，《集韻》、《韻

　　會》必墨切，《正韻》必勒切，茲音

　　二繃，入聲，ㄅㄟˋ

　義二《集韻》二古文"背"字。

　　《說文》二乖也，从二人相背。

　　《說文解字注》二伏，菲也。（段注

　　二乖者庆也，此於其形得其義也。軍

　　奔曰二北其引伸之義也，謂背而走也

　　。韋昭注《國語》曰二北者古之背字

　　，又引伸之為北方。《尚書》、《大

　　傳》、《白虎通》、《漢書・律歷志

　　》皆言北方伏方也。陽氣在下，萬物

　　伏藏，亦乖之義也。）从二人相背，

　　凡北之屬皆从北。

　　徐曰二乖者，相背違也。《史記・魯

仲連傳》：士無反北之心。

又《玉篇》：方名。《正字通》：北，朔方也。《論衡·說日》：北方，陰也。《史記·天官》：北方水，太陰之精。主冬，四壬癸。《前漢書·律歷志》：太陰者北方。北，伏也。陽氣伏于下，于時為冬。

《詩·小雅》：維北有斗，不可以挹酒漿。《詩經今注》：斗，北斗星，有星七顆，形成斗，有柄。古代的量斗有柄。挹，舀（音：簡，ㄎㄨㄢˇ）。古代用斗挹取酒漿。

又，姓氏。《萬姓統譜》、《姓氏考略》：北，見《姓苑》：北氏，高麗姓氏。一云：北姓，常為北門、北宮、北郭、北人、北野等複姓所改。

北人，《莊子》有北人無擇，堯時人（舜友），後以為氏。一作 "比人"，非。

北門，以所居為氏，黃帝臣有北門成

，湯佐有北門側。

北宮，《姓纂》：出自姬姓〈衛公族〉，衛成公曾孫括，世為衛卿，別以所居為北宮氏。又《後漢書》：靈帝時，湟中義從胡有北宮氏，北宮伯玉是也。

北郭，以所居為氏。《姓源》：出自齊大夫北郭子車之後。

北野，《姓纂》：以所居為氏。如：東野之類。

又，敗走者之稱。《李陵答蘇武書》：追奔逐北。

又《廣韻》：奔也。《史記·管仲傳》：吾三戰三北。今注：敗北也。

又，向北行。《呂覽·孟春》：候雁北。今注：向北飛行也。

又，bèi《集韻》補妹切，《韻會》蒲妹切，太音：背，ㄅㄟ。分也，通"背"。留善去惡，使兩相分開也。

《集韻》：違也。《正韻》：分異也

。《書‧舜典》：庶績咸熙，分北三
苗。《註》：分其頑梗，使背離也。
又，在北的。《詩‧邶風》：出自北
門，憂心殷殷。《詩經今注》：殷殷
，憂傷貌。

梁啟超《王荊公傳》：荊公，以南人
驟入相，北人妒焉。

案：北，今有名詞、動詞、形容詞之義。
名詞：方位、方向、地名、姓氏……
動詞：奔也，行也，遠也，分也……
形容詞：在北的，如：北斗、北山、
北夷、北海、北極，……

卝：卜部四畫，同"艸"，古文"礦"字。
案：音、義，參見"艸"字，詮釋。

卯：卩部六畫
音：ㄐ《說文》音：卯，ㄐㄧˇ
義：《說文解字注》：卯，事之制也，从
卩卩。（段注：卩卩，今人讀節奏合
乎節奏，乃為能制事者也。）凡卯之
屬皆从卯，闕。（段注：此闕，謂闕

其音也。其義其形既憭矣，而讀若某則未聞也。今《說文》去京切、《玉篇》、《廣韻》皆云《說文》音鄉、此蓋淺人肊以鄉讀、讀之鄉用卯為義，形不為聲，形也。《玉篇》子兮切，取卯字平聲讀之，《廣韻》子禮切，取卯上聲讀之，蓋其音必有所受之矣！）

卯：卩部六畫，本"卯"字。

音：luǎn《唐韻》盧管切、《集韻》、《韻會》、《正韻》魯管切，夶音：鸞，ㄌㄨㄢˇ

義：《說文》：凡物無乳者卵生。鳥卵中黃為陰，外白為陽，魂魄相待也。
又《說文解字注》："卯"，凡物無乳者卵生。（段注：《乙部》曰：人及鳥生子曰乳，獸曰產，此云"凡物無乳者卵生"。按此乳字與《乙部》乳字義少異，此乳謂乳汁也。惟人及四足之獸有之故其子胎生，羽蟲、鱗蟲、介蟲及一切昆蟲皆無乳汁其子卵生，故曰凡物無乳者卵生。然則何以言人及鳥生曰乳獸曰產也，此乳猶抱也，嫗也。《方言》北燕、朝鮮、洌水之間，謂伏雞曰抱爵子及雞雛皆謂之穀，其卵伏而未孚始化謂之涅。鄭注《樂記》曰以體曰嫗，惟鳥於卵伏之抱之，既孚而或生哺之，有似人之抱哺其子，凡獸之恩勤遜於是，故以鳥之將子與人並言乳，實乳汁之義之引申，許泥乙為鳥，故訓乳曰人及鳥也。《子部》曰穀乳也，此乳汁之乳字及孺皆曰乳子也。此乳哺之乳，此云無乳者卵生，亦指謂乳汁也。）象形，（此象上象形言之卵未生，則腹大卵陰陽所合天地之襮也，故象其分令之形。盧管切，《𡌵部》縮下云讀如雞卵，蓋古"卵"讀如管也。）凡卵之屬皆从卵。

《禮‧曲禮》：士不取麛卵。《前漢

書‧貨殖傳》：鮌魚麕卵。《註》：
師古曰：卵、鳥卵也。

又《左傳‧哀十六年》：子西曰：白
公勝如卵予翼而長之。《註》：今撫
育人曰卵翼，言如鳥孚卵也。

又，蘇軾詩：相逢卵色五湖天。《註
》：俗改〝卵〞色為〝柳〞色，非。

又，kun音：鯤，ㄎㄨㄣ。　魚子也。
《禮‧內則》：濡魚、卵醬實蓼。

《說文解字注》：㚗，古文〝卵〞。
（段注：各本無，今依《五經文字》
、《九經字樣》補，《五經文字》曰
〝㚗〞古患反，見《詩風》，《字林
》不見。又古猛反，見《周禮》，《說
文》以為古〝卵〞字，《九經字樣》
曰《說文》作〝㚗〞隸變作〝卵〞，
是唐本《說文》有此無疑。但張引《
說文》古文〝卵〞刪去，文字未安張
之意，當云〝㚗〞〝卵〞上《說文》
下隸變，乃上字譌，舉其重文之古文

非是，然正可證唐時《說文》之有"朴"，《汗簡》以"朴"為古文"卵""字，與同為古文風，"圖"為古文龜，皆據本書郭氏所見《說文》尚完好也。"卵"之古音讀如"管"，引申之《內則》濡魚卵醬。鄭曰"卵"讀為"鯤"，"鯤"，魚子也，或作"擱"。韋注《國語》亦云"鯤"魚子也。《內則》之魚子言其未生者，《魯語》之魚子言其已生者，其意一也。又引申之為《詩》總角"朴"予之朴，《毛傳》曰朴幼稚也，此謂出腹未久故仍得此偁，如魚子之未生、已生，皆得曰"鯤"也。又引申之《周禮》有"朴"人，鄭曰：朴之言礦也，金玉未成器曰朴，此謂金玉錫石之樸韞於地中，而精神見於外，如卵之在腹中也。凡《漢注》云之言者，皆謂其轉注、叚借之用，以礦釋"朴"，未嘗曰"朴"古文"礦"，亦未

嘗曰"扑"讀為"礦"也，自其雙聲
以得義而已，"扑"固讀如"管"，
讀如"關"也。自劉昌宗、徐仙民讀
候猛、虢猛反，謂即"礦"字，遂失
注意。而後有妄人敢於《說文》礦篆
後，益之曰"扑"古文"礦"。《周
禮》有扑人，則不得不敢於卯篆後，
徑刪"扑"古文"卯"，是猶改《蘭
臺漆書》以合其私其誣，經詆許率天
下，而昧於《六書》不當膚析言破律
亂名改作之誅哉！"絲"從"扑"聲
，關從"絲"聲，許說"形""聲"
井井有條如是。）

　　案：參見"扑"字詳釋。

呌：口部十三畫

　音：jiào《五音篇海》居肖切，音：叫，
　　ㄐㄧㄠ

　義：《五音篇海》：呌，喚也。

卯：戶部七畫。《說文》"卯"本字。

　音：mǎo《唐韻》、《集韻》、《韻會》、

《正韻》莫飽切，音：昴，ㄇㄠˇ

義：《說文》″卯″本字，與″邜″字上
畫連者有別。″邜″音：酉。一又ˇ
《六書正譌》：″邜″，闢戶也。从
二戶，象門兩闢形。因聲借爲寅″卯″
″字，爲日出物生之象。

又《說文》：邜，冒也。二月萬物冒
地而出，（於《說文解字注》段注：
《律書》曰卯之爲言茂也，言萬物茂
也。《律歷志》冒茆於卯，《天文》
訓曰卯則茂茂然，《釋名》曰卯冒也
，載冒土而出也，蓋陽氣至是始出地
。）象開門之形，（字象開門也，莫
飽切，古音。）故二月爲天門。（卯
爲春門，萬物已出。）凡卯之屬，皆
从卯。″非″，古文″卯″。（按：
十干、十二支之字，皆古文也，非後
人所能造者。而″邜″爲春門，″邜
″爲秋門，尤灼明然，則″非″酉皆
古文而異者也。）

徐曰：二月陰不能制，陽冒而出也、

天門萬物畢出也。

又《廣韻》：辰名。《爾雅·釋天》

：歲在"卯"曰單閼。《晉書·樂志

》："卯"、茂也。謂陽氣生而孳茂

也。

按：《韻會》：俗作"夘"、非。

又"卯"、古文"非"、"非"、"

非"、"躬"。

非：戶部十畫、同"扂"字。

音：diàn《廣韻》徒玷切、《集韻》、《

正韻》徒點切、《韻會》徒忝切、夶

音：簟、ㄉㄧㄢˇ

義：《集韻》：戶牡也，或作"非"。

韓愈《進學解》：根闌扂楔。

又、diàn《集韻》徒念切、音：磹、

ㄉㄧㄢˋ。　所以止動也。

《顏氏家訓》：與"扅"通。

《正字通》："扂"、俗"扅"字。

《標準學生字典》：扅、音：移、一ˊ

。名詞：如"廖廖"，關門的木頭。

彄：弓部十一畫、《字彙補》：與"為"同

　　按："為"字，古文作"舄"，疑譌。

　　　　"彄"、音、義，參"舄"（為）字

　　詮釋。

址：止部八畫，隸作"癶"。

　　音：bō《唐韻》、《集韻》达北末切，音

　　　　：鉢，ㄅㄛ

　　義：《說文》：足剌癶也。又於《說文解

　　　字注》：址，足剌址也。（段注：剌

　　　址，疊韻字剌‧盧達切。）从止屮，

　　　凡址之屬皆从址。（隸變作"癶"）

　　　讀若撥（北末切）。

　　　《超群國語辭典》：癶，小篆字作"

　　　屾"，像左右兩腳腳趾並列的樣子。

　　　《六書本義》：兩足張有所撥除也。

　　　《元包經》：艮北癶癶。《傳》四：

　　　兩人相背也。《註》：北，背也。

　　　又"漸走之癶"，《傳》四：足有所

　　　行也。《註》：走，足也。癶，行也。

《字彙》：从二止相背，有分歧之象，別作"撥"、"蹳"，非。

臼：臼部六畫，《玉篇》：古文"匊"字。
音：jū《集韻》拘玉切，音：拳，ㄐㄩ
義：《集韻》：叉手也。

《玉篇》：古文"匊"字。

又，jū《唐韻》、《集韻》、《韻會》、《正韻》趑居六切，音：菊ㄐㄩ
《說文》：在手曰匊。〔段注：《唐風》椒聊之實，蕃衍盈匊。《小雅》終朝采綠，不盈一匊。毛皆云：兩手曰匊，此云"在手"恐傳寫之誤，《手部》曰持握也。握搎持也。搎捉也，捉搎也，把握也。然則"在手"曰捉、曰搎、曰握、曰持、曰把，不曰匊也。據《篇韻》所言，則許書之譌久矣！《玉篇》曰古文作"臼"，此語尤誤。"臼"者，叉手也。叉者，手指相錯也。《廣韻》以兩手奉物訓"臼"，誤矣！《方言》曰掬，離也

● 燕之外郊，朝鮮洌水之間曰撧，此方俗殊語，不係乎本字也。）从勹、米。（會意，米至撧，兩手兜之而聚，居六切，俗作"掬"。）

徐曰：手掬米，會意。《玉篇》：兩手也，滿手也，手中也，物在手也。《詩‧唐風》：椒聊之實，蕃衍盈匊。《詩經今注》：椒聊，一種叢木，今名：花椒，長條，綠葉，白花，暗紅色小球形的果實，有香氣。蕃衍，繁盛眾多。匊，古匊字，兩手合捧。朱子《詩》：

　　從容出妙句，珠貝爛盈匊。

又《韻會》：一手曰匊。《詩‧小雅》：終朝采綠，不盈一匊。《詩經今注》：綠，借為菉，草名，可以染黃。匊，古"掬"字，雙手合捧為掬。賈島《詩》：

　　虬龍一匊波，洗蕩千萬春。

《集韻》：或作"掬"。

與 " 匊 " 同，兩手曰掬。《禮・曲禮》：受珠玉者以掬。《疏》：謂手中也。《左傳・宣十二年》：舟中之指可掬也。

又《詩詁》：兩手曰 " 臼 "，屈掌曰 " 匊 "。

又《小爾雅》：掬，一升也。今俗謂兩手所奉爲一掬，則數合也。

又《揚子方言》：離也，齊陳曰斯燕之外郊，朝鮮洌水之間曰掬。

按：《說文》：在手曰匊，俗作 " 掬 "。《廣韻》：與 " 鞠 " 同。《韻會》：本作 " 挶 "。《正字通》：本作 " 臼 "。

臼臼：臼部十二畫，《字彙補》古文 " 爲 " 字

音：wéi《唐韻》薳支切，《集韻》于嬀切，玆音：洈，ㄨㄟˊ

義：《字彙補》：古文 " 爲 " 字。

《說文》：爲，母猴也。（段注：《左傳》魯昭公子公爲，亦稱公叔務人

，《檀弓》作公叔禺人。《禸部》曰禺，母猴屬也。然則名爲字禺，所謂名字相應也，假借"禺"作"爲"之字，凡有所變化曰爲。）其爲禽好爪。（於《禸部》曰禽者走獸，總名好爪，故其字從爪也。此下各本有"爪母猴象也"五字衍文。）下腹爲母猴形，（腹當作復上既從爪矣，其下又全象母猴頭目身足之形也。）王育曰：爪，象形也。（此《博異》說"爪"衍文，王說"全"字象母猴形也。薳支切，古音。）𤔔、古文"爲"，象兩母猴相對形。（於《左傳》仲子生有文在其手曰爲，魯夫人手文必非，若小篆爲魯，蓋作"𤔔""㞢"容或相似也。）

又《爾雅・釋言》：作造爲也。《書・益稷》：予欲宣力四方汝爲。《洪範》：有猷有爲有守。

又，治也。《晉語》：疾不可爲也。

《註》：為，治也。

又，使也。《魯語》：其為後世昭前之令聞也。《註》：為，獻使也。

又，語詞。《前漢書‧武帝紀》：何但亡匿幕北寒苦之地為。

又，姓。《廣韻》：《風俗通》云：漢有南郡太守為昆。《韻會》：魯昭公子公為之後。

為氏，《姓氏考略》：引《風俗通》：魯昭公子公為之後，以字為氏，望出南郡（治所在湖北省江陵縣東北）。

又，wèi《廣韻》、《集韻》、《韻會》芬于偽切，音：隔，ㄨㄟ

《廣韻》：助也。《增韻》：所以也，緣也、被也，護也、與也。《書‧咸有一德》：臣為上為德，為下為民。《釋文》：為上為下之"為"，于偽反，徐云：四"為"字皆于偽反。

又《多士》：惟我下民秉為。《詩‧大雅》：福祿來為。《詩經今姓》：

為，施也，加也。《箋》：為，猶助
也。《釋文》：于偽反，協句如字。
又，é 叶吾何切，音：義，ざ。　《
詩・王風》：有兔爰爰，雉離于羅。
我生之初尚無為，我生之後逢此百罹
。尚寐無吪。《詩經今注》：爰爰，
猶緩緩，慢慢走。雉，野雞。離，遭
逢，碰到。羅，網。無為，無所作為
，清閒自在。寐，睡着。吪（訛），
動也。此句言，但願從此睡去不動。
　按：《字彙補》：爲，古文"為"字。《
　　說文》：爲，古文"為"。
圅：父部十二畫，《集韻》：龜，古作：圅
　按：《說文》本作"圅"、《字彙》仍之
　　。《正字通》從《集韻》，改作"圅
　　"，《五篇》別書作"圅"。
　　又"圅"之音、義，參見"圅"（龜
　　）字詮釋。
非：卯部八畫，《字彙補》：古文"卯"字
　案：音、義，參見"卵"（卯）字詮釋。

臤：臣部十二畫

音：guàng《唐韻》居況切，《集韻》古況切，达音：誑，ㄍㄨㄤ

義：《說文》：臤，乖也，从二臣相違，讀若誑。（段注：居況切。按《示部》"祘"以為聲。）

《集韻》：背也。

又，wǎng《集韻》嫗往切，音：枉，ㄨㄤˇ

又，kuàng 求枉切，音：誑，ㄎㄨㄤˋ。義，达同。

又，jiǒng 俱永切，音：憬，ㄐㄧㄥˇ。人名，周有伯臤。通作"囧"。參見"祘"字注。

按：祘，guàng《廣韻》、《集韻》达俱往切，音：逛，ㄍㄨㄤ。驚走也。又，往來貌。

jiǒng《廣韻》、《集韻》达俱永切，音：烱，ㄐㄧㄥˇ。《周書》：伯祘，周穆王臣。今作"圙"。

圌：臣部十二畫，《龍龕手鑑》與"邷"同

案：音、義，參見"邷"字，詮釋。

門：門部八畫，門戶，兩戶相對為"門"。

音：mén《廣韻》莫奔切、《集韻》、《正

韻》謨奔切，《韻會》謨昆切，𠀤音

：捫，ㄇㄣˊ

《說文》：門，聞也。（於《說文解

字注》段注：以疊韻為訓，聞者，謂

外可聞於內，內可聞於外也。）从二

戶，象形。（此如"䀠"，从二"目

"，不必有反目字也。莫奔切）凡"

門"之屬，皆从門。

《玉篇》：人所出入也，在堂房曰"

戶"，在區域曰"門"。《博雅》：

門，守也。《釋名》：捫也，言在外

為人所捫摸也。《易·同人》：同人

于門。《註》：心無係吝，通夫大同

，出門曰同，故曰同人於門也。

《書·舜典》：賓于四門，四門穆穆

。《傳》：四門，四方之門。《禮‧月令》：孟秋之月，其祀門。《周禮‧天官‧掌舍》：為帷宮，設旌門。《註》：王行止食息，張帷為宮，樹旌以表門。又，設車宮轅門。《註》：王止宿險阻之處，車以為藩，則仰車以其轅表門。今幕府亦稱轅門，牙門。《楚辭‧九辯》：君之門以九重。《註》：天子九門：關門、遠郊門、近郊門、城門、皋門、雉門、應門、路門、寢門，亦曰庫門。

又 " 譙門 "，城上為高樓以望者。《前漢書‧陳勝傳》：獨守丞與戰 " 譙門 " 中。

又 " 橋門 "，國學門也。《後漢書‧儒林傳》：圍 " 橋門 " 而觀聽者，蓋億萬計。

又 " 師門 " 。《後漢書‧桓榮傳》：上則通達經旨，下則去家慕鄉，求謝 " 師門 " 。又《通鑑》：唐狄人傑嘗

薦姚元崇等數人，或謂曰：天下桃李
悉在公門。

又《正字通》：世族盛著曰門望。韓
顯宗疏，言門望者，祖父之遺烈。

又，凡物關鍵處，皆謂之門。《易‧
繫辭》：道義之門。《疏》：物之得
宜，從此易而來，故云：道義之門，
謂與道義為門戶也。又《老子‧道德
經》：眾妙之門。

又"期門"，勇士也。《後漢書‧譙
玄傳》：帝始作期門，數為微行。《
註》：前書，武帝微行，常與侍中常
侍武騎，及待詔，北地良家子能騎射
者，期諸殿門，故有"期門"之號，
自此始也。成帝微行亦然，故言始也
。《班固‧西都賦》：

　　　　期門飲飛，列及攢鍭。

又，官名。《周禮‧地官》：司門祭
祀之牛牲繫焉，監門養之。《後漢書
‧百官志》：黃門侍郎六百石，常侍

從左右給事中。又，門大夫夫百石。《註》：《漢官》曰：門大夫二人，選四府掾屬。

又《周禮‧春官‧小宗伯》：其正室，皆謂之門子。《註》：將代父當門者也。《左傳‧襄十一年》：大夫諸司門子勿順。

又，地名。《左傳‧襄二十七年》：託於木門。《註》：木門，晉地。《史記‧項羽紀》：兵四十萬在新豐鴻門。孟康《註》：在新豐東十七里。又《秦本紀》：敗三晉之師於石門。《一統志》：在平陽府解州東南白徑嶺，踰中條山，通陝州道，山嶺參天，左右壁立，闊不容軌，名曰石門。又〝雁門〞，郡名。是《前漢書‧地理志》。今注：雁門，古郡名，在山西省舊代州寧武縣北部。

又，山名。《書‧禹貢》：浮于積石，至于龍門。《傳》：龍門山在河東之西界。《後漢書·逸民傳》：龐公攜其妻子，登鹿門山。又《正字通》：北方北極之山曰寒門，《漢·光武紀》"寒門"《註》：師古曰：今冶谷去甘泉八十里，盛夏凜然。

又，星名。《史記·天官書》：其南北兩大星曰南門。《註》：南門二星，在庫樓南天之外門、明則氏羌貢。《天文志》：大微星南四星執法，中端門，左右掖門。

又，姓氏也。公卿之子，教以六藝，謂之門子。後周以為氏，後魏·門文愛。又東門、西門、雍門、木門，俱複姓。《左傳·宣十八年註》：襄仲居東門，故曰東門氏。

門氏，《姓氏考略》：引《通志》：《周禮》公卿之子，入王端門，教以六藝，謂之門子。其後為氏，望出河南（治所雒陽，在今河南省洛陽市東北）、廬江（今屬安徽省）。

又《魏書‧官氏志》：叱門氏、吐門氏、庫門氏，均改為"門"氏。

東門氏，《通志》：魯莊公子公子遂‧字襄仲，居東門，號東門襄仲，因以為氏。

西門氏，《通志氏族略》：鄭大夫居西門，因氏焉。

雍門氏，《通志氏族略》引《世本》：齊頃公子公子勝，居雍門，故為"雍門"氏。

木門氏，《英賢傳》：宋公子居食采木門，因氏焉。或曰：《左傳》衛子鮮奔晉，託於木門，為衛縛之支裔。

又，樂名。《周禮‧春官‧大司樂》：以樂舞教國子，舞雲門大卷大咸大磬大夏大濩大武。《註》：此周所六代之樂，黃帝曰雲門。

又，人名。《史記‧秦始皇紀》：使盧生求羨門高誓。《註》：羨門，古仙人。《前漢書‧藝文志》：《逢門

》、《射法》二篇。《註》：即逢蒙
也。《荀子·正論篇》：羿蠭門者，天
下之善射者也。

又《正字通》：僧曰沙門、桑門。《
前漢書·郊祀志》：沙門漢，言息心
削髮，絕情欲，歸于無爲也。

又，mián《韻補》叶民堅切，音：眠
，ㄇㄧㄢ。 《楚辭·遠遊》：

　　　虛以待之兮，無爲之先。

　　　庶類有成兮，此德之門。

又，mín叶眉貧切，音：珉，ㄇㄧㄣˊ
《詩·邶風》：出自北門，憂心殷殷
。《詩經今注》：殷殷，憂傷貌。
叶下「貧」。荀卿《雲賦》：

　　　往來惽憊，通於大神。

　　　出入甚亟，莫知其門。

餶：阜部十六畫，亦作「陣」，義同。

　音：fù《廣韻》戶久切，《集韻》扶缶切
　　，𠀤音：阜，ㄈㄨˋ

　義：餶，亦作「陣」，又作「隔」。

《說文》：䜌，兩𣃘之閒也。从二𣃘
。（於《說文解字注》段注：似醉切
，ムㄨㄟˋ。按此字不得音，大徐依㬥
讀也。《廣韻》、《玉篇》扶救切，
又依"𣃘"音讀也。）凡"䜌"之屬
皆从"䜌"。

《集韻》：盛也。

又，fú《集韻》、《類篇》太扶富切
，音：複，ㄈㄨˊ。義同，亦作"障"
。《廣韻》：盛也，亦作"隔"。《
集》：同"䜌"。

又，fù《集韻》扶富切，音：覆，
ㄈㄨˋ。"障"，本作"䜌"，兩"𣃘
"閒也。

案：䜌，亦作"障"。音、義，亦同。

非：非部八畫，《韻會》本作：誹，義同。

音：fēi《唐韻》甫微切，《集韻》、《韻
會》匪微切，太音：飛，ㄈㄟ

義：《韻會》：本作"誹"，義同。

《說文》：非，韋也。（於《說文解

字注》：韋各本作"違"今正，違者
離也，韋者相背也。自"違"行"韋
"廢，畫改韋爲違，此其一也。"非
"以相背爲義，不以離爲義。）从飛
下翄，（謂从飛省，而下其翄。）取
其相背也。（翄垂則有相背之象，故
曰非，韋也。甫微切）凡"非"之屬
皆从"非"。

《玉篇》：不是也。《書·說命》：
無恥過作非。《易·繫辭》：辨是與
"非"。

又《玉篇》：下也。

又《玉篇》：隱也。

又《增韻》：訾也。《孝經·五刑章
》：非聖人者無法，非孝者無親。

又《玉篇》：責也。《前漢書·魏相
傳》：使當世責人非我。

又，山名。《山海經》：非山之首，
其上多金玉。

又，姓。《風俗通》：非子，伯益之

後。《路史》：非氏，即"蜚"氏。
又，fěi《集韻》、《韻會》、《正韻
》怼紀尾切，音：斐，ㄈㄟˇ。《集韻
》：本作"誹"，謗也。《前漢書‧
食貨志》：不入言而腹非。《史記‧
平準書》作"腹誹"。又《鼂錯傳》
：非謗不治。《註》：非，讀曰誹。
又，fěi《韻會》方未切，音：沸，
ㄈㄟˋ。　本作"誹"，義同。

非：非部十畫，《集韻》同非，古文卯字。

　案：音、義，參見"卯"〈卯〉字詮釋。

非：非部十畫，《玉篇》：古文"卯"字。

　案：音、義，參見"卯"〈卯〉字詮釋。

鬥：鬥部十畫

　音：dòu《唐韻》都豆切，《集韻》丁候切
　，怼音：鬭，ㄉㄡˋ

　義：兩王共國則鬥。《說文》：鬥，兩士
　相對，兵杖在後，象鬥之形。（於《
　說文解字注》：按此非許語也，許之
　分部次弟自云：據形系聯，鬥厽在前部

、故受之以〝鬥〞，然則當云爭也。

兩臤相對象形、謂兩人手持相對也。

乃云：兩士相對，兵杖在後，與前部

說自相戾，且文從兩手，非兩士也。

此必他家異說，淺人取而竄改許書，

雖《孝經》音義引之，未可信也。都

豆切，凡鬥之屬皆從鬥。

《廣韻》：凡從鬥者，今與〝門〞户

字同。《字彙》：鬥，右音戟，戟字

从手，手有所執。左音橛，戟字反己

，執物則一。

又，què《集韻》克角切，音：榷，

〈ㄩㄝˋ。鬩也。

又，dòu《唐韻》、《集韻》、《韻會

》都豆切，《正韻》丁候切，夶音：

兜，去聲，ㄉㄡˋ

《說文》：鬭，遇也。〈於《說文解

字注》：疊韻，凡今人云鬭接者，是

遇之理也。《周語》縠雒：鬭將毀王

宮，謂二水本異道，而忽相接合為一

也。古凡鬮接用〝鬮〞字，鬥爭用〝鬥〞字，俗皆用〝鬮〞為爭、競而〝鬥〞廢矣！）从鬥鬮聲。（都豆切）《玉篇》：爭也。《廣韻》：鬮競。《禮·檀弓》：遇諸市朝，不反兵而鬥。《孟子》：今有同室之人鬥者。《疏》：有鬮爭之者。

又，姓。《左傳·桓六年》：鬮伯比言于楚子。《註》：楚大夫。

鬮氏，《姓氏考略》：黃帝臣有鬮苞，授規，當為〝鬮〞氏之姑。《春秋人譜》〝鬮〞出〝芈〞姓，楚若敖取䢵氏女，生伯比，別為〝鬮〞氏，望出江陵（今屬湖北省）。

又，複姓：鬮于、鬮文、鬮比、鬮乳、鬮門、鬮班、鬮耆、鬮穀、鬮彊。

鬮于氏，《姓苑》：楚鬮穀於菟之後。

鬮文氏，《姓纂》：楚若敖生鬮子文，因氏焉。

鬮比氏，《英賢傳》：鬮伯比孫書仕

晉、因以為氏。

鬭乳氏，即鬭穀於菟之後。

鬭門氏，《路史》：舜後有鬭門氏。
《世本》：陳鬭父之後。楚大夫有
鬭門陽。

鬭班氏，《世本》：楚若敖鬭彊生班
，因氏焉。

鬭耆氏，《世本》：羋姓。《英賢傳
》：鬭伯比之孫鬭耆仕晉，因氏焉。

鬭穀氏，楚鬭穀於菟之後。

鬭彊氏，《世本》：若敖生鬭彊，因
氏焉。

又，dōu《集韻》當侯切，音：兜，
ㄉㄡ。　交爭也。

又，dù叶都故切，音：妒，ㄉㄨˋ
郭璞《流寓賦》：
涉幽谷之高鬭，壯斯世之險固。
過王城之丘墟，想穀洛之合鬭。

按：鬥，《集韻》：鬭也。《篇海》"鬧
"俗"鬭"字。《五音篇海》"鬧"

同"鬭"。《玉篇》"鬪"俗"鬭"字。《九經字樣》"鬬",隸省作"鬬"。又《集韻》俗作"鬭",非。

是（左右背列）卷，計收二十八字。內有"甲"、"北"、"幽"、"門"四字，於《康熙字典》文中，間有譌誤，謹參"原書"考證辨正。

本（左右背列）卷，收有二十八字，佔百分之五‧九九六（5.996%）。

拾　遺

郒：邑部十四畫，xiáng 音：ㄒㄧㄤ

義：郒，《說文解字注》：鄰道也。（道當邑字之誤也，其字從二邑會意。）從邑從邑（隸變作邟）。凡郒之屬皆從郒，闕（闕者謂其音未聞也，大徐云胡絳切，依鄉字之音非有所本，如餉字或依餽字之音，或依倉字之音，皆非是。

卷之四　二字並列

　　本（二字并列）卷，計收有一二三字，依《康熙字典》部首次第，分著如次：

　　脈：丿部十二畫，《字彙補》：同"愈"。
　　音：yù《廣韻》以主切，《集韻》、《韻
　　　　會》勇主切，太音：庾，ㄩˇ
　　義：《字彙補》：同"愈"字。
　　　　《玉篇》：勝也。《廣韻》：賢也。
　　　　《增韻》：過也。
　　　　《孟子》：丹之治水也，愈於禹。
　　　　又，進也，益也。《詩·小雅》：憂
　　　　心愈愈。《詩經今注》：愈愈，猶鬱
　　　　鬱，煩悶也。蘇氏曰：愈愈，益甚之
　　　　意。
　　　　又，差也。《左傳·昭二十年》：相

從為愈。《註》：愈，差也。《正義》：痛差謂之愈。

又，yǔ《正韻》偶許切，音：雨，ㄩˇ。義同。

又，yú《集韻》容朱切，《韻會》羊朱切，《正韻》雲俱切，太音于，ㄩˊ《老子‧道德經》：動而愈出。《音義》：羊主反，又羊朱反。

又，通作〝俞〞。《吳語》：越間俞章。《荀子‧仲尼篇》：俞務而俞遠。太讀作：愈。《前漢書‧禮志》：俞甚亡益。

亦通作〝瘉〞，《晉語》：東方之士孰為瘉。《註》：賢也。又《前漢書‧藝文志》：不猶瘉於野乎？

又，與〝愉〞通。《荀子‧正論篇》：矢子者，勢至重而形至佚，心至愈而志無所詘。《註》：愈，讀為愉。

按：《廣韻》、《集韻》、《韻會》上聲俱切喻母，而《正韻》獨切疑母，蓋北音以疑為喻，故又以喻為疑也。然於平聲又切喻母，則其不安於疑母可知矣。

乙乙：乙部二畫，《字彙補》：古文"會"字

音：huì《唐韻》、《集韻》𠀤黃外切，音：繪，ㄏㄨㄟˋ

義：乙乙，《字彙補》：古文"會"字。

會，《唐韻》、《集韻》：合也。《易．乾卦》：亨者，嘉之會也。《疏》：使物嘉美之會聚。《書．禹貢》：灉沮會同。《疏》：謂二水會合而同。又《洪範》：會其有極。《疏》：會，謂集會。《禮．樂記》：竹聲濫，濫以立會，會以聚衆。

又《周禮．天官．大宰》：大朝覲會同。又《春官．大宗伯》時見曰會。

又《禮．檀弓》：周人作會，而民始疑。《註》：會，謂盟也。《左傳．昭三年》：有事而會，不協而盟。

又《左傳．宣七年》：凡師出，與謀

曰反，不與謀曰會。

又，kuài《集韻》、《韻會》杰古外切，音：儈，丂ㄨㄞ。與"繪"通，《書·益稷》：日、月、星、辰、山、龍、華、蟲作會。《傳》：會，五采也。《釋文》：馬，鄭作"繪"。又《詩·衛風》：會弁如星。《箋》：會，謂弁中之縫也。《釋文》：會，《說文》作"膾"。

《詩經今注》：會（音：快），借為璯（於《隋書·禮儀志》引作：璯），綴玉於冠縫也。弁，古代一種帽子，多以鹿皮製成，皮與皮相接處為"縫"，綴玉於縫，就是所謂"璯弁"。玉是圓形，有規則地羅列著，所以說"如星"。

《周禮·天官·弁師》：王之皮弁，會五采。《註》：會作"膾"，鄭司農云：謂以五采束髮也。《士喪禮》曰：檜用組，乃笄。檜讀與膾同，書之異身。

又《周禮·天官·小宰》：聽出入以
要會。《註》：謂計最之簿書，月計
曰要，歲計曰會。又《天官·司會註
》：會，大計也。

又《周禮·夏官·職方氏》：東南曰
揚州，其山鎮曰會稽。《註》：會稽
，在山陰。（即今浙江省紹興縣）

又，姓。《姓氏急就篇》：漢武陽令
會柵。

《姓氏考略》：會氏，《風俗通》陸
終第六子會人之後。妘姓。《路史》
皋陶之後，有會氏。望出武陽（治所
在今河北省大名縣東）。

又，kuò《集韻》古活切，音：括，
ㄎㄨㄛ。　會撮，項椎也。

又，huó《集韻》戶括切，音：活，
ㄏㄨㄛ。　《莊子·人間世》"會撮
指天"向秀讀。

又《韻補》今聲濁，叶泰。古聲清，

叶榮。郤正《釋譏》：三方鼎峙，九有未乂。聖賢拯救之秋，列士樹功之會。

孖：亅部八畫

音：Xù《集韻》、《字彙》象呂切，《類篇》時與切，然音：序，ㄒㄩˋ

義：堪孖，猶山所產之魚，俗"孖"作"孖"，譌。

《山海經》：猶山有"堪孖"之魚，狀如夸父而彘尾。音如呼，見則天下大水。

一曰"魚子"，俗譌作"孖"。《集韻》：孖，曰魚子。

按：《畢沅校本》沅曰：孖字，从子从予。《玉篇》、《俗本》作：二予字，非也。又《玉篇》有"魣"字，云同"鱮"，疑"孖"即"鱮"異字。

从：人部四畫，《說文》"從"本字。

形：从，"從"本字。《說文》：从，相聽也，从二人。

按〝从〞字，从二人會意。《集韻》
从，隸作〝從〞。

古作〝刅〞，或作〝迎〞。《集韻》
从，古作：刅，或作：迎。

从，會意。甲文〝从〞，金文〝从〞
，皆象二人相從形，與小篆〝从〞略
同。

音：cóng《廣韻》疾容切，《集韻》、《
韻會》、《正韻》牆容切，太音：俗
，平聲，ㄙㄨˊ。讀〝從〞ㄘㄨㄥˊ。

義：从，《標準學生字典》〝從〞的簡體
字。音：聽，ㄘㄨㄥˊ。或音：叢，
ㄘㄨㄥˊ。又音：綜，ㄗㄨㄥˋ。

从，《說文》〝從〞本字。〝从〞本
義，作相聽解。陸佃曰：二人向陽為
从，向陰為比。士之趨嚮，不可不慎。
按〝从〞字，从二人會意。實含有跟
從、聽從二義。《書‧益稷》：汝無
面從。《說命》：后從諫則聖。

《說文》本作：从，相聽也。（於《

說文解字注》：聽者聆也，引伸為相許之偁。《言部》曰：許，聽也。按"从"者，今之"從"字，從行而从廢矣！《周禮・司儀》客从拜辱於朝，陸德明本如此，許書凡云从某，大徐作从、小徐作從。江氏聲曰：作从者是也，以類相與曰从。）从二人，（疾容切。以今音言之，从亦可去聲。）凡从之屬皆从"从"。

之"从古"，从古以存真也。《字彙首卷・从古》：古人六書，各有取義，遞傳於後，漸失其真，故於古字當从者，紀而闡之。

又《廣韻》：就也。《易・乾卦》：雲從龍，風從虎。《禮・曲禮》：謀于長者，必操几杖以從之。

又《爾雅・釋詁》：自也。《詩・小雅》：伊誰云從。《詩經今注》：伊，是也。云，語助詞。《箋》：言譖我者，是言從誰生乎？《晉書・明帝紀》：不聞人從日邊來。

又，姓。《廣韻》：漢有將軍從公。
《何氏姓苑》：今東莞人。

從氏，《姓氏考略》：引《姓纂》漢
將軍從公之後，望出東莞（治所在今
山東省沂水縣東北）。從，一作樅。

樅氏，《姓氏考略》：樅陽，地名。
其先以地為氏，漢有樅公。《中國人
名大辭典》（頁一五○四‧二）：樅
公，漢高祖將，與御史大夫周苛守滎
陽。因建謀殺魏王豹，後項羽拔滎陽
，殺之。

又，cōng《廣韻》、《集韻》��七恭
切，促，平聲，ㄘㄨ。《廣韻》：從
，容也。《正韻》：從容，舒緩貌。
《書‧君陳》：從容以和。《禮‧中
庸》：從容中道。

又，chōng《集韻》書容切，音：舂，
ㄔㄨㄥ。〝從容〞，久意。《禮‧
學記》：待其從容，然後盡其聲。

又，zōng《集韻》將容切，音：蹤、
ㄗㄨㄥ。　東西曰衡，南北曰從。《
詩・齊風》：衡從其畝。《詩經今注
》：衡從，通橫縱，東西為橫，南北
為縱。畝，壠也。詩以種蘇必有壠，
比喻娶妻必有稟告父母的禮節。《史
記・蘇秦傳》：從合則楚王，衡成則
秦帝。

又與〝蹤〞通，《史記・嬴政傳》：
重自刑以絕從。《前漢書・張湯傳》
：從迹安起。

又，zōng《集韻》祖動切，音：總，
ㄗㄨㄥˇ。　高大貌。《韻會》：鬢高
也。《禮・檀弓》：爾毋從從爾。

又，chuáng《集韻》鋤江切，音：淙，
平聲，ㄔㄨㄤˊ。義同。

又，zòng《唐韻》慈用切，《集韻》
、《類篇》、《韻會》才用切，茲音
：俗，去聲、ㄙㄨˋ。

《說文》本作：〝延〞，隨行也。（

於《說文解字注》：以从辵，故云隨行。《齊風》並驅從兩肩兮，《傳》曰：從，逐也，逐亦隨也。《釋詁》曰：從，自也，其引伸之義也。又引伸訓順《春秋》經從祀先公，《左傳》曰：順祀先公是從訓順也。《左傳》使亂大從；王肅曰：從，順也。《左傳》大伯不從是以不嗣，謂不宜順其長幼之次也，引伸為主、從為從，橫為橫，從亦假"縱"為之。）从从辵，（舊作辵从今正，从辵者隨行也，主从不主辵，故不入《辵部》。）从亦聲。（慈用切，按大徐以去韵，別於平韵，非也，當疾容切。）

《詩·齊風》：其從如雲。《詩經今注》：從，僕從。如雲，比喻盛多。

《論語》：從我者其由與。

又《韻會》：從天子曰法從，侍從。《書·冏命》：其侍御僕從。《前漢書·揚雄傳》：趙昭儀，每上甘泉常

法從。《註》：師古曰：以法言當從
耳！一曰從法駕也。《後漢書‧百官
志》：羽林郎，掌宿衛侍從。

又，sòng《集韻》、《類篇》杰似用
切，書：頌、ㄙㄨㄥˋ。　同宗也。《
爾雅‧釋親》：父之世父、叔父為從
祖、祖父，父之世母、叔母為從祖、
祖母。《釋名》：從祖父母，言從己
親祖別而下也。亦言隨從己祖以為名
也。

又，zòng《集韻》子用切，與〞縱〞
（音：ㄗㄨㄥˋ）同。《禮‧曲禮》：
欲不可從。《論語》：從之純如也。

案：以類相與曰㐺，字書云某字〞从〞某
字之㐺。於《說文》（大徐本）、《
玉篇》、《廣韻》、《集韻》、《說
文段注》、《說文義證》、《通訓定
聲》、《康熙字典》⋯⋯皆作〞从
〞，不作：從。

按〞从〞、〞從〞古今字，從為从之

累增字，惟古字書多作：从，經書則
"从"、"從"通用，今"從"行而
"从"字罕用。

饒：人部二十畫

　音：yáo《海篇》音：堯、一ㄠˊ

　義：未詳

僉：人部二十六畫，古文"僉"字。

　音：qiān《字彙補》青夭切，音：千，先
　　平聲，ㄑㄧㄢ

　義：《字彙補》：僉，水和鹽也。
　　崔希裕《略古》：古文"僉"字。
　　又《說文解字注》：僉，皆也。（段
　　注：《釋詁》曰：僉，咸胥皆也。）
　　从亼、从吅、从从，（吅，驚嘑也。
　　从，相聽也。七廉切，ㄑㄧㄢ。）虞
　　書（虞當作：唐）曰：僉曰伯夷（見
　　《堯典》文）。
　　qiān《廣韻》、《集韻》、《韻會》
　　、《正韻》夶千廉切，音：籤ㄑㄧㄢ
　　。皆也，咸也，眾共言之也。《書·

堯典》：僉曰於鯀哉。

又《楊子‧方言》：自山而東，五國之郊曰僉。

又，〝連枷〞亦曰僉，打穀具也。

按：《總要‧人部》：僉，从亼，吅、从會意。合集眾口，詢謀相从之義。

兜：儿部十畫，《正字通》：同〝昆〞。

音：kūn《唐韻》古渾切，《集韻》、《韻會》、《正韻》公渾切，竝音：崑，ㄎㄨㄣ

義：《正字通》：同〝昆〞。《總要》：从二兄，會意。《元結規弟融書》：計有功曰：元次山結之弟季川名融，次山作《處規》，季川曰：兜不復言，兜有意乎？《註》：兜者，兄之別稱。

《說文》：昆，同也。（段玉裁《說文解字注》：夏小正〝昆〞小蟲，《傳》曰：昆者，眾也，由蚑〝由同猶〞。蚑也者動也，小蟲動也。《玉制

》昆蟲未蟄，鄭曰：昆，明也。明蟲
者，得陽而生、得陰而藏。以上數說
兼之，而義乃備。惟明斯動，動斯眾
，眾斯同，同而或先或後，是以昆義
或為先，如昆弟是也。或為後如昆命
元龜。《釋言》昆後也，是也。《羽
獵賦》噍噍昆鳴。）从日从比。（以
日者，明之義也，亦同之義也。从比
者同之義，今俗謂合同曰渾，其實當
用昆用棍。古渾切，ㄎㄨㄣ。）《註
》：日日比之是同世。《前漢書‧揚
雄傳》：噍噍昆鳴。《註》：師古曰
：昆，同也。

又《爾雅‧釋言》：昆，後也。《註
》：謂先後也。《書‧大禹謨》：昆
命于元龜。《傳》：昆，後也。

又《書‧仲虺之誥》：垂裕後昆。《
傳》：垂優足之道示後世。《釋言》
：來孫之子曰昆孫。昆，實也。恩情
轉遠，以禮貿連之耳！

又《詩・王風》：謂他人昆。《傳》、《詩經今注》：昆，兄也。

又，姓。《詩・商頌》：昆吾夏傑。《傳》：昆吾，己姓也。《詩經今注》：昆吾，夏的同盟部落、己姓，在今河南許昌東，後為商湯所滅。此句承上句（韋顧既伐），省一代字。

《姓氏急就篇》：昆氏夏諸侯，昆吾之後，戰國有賢者昆詳。

昆氏，《篡要》：夏諸侯昆吾之後。

昆吾氏，《世本》：夏時己姓國，祝融之後，後以國為氏。

昆連氏，《路史》：古帝有昆連氏。

又，山名。《史記・李斯傳》：致昆山之玉。《註》：《正義》曰：昆岡在于闐國東北四百里，其岡出玉。

又，左思《魏都賦》：昆蟲毒噬。《註》：昆，明也。明蟲者，陽而生，陰而藏。

又，與"崑"同。《前漢書・地理志

》：昆崙，析支渠叟，西戎即敘。《書·禹貢》：作"崑崙"。

又，hún《集韻》、《韻會》太胡昆切，音：魂，ㄏㄨㄣˊ。人名，漢有蜀國公孫昆邪。

又，hǔn《集韻》戶袞切，音：混，ㄏㄨㄣˇ，義同。又"昆夷"，亦作"混"。今注：混夷，古代西戎國名。

又，與"渾"同。揚子《太玄經》：昆倫旁薄。按：即"渾淪"。

又《韻補》叶俱倫切，度尚《曹娥碑》：若堯二女，為湘夫人。時效髣髴，以詔後昆。

又，叶居員切。韓愈《胡評事墓誌》：宜茲人胄後昆，五十七不足年。

按：昆，《集韻》：本作"罤"。《爾雅·釋親》：省作"晜"，《玉篇》：省作"䍺"，今通作"昆"。

兟：儿部十二畫，與"侁"、"駪"同。

音：shēn《唐韻》、《集韻》所臻切，《

韻會》疏臻切，太音：莘，夐平聲，
ㄒㄧㄣ

義：《說文》：兟，進也。（段玉裁《說
文解字注》：《五經文字》儿部曰：
兟，色巾反見《詩》，按此謂《大雅
》：兟兟其鹿也。今《大雅》作駪，
《傳》曰：駪駪，眾多也。但《玉篇
》云：鋅，多也。亦作"詵"、"駪
"、"兟"、"兟"、"駪"字，同
是眾多之義，可作"兟"。據《五經
文字》，則張參所據《大雅》作兟，
蓋並先為眾進之意，今石刻《五經文
字》此字已泐，而馬刻本乃誤為"兟
"，蓋因宋搨模糊而譌耳。）从二先
，贊从此，闕。（闕，謂闕其讀若也
。今所臻切，音：ㄕㄣ。）

按"先"者，人前進之意。"兟"合
二先，故亦前進之義。《正字通》：
兟，一曰行貌。

又《玉篇》：兟兟，眾多貌。李商隱

詩：絲節伺詵詵。

案：詵，會意。《六書本義》：與"侁"、"駪"同。

又"侁"，眾多貌。《楚辭·招魂》：豺狼從目，往來侁侁些。

又《標準學生字典》、《東方國語辭典》：侁，音：申，ㄕㄣ。動詞：行的意思。形容詞：眾多，往來侁侁。

又"駪"，馬眾貌。《詩·小雅》：駪駪征夫。《詩經今注》：駪（音：身）駪，急急忙忙。《傳》眾多貌。

又《標準學生字典》、《東方國語辭典》：駪，音：身，ㄕㄣ。形容詞：群馬爭先貌。"駪駪"，眾多貌，如：駪駪征夫。

兢：儿部十四畫，《集韻》：古作"競"。

音：jing《唐韻》、《集韻》、《韻會》太居陵切，音：矜，ㄐㄧㄥ

義：兢，《集韻》：古作"競"。《正字通》：競，本"兢"字。

《說文》：競，競也。（段玉裁《說
文解字注》競者，彊語也。《小雅》
無羊，《傳》曰：矜矜兢兢，以言堅
彊也。《釋文》此義其冰反。）从二
兄、（會意）二兄競意，（說從二兄
之意）从丰聲，（丰，讀若，介此取
雙聲也，二丰皆聲也。）讀若矜。（
居陵切，漢時"矜"讀如今韻矣。）
一曰"兢"，（此複舉"兢"字，各
本誤作"競"，今依葉抄本，《集韻
》、《類篇》無此字。）敬也。《小
雅》戰戰兢兢，《傳》曰：戰戰，恐
也。兢兢，戒也。小徐本無此五字，
《玉篇》引亦無。）徐曰：競，強也。
又《漢書·武五子廣陵厲王胥傳》：
柢柢兢兢。《註》：兢兢，順也。
又《詩·大雅》雲漢：兢兢業業。《
傳》：兢兢，恐也。案：亦懼也。
又《爾雅·釋訓》：兢兢，戒也。《
玉篇》：戒慎也。《書·皋陶謨》：

兢兢業業，一日二日萬幾。《註》：
言當戒懼萬事之微。案：兢兢小心貌
，如：戰戰兢兢。《前漢書·外戚傳
》：唯婚姻為兢兢。《註》戒慎也。

又《正韻》：不自安貌。《說文》：
競也。徐曰：競，強也，一曰敬也。
案：競，一曰"兢"，敬也，戒也，
　　戒懼貌。

又《前漢書·司馬相如傳》：入凌兢
。《註》：師古曰：寒涼戰栗處。《
太玄經·逃》：兢其股。《註》：兢
，動也。

又《韻會》：通作"矜"。《詩·小
雅》小旻：戰戰兢兢。《左傳·宣十
六年》：戰戰矜矜。《文選》韋孟詩
：矜矜先王。《註》：戒也。

又，qíng《集韻》巨興切，音：殑，
亦讀：情，〈一ㄥˊ。"兢兢"，堅彊
貌。《詩·小雅》無羊：矜矜兢兢。
《詩經今注》：矜矜，走路伶俐迅速

的樣子。兢兢，爭着前進的樣子。

按：兢，《集韻》古作"競"，《正字通
》：競，本"兢"字。《說文》：競
，競也，一曰"兢"。

又"兢"上作"艹"，不作"竝"，
作竝為競。"兢"、"競"，形似音
同，而義迥別。（參"競"字詮釋）

从：入部四畫

音：liǎng《集韻》里養切，音：良，上聲
，ㄌㄧㄤˇ

義：《說文》：从，二入也。（以形為義
）兩从此。（段玉裁《說文解字注》
兩，各本作"兩"。今按"兩"从从
，网从"从"也。）闕（此"闕"，
亦謂音讀不傳也。大徐：良獎切，乃
因"兩"字從此，謂同"兩"音。）

案：从，會意。《說文》：从，二入也。

按"从"字从二入，以會意也。

顚：八部二十畫，《正字通》俗"顚"字。

音：diān《正字通》俗"顚"字，讀：顚

，ㄅㄧㄢ

義：《正字通》：顛，俗"顛"字。

又，揚雄《并州牧箴》：

太上曜德，其次曜兵。

德兵俱顛，靡不悴荒。

顛：八部二十畫，《廣韻》：或作"顛"。

音：diān《廣韻》顛，或作"顛"。讀：

顛，ㄅㄧㄢ

義：《唐書・李石傳》：晉君臣以夷曠致

顛覆。

又"顛"，《廣韻》：或作"顛"。

diān《唐韻》都年切，《集韻》、《

韻會》、《正韻》多年切，太音：顧

，ㄅㄧㄢ。

《說文》：顛，頂也。（段玉裁《說

文解字注》：見《釋言・國語》班序

"顛"，毛《注》同。引伸為凡物之

頂，如《秦風》有馬白顛，《傳》曰

：白顛的顙也，馬以顙為頂也。《唐

風》首陽之顛，山頂亦曰顛也。顛為

取上，倒之則為取下。故《大雅》顛沛之揭，《傳》曰：顛仆也。《論語》顛沛，馬《注》曰：僵仆也。《離騷》注曰：自上下曰顛，《廣雅》曰顛末也。）從頁，真聲。（都季切）

《爾雅·釋言》：顛，頂也。《疏》：謂頭上也。《詩·秦風》：有馬白顛。《傳》：白顛的顙也。《疏》：額有白毛，今之戴星馬也。《詩經今注》：顛，頂也。白顛，馬額正中有塊白毛。

又《玉篇》：山頂曰顛。蘇軾《琴操》：山有時而童顛。

又，本末曰顛末。陸機《文賦》：如失機而後會，恆操末以續顛。《註》：言先後失序也。

又《小爾雅》：殞也。《釋名》：倒也。《書·微子》：告予顛隮。《疏》：謂從上而隮。《莊子·人間世》：形就而入，且為顛為滅。郭《註》

：若遂與同，則是顛危而不扶持。《正字通》：別作"傎"。

又，與"癲"同。狂也。《唐書·張旭傳》：旭大醉呼叫狂走，以頭濡墨而書，世號張顛。

又，地名。《左傳·僖二年》：冀為不道，入自顛軨，伐鄍三門。杜《註》：河東郡大陽縣東北有顛軨阪。

又，縣名。與"滇"同。司馬相如《上林賦》：文成顛歌。《註》：文穎曰：文成，遼西縣名。顛，益州顛縣，其人能作西南夷歌。"顛"即"滇"字。

又，專一也。《莊子·馬蹄篇》：至德之世，其行填填，其視顛顛。陸德明《音義》：顛顛，丁田反。崔云：專一也。

又，姓。晉有顛頡，見《左傳》。顛氏，《姓纂》：周臣太顛之後。

又，顛軨，虞地，後為晉地，見《左

傳》。故晉有〝顚〞姓，望出絳郡。
（即今山西省新絳縣）

又，人名。《書・君奭》有若泰顚。

又，tián《集韻》亭年切，音：田，
ㄊ一ㄢ。〝顚顚〞，憂思貌。《禮
・玉藻》：喪容纍纍，色容顚顚。《
註》：憂思貌也。《釋文》：顚字又
作〝嗔〞，音：田，又，丁年反。

又，與〝闐〞通。《禮・玉藻》：盛
氣顚實揚休。《註》：顚，讀爲闐。
《疏》：顚，塞也。《釋文》：〝闐
〞，音：田（ㄊ一ㄢ）。

又，zhēn《集韻》典因切，音：真，
ㄓㄣ。　亦頂也。司馬相如《上林賦
》：長嘯哀鳴，翩幡互經。
　　　夭蟜枝格，偃蹇杪顚。

又，tián《廣韻》他甸切，音：瑱，
去聲，ㄊ一ㄢ。　與〝瑱〞同。

按：顚，《集韻》亦作〝䡊〞，《正字通
》俗作〝顛〞。《廣韻》或作〝𩑋〞

，《正字通》又作〝虇〞。

刜：刀部四畫，《字彙補》：古〝剝〞字。

音：bó《唐韻》、《集韻》、《韻會》太

北角切，音：駮，ㄅㄛˊ

義：《說文》：剝，裂也。从刀、录聲。

（段玉裁《說文解字注》：《衣部》

曰裂，繒餘也，謂殘破也。夏小正二

月剝鱓以為鼓也，八月剝瓜畜瓜之時

也。剝棗剝也者取也。栗零零也者降

也。零而後取之，故不言剝也。按剝

鱓者謂殘其皮，剝瓜棗者謂殘其實，

其用一也。《皮部》曰剝取獸革與剝

鱓合，孔子《易傳》曰致飾然後通則

盡矣，故受之以剝。剝者剝也，物不

可以終盡。剝窮上反下，故受之以復

也。按此是剝訓盡，裂則將盡矣。《

豳風》假剝為攴，八月剝棗。毛曰剝

擊也，《音義》云普卜反故知剝同攴

也，小正《傳》云取《毛傳》云擊，

此後人訓詁必密於前人也。）从刀录

，彔刻也。（說從彔之意，彔下云刻
木彔彔也，破裂之意。）彔亦聲，（
北角切，ㄅㄛ。）一曰剝，割也。（
此別一義，與上義相通。按此篆解說
合二徐本及《尚書·泰誓》、《正義
》宋刻本參定。）刂，剝。或从卜（
卜，聲也。）

又《玉篇》：削也。《廣韻》：落也
，割也，傷害也。《楚辭·九思》：
怫鬱兮肝切剝。

又《增韻》：褫也，脫也。

又，卦名。《易·剝卦》：剝也，柔
變剛也。

又《周禮·秋官·柞氏》：冬日至，
令剝陰木而水之。《註》：謂斫去次
地之皮。

又，殺牲體解之名。《詩·小雅》：
或剝或亨。《詩經今注》：剝，宰割
。亨，同〝烹〞，燒煮食物。

又《禮·檀弓》：喪不剝奠也與。《

註》：剝者，不巾覆也。脯醢之奠不
惡塵埃，故可無巾覆。

又，Pú《集韻》薄木切，《正韻》普
卜切，夶音：璞、ㄆㄨˊ。　扑擊也。
《詩‧豳風》：八月剝棗。《註》：
擊也。《詩經今注》：剝，通"扑"
，擊也。

又，bǔ音：卜、ㄅㄨˇ。　魏‧劉楨《
魯都賦》：毛群隕殪，羽族殲剝。
　　　　　填崎塞畎，不可勝錄。

按：卜刀、《韻會》：同"刂"。《說文》
："剝"重文作"卜刂"。《集韻》：
本作"剝"，或作"卜刂"，亦作："
剠"。

刅刅，《集韻》：與"从"同。《正字
通》："从"，篆作"刅刅"。其音、
義，參見"从"字詮釋。

加：力部四畫，《龍龕手鑑》古文"從"字
按：形、音、義，參見"从"（從）字、
詮釋。

又，刎。《字彙補》"刎"字之譌。

朐：勹部十畫，《集韻》：與"朐"同。

音：qú《字彙》其俱切，音：衢、ㄑㄩˊ。

義：《集韻》：與"朐"同。

又《字彙》：朐，車軛也。以月，與从肉者不同。

《左傳·昭二十六年》：繇朐汰輈。

《註》：朐，車軛。《釋文》：朐，其俱反，本又作"輈"。

又"朐"，《集韻》：或作"朐"。qú《唐韻》其俱切，《集韻》、《韻會》權俱切，夶音：朐、ㄑㄩˊ

《說文》：朐，脯脡也。（段玉裁《說文解字注》：許書無脡字，"挺"即"脡"也。何注《公羊》曰：屈曰朐，申曰脡，朐脡就一。脡析言之，非謂"脡"有曲直二種也。《曲禮》曰左朐右末，鄭云屈中曰朐、屈中猶言屈處末，即申者也。《士虞禮》曰設俎于薦，東朐在南。鄭云朐脯及乾

肉之屈也。曰左朐曰朐在南，則朐在
脯端明矣。《鄉飲酒記》曰薦脯五挺
橫祭于其上，《注》引《曲禮》左朐
右末。《鄉射記》薦脯五膱，膱長尺
二寸，《注》膱猶挺也。然則每一脯
為一膱謂之一挺，每膱必有屈處，故
亦可謂之一朐。挺作脡，膱作臘，皆
俗字，朐引伸為凡屈曲之偁。漢巴郡
有朐忍縣，《十三州志》曰其地下溼
多朐忍蟲因名，朐忍蟲即丘蚓，今俗
云曲蟺也。《漢碑》、古書皆作朐忍
無異，不知何時"朐"譌"朐"，"
忍"譌"腮"。闞駰曰上音春下音閏。
《通典》上音蠢下音如尹切，《廣韻
》則上音蠢下音閏。而大徐乃於《肉
部》增朐腮，二篆上音如順下音尺尹
，不知為朐忍之字誤，且謂其地在漢
中，又不知漢朐忍在今夔州府雲陽縣
，名萬戶壩者是去漢中遠甚也。）从
肉句聲。（凡從句之字皆曲物，故皆

入《句部》，朐不入《句部》何也。
朐之直多曲少，故釋為脯挺，但云句
聲也。云句聲則在形聲包會意也，其
俱切，〈凵。〉

《玉篇》：脯也。《韻會》：申曰脡
、屈曰朐。《禮·曲禮》：左朐右末
。《註》：屈中曰朐。《儀禮·士虞
禮》：朐在南。《註》：朐，脯及乾
肉之屈也。

又，遠也。《管子·侈靡篇》：觀之
風氣，古之祭者，有時而朐。《註》
：朐，遠也。或遠為來歲祈福而祭也。

又，草名。《爾雅·釋草》：蘿、柜
朐。

又《廣韻》：朐〞山名〞。《標準學
生字典》：朐，山名。一在江蘇省東
海縣南，俗稱〞馬耳山〞。一在山東
省臨朐縣東南，又稱〞覆釜山〞。

又，國名。《山海經》：北朐國，在
鬱水南。

又，邑名。《前漢書·五行志》：眼
須朐，城郕。《註》：須朐，邾邑。
又《前漢書·地理志》：「臨朐」。
《註》：屬齊郡。

又，海上地名。《史記·秦始皇紀》
：於是立石東海上朐界中。

又，姓。漢·朐邪，見《鹽鐵論》。
朐（音：劬）氏，《姓氏考略》：引
《路史》伏羲後有朐氏。朐以地為氏
，《漢書·地理志》朐城在壽昌西北
（即今湖北省壽昌縣

又，人名。《前漢書·宣元六王傳》
：姬朐臑，故親幸，後疏遠。

又，xū《集韻》匈于切，音：訏，
ㄒㄩ。「朐衍」，戎名，在北地。

又，xù呴玉切，音：旭，ㄒㄩˋ。

又，xiōng詡挾切，音：洶，ㄒㄩㄥ。
義太同。

又，chún《廣韻》尺尹切，音：蠢，
ㄔㄨㄣˇ。漢·「朐䐃」，縣名。《

後漢書‧吳漢傳》：寇渠楊偉、朐䏰
徐容等，《註》：十三州志，朐䏰其
地下濕多朐䏰蟲，因以名縣。《後漢
書‧劉焉傳》：趙以此遂屯矣〞朐䏰
〞備表。

又‧bó《五音集韻》北角切，音〝剝
，ㄅㄛ。　同〞筋〞。

按〝：朐，《集韻》：與〞朐〞同。《釋文
》〞朐〞，其俱反，本又作〝軥〞。

又《正韻》：脯屈中曰朐，從肉從句
，與〞朐〞不同，朐從日月之月，音
〝吁。（ㄒㄩ）

䣐：匚部二十二畫，《字彙補》與〞鏂〞同

音〝ōu《廣韻》、《集韻》太鳥侯切，音
〝謳，又

義〝：䣐，《字彙補》：音、義，與〞鏂〞
同。

《玉篇》：鉡鏂，籔飾也。

《集韻》：門鋪，謂之鏂鉊。

《博雅》：鉦鍛，謂之鏂鉊。

又、kōu《集韻》墟侯切，音：彄，
丂又。　剜也，本作"刞"。

廿：十部四畫，《集韻》、《韻會》太作"
廿"。

音：niàn《玉篇》如拾切，音念，ㄋㄧㄢˋ
義：廿，《玉篇》：二十并也，今直為二
十字。

ràu《廣韻》人執切，音：入，曰ㄨˋ。
廿，今作：廿。

《集韻》、《韻會》：太作"廿"。
又《說文》：廿，二十并也。古文省
多。（段玉裁《說文解字注》：省多
者，省作二十兩字為一字也。《考工
記》程長倍之四尺者，二十分寸之一
謂之枚。本於二字為句絕，故書"十
"與上二合為"廿"，此可證周時凡
言二十可作廿也。古文"廿"仍讀二
十兩字。《秦碑》小篆則維廿六年、
維廿九年、卅有七年，皆讀一字以合
四，言廿之讀如入，卅之讀如靸，皆

自反也。至《唐石經》二十皆"廿"
，三十皆作"卅"，則仍讀為"二十
"、"三十"矣。人汁切。）

又《說文》：廿，古文。（段注：各
本篆體作"𦍋"是仍與小篆無異，今
正。考竊篆下曰"廿"古文"疾"，
量篆下曰"廿"古文以為疾，此"廿
"為古文"疾"之明證。而《集韻》
、《類篇》皆曰"廿"古文疾，"𤕫
"籀文疾，此丁度所見不誤之明證也
。其曰籀文作"𤕫"又作"𦍋"者，
乃當其時已有誤本同今本，而因併入
之，又譌"古"為"籀"也。）

徐曰：自古以來書二十字，從省併為
"廿"字也。

卅：十部六畫

音：Xi《唐韻》先立切，《集韻》息入切
，𠀤音：心，入聲，丁一

義：《字統》：插糞把。

《說文》：數名，苗直為四十字。

秊：十部六畫、《字彙補》：與"年"同。

音：nián《唐韻》、《廣韻》奴顛切，《集韻》、《類篇》、《韻會》寧顛切，《正韻》寧田切，达音：撚，平聲，ㄋㄧㄢˊ

義：秊，《字彙補》：與"年"同。

《說文》本作"秊"，穀熟也。（段玉裁《說文解字注》：《爾雅》曰：夏曰歲、商曰祀、周曰年、唐虞曰載。年者取禾一孰也。）从禾，千聲。（奴顛切，古音在十二部。）春秋傳曰大有年。（段注：《宣十六年》經文，《穀梁傳》曰：五穀皆孰為有年，五穀皆大孰為大有年。）

《春秋‧桓三年》"有年"《穀梁傳》：五穀皆熟為有年。《宣十六年》"大有年"《穀梁傳》：五穀大熟為大有年。

又，歲也。《爾雅‧釋天》：夏曰歲、商曰祀、周曰年、唐虞曰載。《註

》：歲取星行一次，祀取四時一終，年取禾一熟、載取物終更始。《疏》：年者，禾熟之名。每歲一熟、故以為歲名。《周禮・春官》：正歲年以序事。《註》：中數曰歲，朔數曰年。《疏》：一年之內有二十四氣，節氣在前、中氣在後。節氣一名朔氣，中氣而則為歲，朔氣而則為年。《左傳・宣三年》：卜年七百。

又，齒也。《釋名》：年，進也，進而前也。《禮・王制》：凡三王養老，皆引年。《註》：引年，校年也。《左傳・定四年》：武王之母弟八人，周公為太宰，康叔為司寇，耼季為司空，五叔無官，豈尚年哉？《註》：言以德為輕重，而不以〞齒〞為先後也。

又，姓。《萬姓統譜》：永樂中有年當，懷遠人，歷官戶部尚書。（是作〞年當〞有誤，參見《明史・年富傳

》卷一七七)

年氏，《姓氏考略》：引《路史》齊
太公後有年氏。又，嚴姓訛為年。見
《明史·年富傳》（卷一七七）

又，níng《集韻》乃定切，音：佞，
ㄋㄧㄥˋ。 人名，《公羊傳·襄三十
年》：年夫。《釋文》："年" 音：
佞，二《傳》：作 "佞夫"。

又，rén叶褘因切，音：紉，ㄖㄣˊ。
《前漢書·敍傳》：

> 封禪郊祀，登秩百神。
>
> 協律改正，享茲永年。

崔駰《襪銘》：

> 長履景福，至於億年。
>
> 皇靈既佑，祉祿來臻。

案：秊，《字彙補》與 "年" 同。

年，《說文》本作 "秊"，《集韻》
亦書作 "秆"，《唐史》（武后）作
"秊"。

廿：十部八畫，與 "艸" 同，古 "庶" 字。

案：茻，xì 音心，ㄒ一ˋ。《字彙補》：四
十併也，與〞卌〞同。參見〞卅〞字
，詮釋。

又，shù 音庶，ㄕㄨˋ。古文〞庶〞字，
《漢孔和碑》：庶作〞茻〞。

音：shù《唐韻》、《集韻》、《韻會》商
署切，《正韻》商豫切，夶音：恕，
ㄕㄨˋ

義：《易‧乾卦》：首出庶物，萬國咸寧
。《書‧堯典》：庶績咸熙。

又《爾雅‧釋言》：侈也。《註》：
眾多為奢侈。

又《爾雅‧釋言》：庶，幸也。《註
》：庶幾，僥倖。

又，近辭‧《論語》：回也其庶乎。
《集註》：庶，近也。

又，脤也。《詩‧小雅》：為豆孔庶
。《傳》：庶，脤也。《疏》：謂於
先為豆實之時，必取肉物肥脤美者。
《詩經今注》：豆，古代食器，形似

高足盤。是指豆中食物。庶，多也。

又，支庶。《左傳・宣三年》：其庶子為公行。《註》：庶子，妾子也。

又〞庶子〞，周官名。《禮・燕義》：古者，周天子之官，有庶子官。《註》：庶子，諸子也。

又〞庶長〞，秦爵。《左傳・襄十一年》：秦庶長鮑、庶長武，帥師伐晉以救鄭。

又，姓。《急就篇》：庶霸遂。《註》：庶，衛公族。《禮記》子思母死於衛，庶氏女也，邽庶其來奔，後亦為庶氏。

庶氏，《姓氏考略》：引《辯證》本出衛之公族，以非正嫡，號庶氏。《姓氏急就篇注》邽庶其奔魯，其後為庶氏。

庶其氏，複姓。《姓纂》邽庶其之後，以為氏。

庶長氏，複姓。《姓纂》庶長，秦爵

。後以為氏。

又，shǔ《集韻》賞呂切，音：暑，ㄕㄨˇ。《周禮・秋官》：庶氏。《註》：庶，讀如藥煮之煮，毆除毒蠱之言。《疏》：取以藥煮，去病去蠱毒。

又，zhǐ《韻補》之石切，音：隻，ㄓ。《釋名》：摭也，拾摭之也，謂拾摭微陋以待遇之也。

又，zhù《集韻》章恕切，音：翥，ㄓㄨˋ。義，同。

按：庶，《說文》本作"庶"，屋下象也。从广，从炗。炗，古文"光"字。徐鉉曰：炗，亦象盛也。

双：又部四畫，雙的簡體，俗作"隻"。

音：shuāng《唐韻》所江切，《集韻》、《韻會》疎江切，夶音：雙，ㄕㄨㄤ

義：双，《標準學生字典》、《東方國語辭典》："雙"的簡體字。

双，《新華字典》、《現代漢語詞典

》二作"雙"，亦作"隻"。

《說文》二：雙，隹二枚也。（於《說文解字注》二：見〈隹部〉隻下，《方言》飛鳥曰雙，鴈曰乘。）从雔，又持之。（所江切，音二尸ㄨㄤ。）

《後漢書·王喬傳》二：有雙鳧從東南飛來。

又《玉篇》二：兩也。《儀禮·聘》二：禮凡獻執一雙。

又《玉篇》二：偶也。《詩·齊風》二：冠緌雙止。《箋》二：五人為奇，而襄公往從而雙之。《詩經今注》二：緌，帽帶下垂部分。帽穗以絲繩製成，下垂胸前，左右各一，所以說雙。詩以葛鞋成兩、帽穗成雙，比喻夫妻成對，不可以亂。

又，獸名。《山海經》二：南海之外，赤水之西，流沙之東，有三青獸相并，名"雙雙"。《註》二：郭璞曰二言體合為一也。《公羊傳》所云二雙雙

而俱至者，蓋謂此也。吳任臣云：《
獸經》曰：文文善呼，雙雙善行。《
駢志》云：雙雙合體，蛩蛩假足。《
麟書》曰：雙雙俱來，孟極是覆。
又，鳥名。《公羊傳·宣五年》：其
諸為其雙雙而俱至者與。《疏》：舊
說云：雙雙之鳥，一身二首尾，有雌
雄，隨便而偶，常不離散，故以喻焉
。　按：《公羊傳·疏》與《山海經
·註》異。
又《正字通》：溫庭筠詩：招客先閱
四十雙。王弇州《註》云：雙，五畝
也。四十雙，二百畝也。或曰：《唐
書·南詔傳》：官給田四雙，為二百
畝。又《雲南雜志》：俗耕田，三人
使二牛，前牽、中壓、後驅犁，一日
為一雙。又，陶九成《輟耕錄》謂一
雙為四畝，佛地以二畝為一雙。蓋各
從其方俗而名之，非有成數也。
又，姓。《正字通》：南北朝孝子雙

泰貞。（南朝·宋，隨郡人。）

雙氏，《姓氏考略》：引《姓纂》顓
頊之，封於雙蒙城，因以命氏。望出
天水（治所平襄，在今甘肅省通渭縣
西北）。

又，夷姓亦有雙氏。唐時有雙舍。見
《新唐書》。

又，cóng《集韻》朔降切，音：淙，
ㄘㄨㄥˊ。 偶也。

又，sōng叶所終反，音：松，ㄙㄨㄥ
謝惠連《七夕·詩》：

弄杼不成藻，聳轡鷺前蹤。

昔離秋已兩，今聚夕無雙。

又"双"字，《標準學生字典》作"
雙"的簡體，俗作"隻"。有名詞、
動詞、形容詞之義。諸如：

名詞：姓氏，雙泰貞、雙舍。

　　　　偶數，奇數之反。如：二、四

動詞：匹敵，如：蓋世無雙，……

形容詞：成雙的，如：一雙筷子……

按：《韻會》"雙"，俗作"双"，非。

口口：口部六畫，古文"訟"字。

音：xuān《唐韻》、《集韻》苁況袁切，
音：萱、ㄒㄩㄢ。

義：《說文》：口口，驚嘑也。（段玉裁《
說文解字注》：《玉篇》云：口口與"
讙"通，按〈言部〉"讙"、"譁"
二字互訓，與"驚嘑"義別。）从二
口，凡口口之屬皆从口口。讀如"讙"（
況袁切，音：ㄏㄨㄢ。）

徐鉉曰：今俗別作"喧"，非。《玉
篇》：囂也，與"讙"通。《廣韻》
：喚聲。

又《集韻》荀緣切，音：宣，義同。

又，lín《字彙補》：與"鄰"（音：
ㄌㄧㄣ）同。《漢隸衡豆碑》、《孫
根碑》俱有"口口"字。《釋文》：即
"鄰"字。《吹景錄》："鄰"、"
厸"、"口口"三字，一字也。

又，sòng音：ㄙㄨㄥ：《集韻》：訟

，古作＂吅＂。

又，sòng《唐韻》、《集韻》、《韻會》、《正韻》𡘋似用切，音：頌，ㄙㄨㄥˋ

《說文》：訟，爭也。（段玉裁《說文解字注》：公言之也，《漢書・呂后紀》未敢訟言誅之。鄧展曰：訟言，公言也。）从言，公聲。（此形聲，包會意。似用切，音：ㄙㄨㄥˊ。）一曰：歌訟。（訟、頌古今字，古作＂訟＂，後人假＂頌＂、兒字為之）《六書故》：爭曲直于官有司也。《易・訟卦疏》：凡訟者，物有不和，情乖爭而致其訟。《註》：爭辯也。《雜卦》：訟，不親也。《周禮・地官・大司徒》：凡萬民之不服教，而有獄訟者，聽而斷之。《註》：爭罪曰獄，爭財曰訟。《疏》：對文例也。若獄訟不相等，則爭財亦為獄。

又，眾論異同錯互也。《後漢書・曹

褒傳》：會禮之家，各為聚訟。《註
》：言相爭不定也。

又，上書為人雪冤曰訟。《前漢書・
王莽傳》：吏民上書冤訟莽者，以百
數。

又，責也。《論語》：吾未見能見其
過，而內自訟者也。《註》：訟，猶
責也。

又，公也。《史記・呂后紀》：未敢
訟言誅之。《註》：訟，公也，猶明
言也。《韻會小補》：通作"誦"。
《前漢書・呂后紀》鄧展《註》：誦
言，公言也。《正字通》：訟本音工
，與"公"通。

又《韻會》：通作"頌"。《說文》
：謌訟也。徐鉉曰：古本《毛詩》"
雅頌"字多作"訟"。

又，sōng《廣韻》、《集韻》、《韻
會》太祥容切，頌平聲，ㄙㄨㄥ
本爭獄也，《詩・召南》：何以速我

訟。《詩經今注》：訟，亦是訴訟。

叶上"墉"下"從"。毛詩曰：《易
》註：訟，爭也。言之于公也，从言
从公，蓋會意也。且諧公聲，是以《
詩》協"從"韻。《易》獨音去聲，
未為允當，合依《詩》音，二韻通用。

又，Róng《集韻》餘封切，音：容，
ㄖㄨㄥˊ　諍也，《書・堯典》：囂訟
可乎？馬融本作"庸"。

又，容也。《史記・吳王濞傳》：佗
郡國吏欲來捕亡者，訟共禁弗予。《
註》"訟"音：容，言其相容禁止不
與也。

又，gōng叶古東切，音：公，《ㄨㄥ
。潘岳《關中詩》：

　　　　既徵爾辭，復蔽爾訟。

　　　　當乃明實，否則證空。

又，zàng叶徂郎切，音：藏，ㄗㄤˋ
魏武帝《對酒曲》：宰相股肱，皆忠
良，咸禮讓，民無所爭訟。

号号：口部十畫。《龍龕手鑑》：同"号"。

号，《廣韻》、《集韻》、《韻會》、《正韻》太同"號"。

音：háo《唐韻》、《正韻》胡刀切，《集韻》乎刀切，太音：豪，ㄏㄠ

義：号号，《龍龕手鑑》：同"号"。

号，《廣韻》、《集韻》、《韻會》、《正韻》太同"號"。

大呼也，《詩‧大雅》：式號式呼。《詩經今注》：式，乃也。此句指醉後狂呼亂叫。《小雅》：載號載呶。《詩經今注》：呶（音：撓，ㄋㄠˊ），喧嘩。《傳》：號呶，號呼，讙呶也。

又，哭也。《易‧同人》：先號咷而後笑。《周語》：夫婦哀其夜號也，而取之以逃于褒。

又，雞鳴也。《晉書‧律歷志》：雞始三號。

又，háo《廣韻》胡到切，音：号，

厂ㄠ

名號也，《公羊傳》疏：春秋，貴賤
不嫌同號。《註》：通同"號"，稱
也。《白虎通》：《春秋傳》曰：王
者受命而王，必擇天下之美號，以為
號也。《周禮·春官·大祝》：掌辨
六號。《註》：號謂尊其名，更為美
稱。又《夏官·大司馬》：家以號名
。《註》：鄉遂之屬，謂之名。家之
屬，謂之號。

又，號令也。《易·渙卦》：渙汗其
大號。

又，號召也。《齊語》：使周游四方
，以號召天下之賢士。

又，叶胡溝切。皮日休《悼賈文》：
　　臨汨羅之漾漾兮，想懷沙之幽憂。
　　森椶羅以蓊鬱兮，時逝狁以相號。
按：號，《集韻》：本作"号"，又作"
　唬"。

毛氏曰：从口，从丂，丂音考。俗从

号，非。又作〞號〞，苁俗字。

呁：口部十畫

　音：jīng《字彙補》居陵切，音：兢，
　　　ㄐ－ㄥ

　義：未詳

喆：口部十二畫，《五篇》：同〞哲〞。

　音：zhé《唐韻》、《集韻》、《韻會》苁
　　　陟列切，音：蜇，ㄓㄜ˙

　義：喆，《五篇》：同〞哲〞。《前漢書
　　　・叙傳》：聖喆之治。《後漢書・皇
　　　后紀》：詳求淑喆。

　　　又《說文長箋》：喆，明也。故明日
　　　為喆朝，俗譌作〞詰〞。《正字通》
　　　：此説迂泥。

　案：參見〞嚞〞（哲）字，詮釋。

啴：口部十四畫

　音：chǎn《字彙補》楚簡切，音：產，
　　　ㄔㄢˇ

　義：啴，《字彙補》：炙肉臭也。

嚞：口部十六畫

音：jǐ《字彙補》居倚切，音：几、ㄐㄧˇ

義：掎，《字彙補》：立不正也。

囍：口部二十四畫

音：xǐ《超群國語辭典》音：ㄒㄧˇ

義：囍，《超群國語辭典》：成雙成對的喜事，專用在婚禮。

按"囍"字，从二喜以會意，喜悅也。俗稱"雙喜"，亦謂：雙喜臨門，喜事重重，喜氣洋洋貌。

民俗剪紙藝術，"囍"（雙喜）之作品，枚不勝舉，屢見不鮮。尤於婚嫁喜慶，顯示成雙成對的"囍"事。

案：參見"喜"（喜）字，詮釋。

堯堯：土部二十四畫

音：qiáo《集韻》丘召切，音：嶠ㄑㄧㄠˊ

義：堯堯，《集韻》：高也。

夗夗：夕部六畫，《玉篇》：古文"多"字。

案：音、義，參見"多"字，詮釋。

大大：大部六畫，《集韻》：比，古作：大大。

案：音、義，參見"比"字，詮釋。

夶：大部八畫

　音：bàn《集韻》薄旱切，盤去聲，ㄅㄢ

　義：《集韻》：夶行也。"輦"字从此。

　　　《六書本義》：侶也。

奻：女部六畫

　音：nuán《廣韻》奴還切，《集韻》尼還

　　　切，夶音：暖，ㄋㄨㄢ

　義：《說文》：奻，訟也。从二女。（段

　　　玉裁《說文解字注》：訟者，爭也。

　　　《周易・睽傳》曰：二女同居其志不

　　　同行革，《傳》曰：二女同居其志不

　　　相得，此"奻"从二女之意也。女還

　　　切，音：ㄋㄨㄢ。）

　　　又，nàn 女患切，音：難，ㄋㄢ。　誼

　　　訟也。　注："誼"，同"喧"。

　案：參見"吅"（訟）字，詮釋。

孖：子部六畫

　音：zī《廣韻》子之切，《集韻》、《類

　　　篇》津之切，夶音：茲，ㄗ

　義：孖，《玉篇》：雙生子也。亦作"茲

"、蕃長也。

又，zǐ《廣韻》、《集韻》並疾置切，音＝字、卩'。義同。

孱：子部十二畫，《字彙》古犀字，與棲同

音：xī《唐韻》先稽切，《集韻》、《韻會》、《正韻》先齊切，並音＝西、丁一

義：孱，《字彙》：古"犀"字，與"棲"同，引揚雄《蜀都賦》：幷石石孱，听岑倚從。

按《説文》：犀、从尾、牛聲，徼外獸。犀，从尸、辛聲，犀遲也，亦作"棲遲"。孱既同棲，自當从犀，舊《註》古"犀"字，疑即"犀"字之譌。

又"犀"、《説文》：南徼外牛。（段玉裁《説文解字注》＝各本有"南"字，今依《韻會》、《楚語》曰：巴浦之犀犛兕象其可盡乎！《後漢書・章帝紀》：蠻夷獻生犀白雉。）一

角在鼻,一角在頂。(段注:《爾雅》、《山海經》郭注、劉欣期《交州記》皆云有三角,一角在頂上,一角在額上,一角在鼻上,鼻上角短小。按《晉語》角犀豐盈,《孟子》注額角犀厥地,《戰國策》眉目準額,《權衡》犀角偃月,此皆謂人自鼻至頂豐滿。如相書所云:狀犀覺頂也。)

似豕。(見《釋獸》劉欣期云:其毛如豕頭如馬,郭璞云:形似水牛豬頭說,各不同也。)从牛,尾聲。(先稽切、音:ㄒㄧ。)

《爾雅·釋獸》:犀似豕。《註》:犀似水牛,豬頭、大腹、庳腳。腳有三蹄、黑色。三角:一在頂上、一在額上、一在鼻上。鼻上者,即食角也、小而不橢,好食棘。亦有一角者。《疏》:《交州記》曰:犀出九德,毛如豕,蹄甲,頭似馬。《埤雅》:《異物志》犀兼五種,肉舌有棘,常食草木棘刺，不嗜莖葉。舊說犀之通天者惡影，常飲濁水，值霧季露之夜不濡其裏，白星徹端。世云犀望星而入，角可以破水駭難。南人呼犀角為黑暗，言難識也。三角者水犀也，二角者山犀也。在頂者謂之頂犀，在鼻者謂之鼻犀。犀，有四輩。

《前漢書·平帝紀》：黃支國獻犀牛。《山海經》：琴鼓之山，多白犀。

《註》：此與辟寒、辟塵、辟暑諸犀，皆異種也。

又《山海經》：鰲山有獸，狀如牛，食人，其名犀渠。

又《集韻》：兵器堅也。《前漢書·馮奉世傳》：器不犀利。《註》：晉灼曰：犀，堅也。

又《集韻》：一曰瓠中。《詩·衛風》：齒如瓠犀。《詩經今注》：瓠（音：戶、ㄏㄨˊ）犀，葫蘆的籽，因其潔白整齊，常以比喻女子的牙齒。《

傳》：麲屖、瓠瓣也。《疏》：正義
曰：《釋草》云瓠棲、瓣也。孫炎曰
棲、瓠中瓣也，"棲"與"屖"，字
異音同。

按：《廣韻》"瓠屖"，《說文》遲也。
　別作"屖"，从尸、辛。《集韻》"
　屖"專訓遲，"犀"兼訓瓠中。
　又《玉篇》"棲遲"或作"屖"，《
　五音篇海》"屖"與"犀"同。《字
　彙》"屍"古"犀"字，與"棲"同。
　又《說文》"犀"，从尿、牛聲，徼
　外獸。"屖"，从尸、辛聲，屖遲也
　。亦作"棲遲"。"屍"既同"棲"
　，自當从"屖"。舊《註》古"犀"
　字、疑即"屖"字之譌。

韹：子部十六畫，《字彙補》：同"鶉"。

音：chún《廣韻》常倫切，《集韻》、《
　韻會》、《正韻》殊倫切，太音：淳
　、ㄔㄨㄣˊ

義：韹、《字彙補》：同"鶉"，出《釋

典》。

《廣韻》：鷁鶉（鷁、音：語，乃）。《本草》：鶉大如雞雛，頭細而無尾，有斑點，雄者足高，雌者足卑。《淮南子·時則訓》：田鼠化為鶉。又《畢萬術》：蝦蟆得爪化為鶉。《交州記》：南海有黃魚，九月則化為鶉。陸佃云：鶉無常居，而有常匹，故尸子曰：堯鶉居。《詩》（鄘風）曰：鶉之奔奔。言鶉不亂其匹，衛人以為宣姜，鶉之不如也。《詩經今注》：鶉、鷁鶉，雌雄有固定的配偶。奔奔，《禮記·表記》引作：賁賁。“奔”“賁”皆借為“翸”（音：奔，ㄅㄣ），《玉篇·羽部》：翸，飛貌。翸翸，猶“翩翩”。又解：奔奔，跳行貌。

又，俗言此鳥性淳，飛必附草，行不越草，遇草橫前，即旋行避之，故曰鶉。《正字通》：鶉尾特禿，若衣之短結，故凡敝衣曰〞衣若縣鶉〞。

又《山海經》：崑崙之丘有鳥，名〞鶉鳥〞，是司帝之百服。

又，星名。《埤雅》：南方朱鳥七宿曰：鶉首、鶉火、鶉尾。

又，縣名。《前漢書・地理志》：安定郡，鶉陰縣。（今甘肅省靖遠縣）《後漢書・郡國志》：安定郡，有〞鶉觚〞。（今甘肅省靈臺縣）

又，與〞醇〞同。《揚子・寡學篇》：春木之芚兮，援我手之鶉兮。言孔子教人，有以手援而醇和也。

又，chún《集韻》船倫切，音：脣，ㄔㄨㄣˊ。義同。

又，dǔn《集韻》、《正韻》太都昆切，音：敦，ㄉㄨㄣ。《莊子・天地篇》：聖人鶉居而鷇食。案〞鷇〞（音：叩，ㄎㄡˋ），尚須母鳥餵食的小鳥。又一義〞鷇音〞，比喻紛紜的人言，是非難定。見《標準學生字典》

又，tuán《集韻》、《正韻》徒官切，《韻會》徒丸切，丛音：團，ㄊㄨㄢˊ。《詩．小雅》：匪鶉匪鳶，翰飛戾天。《註》：鶉，徒丸反。《詩經今注》：匪，彼也。鶉（音：團），鵰也。翰飛，高飛。戾，至也。

按：𪇖，《字彙補》：同"鶉"。出《釋典》

䳻，《字彙補》：與"鶉"同。《漢外黃令高君碑》：龍在困敦，月次"䳻"火。

鴽，《爾雅．釋鳥》：鴽，鴾母。郭《註》：䳤也。青州人呼曰：鴾母。

䳤，《玉篇》："䳤鶉"，互見"鴽"、"鴾"。

𡫸：宀部十八畫

音：hè《篇海》音：赫，ㄏㄜˋ

義：未詳

𡰷：尸部八畫

音：xiǎo《篇韻》音：小，ㄒㄧㄠˇ

義：未詳

屾：山部六畫

音：shēn《廣韻》、《類篇》所臻切，《
集韻》疏臻切，太音：莘，ㄕㄣ

義：《說文》：屾，二山也。（段玉裁《
說文解字注》：此說義而形在，是如
玨之例。）凡屾之屬皆从屾，闕。（
此闕，謂闕其讀若也，今音：所臻切
ㄕㄣ，恐是肊說。）

魏校《精薀》：兩山太峙，各止其所
靜之極也。

按：《正字通》：屾，即山之重文，音義
不殊。或謂：《易》兼山艮，"屾"
當是古文"艮"，其說本泥。《韻會
》、《正韻》，俱不收"屾"。

巛：巛部二十二畫

音：jiǎo《金鏡》音：剿，ㄐㄧㄠˇ

義：未詳

㡀：巾部八畫

音：bài《字彙補》博蓋切，音：拜，ㄅㄞˋ

義：茻，《六書略》：行貌。

开：干部六畫

音：jiān《唐韻》古賢切，《集韻》、《
韻會》經天切，太音：堅，ㄐㄧㄢ

義：开，《說文》：平也。（段玉裁《說
文解字注》：凡岐頭兩平曰"开"，
开字古書罕見，《禹貢》道"岍"及
"岐"，許書無岍字，蓋古祇名"开
山"，後人加之山旁，必岐頭平起之
山也。用"开"為聲之字，音讀"多
岐"，如"汧"、"麣"、"鵁"、
"研"、"妍"，惟在先韻音之近是
者也。如"幵"、"刑"、"形"、
"邢"、鈃"入清青韻，此轉移之遠
者也。如"笄"、"枅"入齊韻，此
轉移更遠者也。"开"从二干，古音
仍讀如"干"，何以證之，籀文"栞
"讀如"刊"，小篆作"栞"，然則
"干"、"开"同音，可知"刑罰"
字本从"井"，"刑剄"字从"开"

，畫然異字異音。今則絕不知有从〞井〞之字，以〞刊〞代〞荊〞，音義兩失，而凡刊聲、井聲之字，盡失古音，得吾說存之，而後大略可證。）

象二干對冓（原作：構，今正），上平也。（干，即〞竿〞之省，古賢切，古音。）凡幵之屬，皆从幵。

又《廣韻》：幵，羌名。《前漢書・趙充國傳》：先零、罕、幵。《註》：師古曰：罕幵，羌之別種也。此下言遣幵豪雕庫宣天子至德，罕、幵之屬，皆聞知明詔。其下又云：河南大幵、小幵，則旱羌、幵羌，姓族殊矣！而今之羌姓有幵者，總是旱、幵之類，合而言之，因為姓耳！

又，縣名。《前漢書・地理志》：天水郡罕幵縣。

《註》：師古曰：本破罕幵之羌，處其人於此，因以名云。

又，yán《集韻》倪堅切，音：妍，

一ㄢ。　義同。

又，qiān《集韻》、《韻會》輕烟切，《正韻》苦堅切，达音：牽ㄑ一ㄢ。　義同。

又，姓。《正字通》：宋有四川漕使幵度。

幵氏，《姓氏考略》：引《漢書‧趙充國傳注》幵，音：堅。罕羌幵羌，羌之別種。降漢，處之天水，名其地為罕幵縣，因以為姓。

拼：廾部八畫

音：xíng《字彙補》何仍切，音：刑，ㄒㄧㄥˊ

義：拼，《字彙補》：酒器也。

弜：弓部六畫

音：jiàng《唐韻》其兩切，音：強上聲，ㄐㄧ一ㄤˋ

義：《說文》：彊也，弓有力也。（段玉裁《說文解字注》：弜，彊也，重也。重當作"緟"見〈糸部‧重〉，弓者，彊之意也。"緟"疊之意也。《詩》交韔二弓，《傳》曰：交二弓於韔中也。）从二弓，（其兩切丩一尤，按此音，後人以意為之也。）凡"弜"之屬皆从弜，闊。（謂其讀若不聞也。）

《集韻》：弓彊狀。《華陽國志》：秦昭襄王時，白虎為害，於是夷作白竹弩，射殺白虎，世號白虎復夷，一曰板楯蠻，今所謂弜頭虎子者也。

又，qiáng《廣韻》、《集韻》夶渠良切，音：強，丩一尤。

又，qí《集韻》翹移切，音：祁，ㄑㄧˊ。 義，夶同。

愍：心部八畫

　音：fǎn《海篇》音：反，ㄈㄢˇ

　義：未詳

戼：戶部八畫

　音：mǎo《字彙補》莫飽切，音：卯，ㄇㄠˇ

　義：戼，《字彙補》：關戶也。

按：即"邪"字之譌。

拜：手部八畫，古文"友"字。

音：gǒng《唐韻》居竦切，《集韻》古勇切，然音：拱，《ㄍㄨㄥˇ

義：拜，與"收"、"廾"同。《說文》：拜，揚雄說：廾从兩手。（段玉裁《說文解字注》：蓋《訓纂篇》如此作古文"𢪐"從二手，此以古文"𢪐"爲"廾"也。）

又《古文奇字》："拜"，古"友"字。

按：《說文·又部》"𠬠"字爲"友"，朱氏因其形似而譌指也。

參見"叒"（友）字，詮釋。

斦：斤部八畫

音：yín《廣韻》語斤切，《集韻》魚斤切，然音：垠，一ㄣˊ

義：斦，《說文》：二斤也。（段玉裁《說文解字注》：二斤也，言形而義在其中，《爾雅》、《毛傳》曰：斤斤

，明也。蓋其義與"闕"者，言其義
其音未之聞也。大徐語斤切，ㄧㄅˊ，
質字从此。）

《增韻》：砧也。

按：《六書本義》：與"劗""鑕"同。

朙：日部八畫

音：Xuān《集韻》許元切，音：暄ㄒㄩㄢ

義：明，《集韻》：：明也。

晳：日部十六畫，《字彙補》：與"舃"同

音：Xi《廣韻》、《集韻》、《韻會》、
《正韻》太思積切，音：昔，ㄒㄧˊ

義：晳，《字彙補》：：與"舃"同。

《博雅》：舃，履也。《釋名》：複
其下曰舃。舃，腊也。行禮久立地，
或泥濕，故複其末下，使乾腊也。《
古今注》：舃以木置履下，乾腊，不
畏泥濕也。

天子赤舃，《詩·豳風》：赤舃几几
。《傳》：赤舃，人君之盛履也。《
詩經今注》：舃（音：戲，ㄒㄧˋ），

鞋。几几、彎曲貌。古人的鞋頭尖而
向上翹，周代作大官的人才穿紅鞋。
是句表現虢石甫是個大官。

又《詩·小雅》：赤芾金舄。《詩經
今注》：赤芾（音：扶，ㄈㄨˊ），紅
色蔽膝。舄（音：戲，ㄒㄧˋ），鞋。
是句以＂赤芾金舄＂代表貴族。《註
》：舄，達履也。《疏》：履之最上
達者也。舄有三等，赤舄為上，冕服
之舄。下有白舄、黑舄。

《左傳·桓二年》：帶裳幅舄。衡紞
紘綖，昭其度也。《註》：舄，複履
。《疏》：謂其複下也。

又，大貌。《詩·魯頌》：松桷有舄
。《傳》：舄，大貌。《詩經今注》
：桷（音：覺，ㄐㄩㄝˊ），方的椽子
。舄（音：戲，ㄒㄧˋ），大貌。

又，班固《典引》：舄奕乎千載。《
註》：舄奕，光曜流行貌。

又，草名。《爾雅·釋草》：馬舄，

車前。《疏》：馬舄，一名車前，一名當道。《莊子‧至樂篇》：生於陵屯，則為陵舄陵舃。得鬱栖，則為烏足。《註》：陵屯，阜也。言物因水成而陵產，生於陵屯，化作車前，改名「陵舄」也。一名「澤舄」，隨燥濕變也。

又，與「碼」同。何晏《景福殿賦》：玉舄承跋。《註》：「舄」與「碼」同。《廣雅》：碼，礎也。言以玉礎承柱之跋也。

亦與「潟」同。《前漢書‧溝洫志》：終古舄鹵兮生稻粱。《註》：師古曰：舄鹵，即斥鹵也。謂鹹鹵之地也。王融《策文》：舄鹵可腴。

又，que《廣韻》、《正韻》七雀切，《集韻》七約切，音：碏，ㄑㄩㄝ。

兹與「䧿」同，鳥名。《說文》：䧿也。（段玉裁《說文解字注》：舄，䧿也。謂「舄」即「䧿」字，此以今字釋古字之例，古文作"舄"小篆作"䧿"，舄下曰"䧿"也。《周禮注》曰勛讀為勳，皆今字釋古字，〈鳥部〉曰雗鷽，䧿也，言其物。此云舄，䧿也，言其字。"舄"本"䧿"字，自經典借為"履"、"舄"字而本義廢矣！《周禮注》曰：複下曰舄，禪下履。《小雅》、《毛傳》曰"舄"達履也。達之言重沓也，即複下之謂也。《釋名》曰"舄"腊也，複其下使乾腊也。）象形。（烏、舄、焉，皆象形。惟首各異，故合為一部，七削切，古音。）䧿，篆文"舄"从隹昔。（昔聲也，此亦上部先古文之例，"䧿"隸變从"鳥"。）

又，tuō《集韻》闥各切，音：託，ㄊㄨㄛ。　大貌。《詩》（魯頌）"松桷有舄"徐邈讀。

又，què《韻補》履舄，亦叶音：鵲，ㄑㄩㄝˋ。　陸雲《逸民賦》：相彼宇

富，方之委烏，夫豈不休而好是尠淺
。《註》：委烏，猶棄屍也。

按：𪇱，《字彙補》與"烏"同。

烏，又與"碼"同，亦與"鴣"同。

又《說文解字注》：烏，誰也。《廣
韻》、《正韻》、《集韻》𠀤與"鵒
"同。

𣊫：日部十六畫

音：cóng《篇韻》音：從．ちㄨㄥˊ

義：未詳

朋：月部八畫

音：péng《唐韻》步崩切，《集韻》、《
韻會》蒲登切，𠀤音：鵬．夂ㄥˊ

義：朋，《易．坤卦》：西南得朋。《註
》：與坤同道者也。《疏》：凡言朋
者，非惟人為其黨，性行相同，亦為
其黨。《書．洛誥》：孺子其朋。《
傳》：少子慎其朋黨。

又《易．兌卦》：君子以朋友講習。
《疏》：同門曰朋。《周禮．地官．

大司徒》：聯朋友。《註》：同師曰朋。

又《書·益稷》：朋淫于家。《傳》：朋，群也。

又《易·損卦》：或益之十朋龜。《詩·小雅》：錫我百朋。《詩經今注》：錫，賜。朋，古代以貝殼為貨幣，五貝為一串，兩串為一朋。《傳》五貝為朋。《前漢書·食貨志》：元龜岠冉，長尺二寸，直二千一百六十，為大貝十朋。《註》：蘇林曰：兩貝為朋，朋直二百一十六，元龜十朋，故二千一百六十也。

又，兩尊曰朋。《詩·豳風》：朋酒斯饗。《詩經今注》：朋酒，兩壺酒。饗，以酒食款待人。

又，姓。《奇姓通》：宋有朋水、朋山。《四庫大辭典》：《烏臺詩案》一卷，舊本題：宋·朋九萬編。即蘇軾御史臺獄詞也。　傳記存六朋氏，《姓考》：齊大夫隰朋之後。

又《中國人名大辭典》：隰朋，春秋
．齊人。以公族為大夫，助管仲相桓
公，成霸業，嘗平戎於晉。管仲寢疾
，桓公往問其代，仲曰：隰朋可。朋
之為人，好上識而下問，於國有所不
死政，於家有所不死事。必朋乎！是
歲仲、朋皆卒，朋諡戌子。

又《韻補》叶蒲蒙切，劉楨《魯都賦
》：時謝節移，和族緩宴。

招歡含好，肅戒友朋。

又，叶蒲光切。陳琳《大荒賦》：

王父皤焉白首兮，坐清零之爽堂。

塊獨處而無疇兮，願揖子以為朋。

按：《說文》古"鳳"字。《註》：鵬，
古文"鳳"，象形。（象其首及羽翼
）鳳飛群鳥從以萬數，故以為"朋黨
"字。（段玉裁《說文解字注》：此
說假借也。"朋"本神鳥以為朋黨字
，韋本相背也以為皮韋，烏本孝烏也

，以為烏呼！子本十一月陽气動萬物滋也。人以為偁。凡此四以為皆言《六書》假借也。朋黨字何以借＂朋鳥＂也。鳳飛則群鳥從以萬數也，未製＂鳳＂字之前假借固已久矣！猶習聞鳳至者為之也。六部、七部音冣相近，故＂朋＂在六部，蒸登韻小篆＂鳳＂入七部，侵韻也。）

又＂鵬＂，本古文＂鳳＂。（既象其形矣，又加鳥帝。蓋＂朋＂者，冣初古文＂鵬＂者踵為之者也。《莊子》書化而為＂鳥＂其名為＂鵬＂，崔云古＂鳳＂字。按《莊生寓言》故鯤魚子也。鵬群鳥之一也，而皆云大不知其幾千里。）

又＂鳳＂神鳥也。天老（黃帝臣）曰：鳳之像也，麐前鹿後、蛇頸魚尾、龍文龜背、燕頷雞喙，五色備擧。（段玉裁《說文解字注》：麐前鹿後，各本作：鴻前麐後。又＂魚尾＂下，有〞鸛顙鵉思〞四字。按《爾雅・釋文》、《大雅》（卷阿）、《正義》、《初學記》、《論論》（疏）所引皆作：麕前鹿後，皆無鸛顙鵉思四字。惟《左傳》、《正義》同今本，蓋唐人所據原有二本，左疏所據非善也。天老對黃帝之言，見《韓詩外傳》。今〞外傳〞亦無此四字，郭氏《山海經》（圖讚）曰：八象其體五德其文。云八象則益為十者非矣。今皆更正五德具文者，首文曰德，翼文曰順，背文曰義，膺文曰信，膺文曰仁也。見《山海經》。）出於東方君子之國，（見羊部羌下）翺翔四海之外過崐崘，（崐崘當作：昆侖）飲砥柱濯羽弱水，（弱，水部作：溺）莫宿風穴，（二語見《淮南書》、《文選注》引許慎曰風穴，風所從出也。）見則天下大安寧。（黃帝、周成王之世是也。）以鳥、凡聲。（馮貢切，古音，在七部。荀卿書引《詩》有鳳有皇，樂帝之心。當作：有皇有鳳，與心為韻。）

林：木部八畫

音：ㄌㄧㄣ《唐韻》力尋切、《集韻》、《韻會》犁針切，《正韻》犁沈切，达音：臨，ㄌㄧㄣˊ

義：林，《說文》：平土有叢木曰林。（段玉裁《說文解字注》：《周禮》林衡注曰：竹林生平地曰林，《小雅》依彼平林，《傳》曰：平林，林木之在平地者也。《ㄇ部》曰：野外謂之林，引伸之義也，《釋詁》、《毛傳》皆曰林君也，假借之義也。）從二木（力尋切，音：ㄌㄧㄣˊ），凡林之屬皆從林。

徐曰：叢木，故从二木。平土，故二木齊。《詩・小雅》：依彼平林。《詩經今注》：依，茂盛貌。

又，野外謂之林。《詩・周南》：施

于中林。《詩經今注》：施，設置。
中林，林中（是言在野外之意）。
又，山木曰林。《穀梁傳·僖十四年
》：林屬于山為麓。
又《周禮·地官·林衡》註：竹木曰
林，水衡曰衡。
又《爾雅·釋詁》：林君也。
又，盛貌。《詩·小雅》有壬有林。
《詩經今注》：有，通"又"。壬，
大也。林，盛貌。此言百禮又"大"
又"多"。
又"林鐘"，律名。《禮·月令》：
季夏之月，律中林鐘。《周禮》：作
"函鐘"。
又"羽林"，星名。應劭曰：天有羽
林，大將軍之星也。林喻若林木，羽
翼鷙擊之意，故以名武官。《前漢書
·宣帝紀》：取從軍死事者之子，養
為羽林軍。號羽林孤兒。
又"綠林"，荊州山名。《後漢書·

劉先傳》：諸亡命集于綠林。

又，姓。《姓譜》：殷比干後，避難長林山，因氏。又平王世子林開之後，望出南安。（治所在今甘肅省隴西縣東北）

林氏，《姓氏考略》：引《風俗通》林放之後。《姓纂》周平王次子林開之後。《路史》殷比干子避難長林之山，因氏焉。望出南安。

又《魏書官氏志》丘林氏改為林氏。《開元錄》今建州皆蛇種，有五姓，黃、林等，是其裔。

林閭氏，複姓。《路史》呂子之後。

按：《說文》：＂林＂自為部，＂梦＂、＂楚＂等字从之，今併入（木）。

棘：木部十二畫

音：ㄐㄧˊ《唐韻》、《集韻》、《韻會》太紀力切，音：殛，ㄐㄧˊ

義：棘，《說文》：小棗叢生者。（段玉裁《說文解字注》：此言小棗，則上文〞棗〞謂常棗。可知小棗樹叢生，今亦隨在有之，未成則〞棘〞而不實，已成則為〞棘〞。《魏風》園有〞棘〞，其實之食。《唐風》肅肅鴇翼，集于苞〞棘〞。《小雅》有捄〞棘〞匕，《毛傳》曰〞棘〞棗也，此謂統言不別也。《邶風》吹彼〞棘〞心，吹彼〞棘〞薪。《左傳》除翳其荊〞棘〞，此則主謂未成者，古多叚〞棘〞為亟字，如〞棘〞人欒欒兮，我是用〞棘〞匪棘，其欲皆是〞棘〞，〞亟〞同音，皆謂急也。）从並朿。（棘庳於棗，而朿尤多，故从並朿，會意。己力切一部，ㄐㄧˊ）

《詩話》：棘如棗而多刺，木堅、色赤、叢生，人多以為藩，歲久無刺，亦能高大如棗。木色白者為句棘，實酸者為樲棘，亦名酸棘。《詩·邶風》：吹彼棘心。《詩經今注》：棘，小棗樹。心、借為〞杺〞，一種叢木，又名樸樕。《疏》：棘木之難長養者。

又《爾雅・釋木》：終牛棘。《註》：即馬棘也，刺粗而長。

又，執囚之處為叢棘。《易・坎卦》：係用徽纆，寘于叢棘。《左傳・哀八年》：邾子無道，吳子囚諸樓臺，栫之以棘。

又「九棘」，外朝也。《禮・王制》：史以獄成告于正，正聽之。正以獄成告于大司寇，大司寇聽之棘木之下。《註》：左九棘，孤卿大夫位焉。右九棘，公侯伯子男位焉。

又與「戟」通，《禮・明堂位》：越棘、大弓，天子之戎器也。《左傳・隱十一年》：潁考叔挾輈以走，子都拔棘而逐之。《周禮・天官・掌舍》：棘門。《註》：以戟為門。

又，地名：垂棘、赤棘，春秋晉地。

又，藥名。《本草》：天門冬，一名

〞夫棘〞。

又〞棘扈〞，鳥名。賈逵云：棘扈竊丹，為果驅鳥者也。

又與〞棘〞通。《禮‧王制》：四夷西曰〞棘〞。

又，姓。《論語》：棘子成。

棘氏，《姓氏考略》：引《文士傳》橐秋，本姓棘，衛大夫棘子成後。望出穎川（治所陽翟，即今河南禹縣）一云：與〞革〞字通。棘子成，亦作〞革子成〞。

又，春秋：齊、楚，皆有棘邑。或大夫食采，以邑為氏。

又，ji《唐韻》居里切，音紀，ㄐㄧˇ

又，ji《廣韻》居吏切，音：記，ㄐㄧˋ。 義，茲同。

棶：木部十四畫，《玉篇》：古文〞梅〞字

音：méi《唐韻》莫杯切，《集韻》、《正韻》模杯切，《韻會》謀杯切，茲音：枚，ㄇㄟˊ

槑，《說文》：古文"某"，從口。
（段玉裁《說文解字注》：從口者，
甘之省也。兩之者，兇其酢鹹。）

槑，《玉篇》：古文"梅"字。
或作"楳"、"槑"，亦作"槑"。

梅，《說文》：枏也。於段玉裁《說
文解字注》：可食，從木每聲。（莫
桮切，古音：ㄇㄟ。按《釋木》曰：
梅，枏也。《毛詩》、《秦風》、《
陳風》、《傳》皆曰：梅，枏也，與
《爾雅》同，但《爾雅》、《毛傳》
皆謂梗。枏之枏，毛公於《召南》摽
有梅，《曹風》其子在梅，《小雅》
四月：侯栗侯梅，無傳。而秦陳乃訓
為"枏"，此以見《召南》等之梅，
與秦陳之梅，判然二物。《召南》之
梅，今之酸果也。秦陳之梅，今之楠
樹也。楠樹見於《爾雅》者也，酸果
之梅不見於《爾雅》者也。樊光釋《
爾雅》曰：荆州曰梅，揚州曰枏，益

州曰赤楬。孫炎釋《爾雅》曰：荆州
曰梅，揚州曰栯。陸璣疏《草木》曰
，梅樹，皮葉似豫樟，皆謂楠樹也。
栯本名梅，後世取"梅"為酸果之名
，而"梅"之本義廢矣。郭釋《爾雅
》乃云：似杏實酢。《篇韻》襲之，
轉謂酸果有"栯"名，此誤之甚者也
。然則許以"栯梅"，二篆廁諸果之
閒。又云"可食"，豈非始誤與！曰
：此淺人所改竄也，如許謂"梅"酸
果，其立文當先梅，篆云：酸果也。
次"栯"，篆云：梅也。梨、杏、李
、桃等不云"可食"，何必獨云"可
食"哉。許意"某"為酸果正字，故
"某"篆解云酸果也。從木從甘，其
字當本廁"林"下"杏"上面，"梅
"二篆當本廁諸木名之閒，淺人易其
處又增竄其文耳。以許書律群經，則
凡"酸果"之字作"梅"皆假借也，
凡"某人"之字作"某"亦皆假借也

、假借行而本義廢，固不可勝數矣！）

《爾雅·釋木》：梅，枏。陸璣《條梅疏》：似豫章大木也。又《書·說命》：若作和羹，爾惟鹽梅。《禮·內則》：梅諸。《名物疏》：陸璣所釋有條有梅，自是枏木似豫章者。豫章，大樹可以為棺舟也。和羹之梅，籩實之乾䕩，似杏實酢者也。

又《爾雅·釋木》：時英梅。《註》：雀梅。

又《爾雅·釋木》：朹，檕梅。《註》：狀如梅子，赤色，似小柰，可食。

又《埤雅》：江湘兩淛四五月閒，梅欲黃落，則水潤土溽，蒸鬱成雨，謂之梅雨。《四時纂要》：閩人以立夏後逢庚入梅，芒種後逢壬出梅。

又 "楊梅"，果名。《越郡志》：會稽 "楊梅" 為天下之奇。

又 "梅梅"，猶 "昧昧"，居喪之容也。《禮·玉藻》：視容瞿瞿梅梅。

又〝州名〞，屬廣東。《南宋‧地理志》：改敬州為〝梅州〞。（今梅州市，轄一區、六縣、一縣級市。）

又、姓。《廣韻》：出汝南、漢‧梅福、梅銷。

梅氏、《姓氏考略》：引《唐書‧世系表》系出子姓，殷紂時有梅伯，後以國為氏。望出汝南（治所在今河南省上蔡縣西南）

梅伯氏、複姓。《姓氏考略》：引《歐陽修‧梅氏銘》梅伯之後。

又、méi《集韻》母罪切，音：浼、ㄇㄟˇ。　亦姓也。《姓氏考略》：引《魏志》南蠻有〝梅〞姓。《舊唐書》北狄奚酋長有〝梅〞姓。

按：楳、《玉篇》：古文〝梅〞字。

梅，亦作〝槑〞，或作〝楳〞。

楳：木部十四畫，《字彙補》：俗〝棶〞字。袁桷《七觀》：不楳不茨。

案：音、義，參見〝棶〞字，詮釋。

楳：木部十六畫，《玉篇》：楳，古文〝梅〞字。

　　梅，或作〝楳〞〝楳〞，亦作〝槑〞。

　　案：音、義，參見〝楳〞（梅）字詮釋。

橆：木部十六畫，《玉篇》：古文〝無〞字

　　音：wú《唐韻》武扶切，《廣韻》武夫切，《集韻》、《韻會》、《正韻》微夫切，𠀤音：巫，ㄨˊ

　　義：橆，《玉篇》：古文〝無〞字。

　　無，《說文》：亡也。（段玉裁《說文解字注》：凡所失者，所未有者，皆如逃亡然也。此有〝無〞字之正體，而俗作〝無〞，無乃〝橆〞之隸變，〝橆〞之訓〝豐〞也，與〝無〞義正相反。然則隸變之時，昧於〝亡〞為其義，〝橆〞為其聲，有聲無義，殊為乖繆。古有叚〝橆〞為〝無〞者，要不得云本無二字，漢隸多作〝橆〞〞可證也。或叚〝亡〞為〝無〞者，其義同具音則雙聲也。）从亡橆聲。

（按不用〝莫〞聲而用〝橆〞聲者，形聲中有會意。凡物必自多而少而無，老子所謂多藏必厚亡也。武夫切五部古音，武夫與莫胡二切不別，故無模同音，其轉語則《水經注》云：燕人謂〝無〞為〝毛〞，揚子以〝曼〞為〝無〞，今人謂〝無有〞為〝沒有〞皆是也。）

《玉篇》：不有也。《書‧舜典》：剛而無虐，簡而無傲。又《益稷》：懋遷有無化居。

又《爾雅‧釋詁》：虛、無之閒也。《註》：虛、無，皆有閒隙。《老子‧道德經》：萬物生于有，有生于無。周子《太極圖說》：無極而太極。又《禮‧三年問》：無易之道也。《註》：無，猶不也。

又，縣名。《前漢書‧地理志》：越巂郡會無縣。（今四川省會理縣治）又，姓。《正字通》：漢‧無旦明，無能。

無氏，《姓氏考略》：引《萬姓統譜》河南新鄭縣有無氏，當係無庸、無忌、無鉤等氏所改。

又《廣韻》：漢，複姓：無庸、無鉤，俱出自楚。（楚，今湖北省簡稱）

無庸氏，《英賢傳》楚，熊渠生無庸，因氏。

無鉤氏、《潛夫論》楚，蚡冒生蓬章、爲王子無鉤，氏焉。

無宇氏，《廣韻》出自楚"羋"姓。

無圉氏，《廣韻》出自楚"羋"姓。

又"文無"，藥名。《古今注》：相別贈之以文無。文無，一名當歸。

又《說文》：奇字作"无"。於段玉裁《說文解字注》无，奇字無也。（謂古文奇字如此作也，今六經惟《易》用此字。）通於元者。（元俗刻作"无"今依宋本正，《禮運》曰：是謂合莫注引《孝經》說曰上通元莫，

《正義》云上通元莫者，《孝經緯》
文言人之精靈所感上通元氣，"寂寞
"引之者證"莫"為虛無也，正本元
字作"无"謂虛無寂寞義或然也。按
此注疏今本譌誤不可讀，而北宋本可
據正疏正本字當是定本之誤，謂鄭引
上通元莫，顏師古定本作元莫也。依
許云通於元者虛无道也，則《孝經緯
》必作元莫矣。蓋其義謂上通元始，
故其字形亦用元篆上毋於一。）虛无
道也。（謂虛无之道上通元氣寂寞也
，《玉篇》曰无虛无也，奇字之"无
"與篆文之"森"義乃微別，許說其
義非僅說其形也。）王育說天屈西北
為无。（此稱王育說，又"无"之別
一義也，亦說其義非說其形屈猶傾也
，天傾西北地不滿東南，見《列子》
及《素問》。天傾西北者，謂天體不
能正圜也。）
《玉篇》：虛无也，《周易》無字俱

作＂无＂。

又《集韻》：或作亡。《詩‧邶風》
（谷風）：何有何亡。《詩經今注》
：亡，通＂無＂。

又，通作＂毋＂。《書》＂無逸＂，
《史記‧魯世家》作＂毋逸＂。

又，通作＂毛＂。《後漢書‧馮衍傳
》：飢者毛食。《註》：《衍集》毛
作無，今俗語猶然，或古亦通乎。《
佩觿集》：河朔謂無曰毛。《通雅》
：江楚廣東呼無曰毛。

又《集韻》：或作＂武＂。

按：《禮器》：詔侑武方。《註》：武當
為無，聲之誤也。鄭《註》明言其誤
，《集韻》合＂無＂、＂武＂為一，
非。

《集韻》：無或作橆。《韻會》橆本
古文蕃橆字，篆借為有無字，李斯變
隸，變林為四點。

按《說文》＂橆＂从亡無聲，在《亡

部》。至蕃蕪之蕪，在《林部》。音義各別，不云相通。且有無與蕃蕪、義尤相反，不應借用。《玉篇》、《集韻》、《韻會》俱非，《韻會》"蕃蕪"作"蕃蕪"，尤非。

又按《讀書通》云：通作：勿、莫、末、沒、蔑、微、不、曼、瞀等字，或止義通，或止音近，實非一字也，《讀書通》誤。

又：梵言，"南無"呼"那謨"。"那"如"拏"之上聲，"謨"音如"摩"，猶云歸依也。

案：蕪，《玉篇》古文"無"字。亦作"蕪"、"蕪"，《字彙補》作"蕪"，《集韻》或作"蕪"，《字彙》古文"蕃蕪"字，秦以"蕪"作"无"，今文《尚書》作"廡"與"蕪"同義。古有假"蕪"為"蕪"者，漢隸多作"蕪"可證也。

棘：木部十六畫

音：lìn《字彙補》林直切，音二力、ㄌㄧㄣˋ

義：棶，《字彙補》二木名、江南山東名野棗酸者，曰"棶子"。

棗：木部十六畫

音：zāo《字彙補》則刀切，音二遭、ㄗㄠ

義：棗，《說文》二一周夫也。今作"遭"，贅。

段玉裁《說文解字注》二棗，二東。（謂其形也）替從此。（謂"替"以會意也）闕。（謂義與音皆闕也，錯曰二按《說文》舊本無音，鉉亦不箸反語。）

替，《說文》二"曹"本字。

段玉裁《說文解字注》二替，獄兩曹也。（兩曹，今俗所謂原告被告也。曹，猶類也。《史記》曰二遣吏分曹逐捕，古文《尚書》兩造具備。《史記》兩造一作兩遭，"兩遭"、"兩造"即"兩曹"，古字多假借也。"曹"之引伸為輩也群也。）从棗、在

廷東也。（兩曹在廷東，故从二東之

棘，其制未聞也。）从曰，治事者也

。（謂聽獄者，已上十二字，依《韻

會》本，昨牢切，古音：ち幺。）

槑：木部十六畫

　音：chě《字彙補》音：輦，彳ざ

　義：槑，《字彙補》：樹分枒。

欪：欠部八畫

　音：qīn《集韻》去斤切，音：欽，く一ㄣ

　義：欪，《玉篇》：嚏也。

　　又，kēng《類篇》丘耕切，音：硻，

　　ㄎㄥ。　欪也。

址：止部八畫

　音：qí《字彙補》具支切，音：岐，く一′

　義：址，《字彙補》：岐路也。

�殘：歹部八畫，古文〃布〃字，

　音：chuǎn《字彙》昌袞切，音：喘彳ㄨㄢ

　義：殘，《字彙》：殘也，盡也。

　　又，〃對臥〃也。

　　一說古〃布〃字。《六書略》：商貨

〝布〞字，作〝𢎥〞。

bù《唐韻》、《集韻》、《韻會》、《正韻》夶博故切，音〝捕〞、ㄅㄨˋ

《說文》：布，枲織也。（段玉裁《說文解字注》：其艸曰枲曰萉，析其皮曰林曰木，屋下治之曰麻絲，而績之曰綫曰縷曰纑，織而成之曰布，布之屬曰紵曰絟曰絰曰緦曰緆曰繪，貲曰幦曰幏。古者無今之木綿布，但有麻布及葛布而已。引伸之凡散之曰布，取義於可卷舒也。《外府注》曰〝布〞，泉也。其藏曰泉其行曰布；泉者今之錢也。《衛風》抱布貿絲，《傳》曰〝布〞幣也。《箋》云幣者所以貿買物也。此幣爲凡貨之偁，布帛金錢皆是也。）从巾父聲。（博故切五部，隸變作〝布〞。）

《廣韻》：布，帛也。《小爾雅》：麻、紵、葛曰布。《釋名》：布，布也。布列衆縷爲經，以緯橫成之也。

又，太古衣皮，女工之事始于是，施布其法度，使民盡用之也。

《易·說卦》：坤為布。《詩·衛風》：抱布貿絲。《詩經今注》：貿，交換。《傳》：布，幣也。《疏》：此布幣，謂絲麻布帛之布。幣者，布帛之名。《左傳·閔二年》：衛文公大布之衣。

又，泉也。《周禮·天官·外府》：掌邦布之出入。《註》：布，泉也。其藏曰泉，其行曰布。《前漢書·食貨志》：布貨十品：大布、次布、弟布、壯布、中布、差布、厚布、幼布、么布、小布。《註》：師古曰：布，亦錢名。謂之布者，言其分布流行也。

又《廣雅》：布、施也。《莊子·列禦寇》：施于人而不忘，非天布也。又《玉篇》：陳列也。《書·康王之誥》：諸侯入應門右，皆布乘黃朱。

《傳》：皆陳四黃馬朱鬣，以為庭實
。《左傳・昭十六年》：僑若獻玉，
不知所成，敢私布之。《註》：布，
陳也。

又《廣雅》：布，散也。《左傳・襄
三十年》：皆自朝布路而罷。《註》
：布路，分散。

又《爾雅・釋天》：祭星四布。《註
》：布，散。祭於地。

又《廣雅》：布，班也。

又，草名。《爾雅・釋草》：苻似布
，帛似帛，華山有之。《註》：草葉
中有象布帛者，因名。

又，藥名。《本草葉解》：昆布，亦
名綸布，生南海，葉如手大似薄葦，
紫赤色。

又〝金布〞，書名。《前漢書・蕭望
之傳》：《金布令甲》。《註》：師
古曰：金布者，令篇名也。其上有府
庫金錢布帛之事，因以篇名。

又，懸泉激流曰瀑布。孫綽《天台賦》：瀑布飛流以界道。

又「露布」，《續博物志》：露布，捷書別名。以帛書揭之於竿，欲天下知聞也。

又，姓。《晉書·陶侃傳》：江夏布興。又，複姓。《史記·趙世家》：姑布子卿。《註》：司馬彪曰：「姑布」，姓。

布氏，《姓氏考略》：四羌有此姓。《風俗通》趙有布子，善相馬。望出江夏（治所安陸，即今湖北省安陸、雲夢縣境。）

又，唐·龜茲王，姓「布」，名：失畢。

姑布氏，《姓氏考略》：引《史記》春秋時晉有姑布子卿，善相。（趙簡子時為大夫）望出東平（治所無鹽，在今山東省東平縣東。）

又，與「專」通。《史記·司馬相如

‧上林賦》：轉結縷。《註》：徐廣
曰"專"，古"布"字。《漢書》：
作"布"。

毛毛：毛部八畫，與"毿"同。

　　音：lú《廣韻》力朱切，《集韻》、《韻
　　　　會》龍珠切，太太音：慺，为ㄩˊ

　　義："毛毛"，與"毿"同。

　　　　《博雅》：毿毿，屬也。《後漢書‧
　　　　烏桓傳》：婦人能刺韋，作繡織毿毿。

　　　　又，yú《集韻》雙雛切，音：莢，ㄩ
　　　　。　與"毹"同，織毛蓐也。

　　　　又，dōu《字彙》當侯切，音：兜，
　　　　ㄉㄡ。　人險為"毛毛毿"，音：兜達
　　　　，見李翊《俗呼小錄》。

　　按：毿，《集韻》或書作"遐"。

林林：水部八畫

　　音：zhuǐ《唐韻》、《集韻》太太之壘切，
　　　　音：捶，ㄔㄨㄟˇ。《說文》讀出ㄨㄟˇ

　　義：林林，《說文》：二水也。（段玉裁《
　　　　說文解字注》：即形而義在焉。）關

，（此謂闕其聲也，其讀若不傳，今之壨切者，以意為之。）凡〞林〞之屬，皆从〞林〞。

《類篇》：閩人，謂水曰〞林〞。

按：鄺氏《易》坎為水，〞水〞作〞林〞。郭忠恕《佩觿集》音義一而體別，〞水〞為〞林〞，〞火〞為〞焜〞，是〞水〞與〞林〞音義太同，與《說文》小異。至楊慎轉注古音，〞林〞音委，義如《禮記》或原或委之〞委〞。《說文字原》：〞林〞，古〞流〞字。皆曲說，今不從。

炋：火部八畫

　　音：kǎi《篇海》苦戒切，音：開，去聲，ㄎㄞˇ

　　義：炋，《篇海》：熾火，盛也。

牁：片部八畫

　　音：zhé《篇海》音：折，ㄓㄜˊ

　　義：牁，《篇海》：版也。

軒：互部八畫

音：yá《字彙補》牛加切，音：牙，一ㄚˊ

義：未詳

牪：牛部八畫，《六書統》：古文"友"。

音：yàn《玉篇》牛眷切，《五音集韻》魚
變切，玆音：彥，一ㄢˋ

義：牪，《玉篇》：牛件也。

按：《正字通》：《六書統》"牪"，古
文"友"，引《詩》或群或友。

又《備考》"牪"音"友"，字見鐘
鼎文。

按"鳥獸相友"，玆借友。二說，玆
非。

犨：牛部十二畫

音：mú《海篇》音：模，ㄇㄛˊ或讀：ㄇㄨˊ

義：未詳

狀：犬部八畫

音：yín《唐韻》語斤切，《集韻》魚斤切
，玆音：齗，一ㄣˊ

義：狀，《說文》：兩犬相齧也。（段玉
裁《說文解字注》：兩，各本作兩，

今正。）从二犬。（義見於形也，語
斤切，一ㄅ。）凡"狀"之屬，皆从
"狀"。

又《廣韻》：犬相吠也。

按：狀，《集韻》：或書作"狀"。

茲：玄部十畫，古文"絲"字。

音：zī《廣韻》子之切，《集韻》、《韻
會》津之切，《正韻》津私切，並音
：玆，卩

義：茲，《集韻》：古文作"絲"。

《說文》：黑也。於段玉裁《說文解
字注》：茲，黑也。从二玄。（胡涓
切十二部，今本子之切非也。按《左
傳》何故使吾水茲，《釋文》曰茲音
玄，此相傳古音在十二部也。又曰本
作"滋"，子絲反。此俗加水作"滋
"，因誤認為"滋益"字，而入之之
韻也。《艸部》"茲"從絲省聲。凡
《水部》之"滋"，《子部》之"孳
"，《鳥部》之"鷀"，皆以"茲"

為聲，而"茲""滋"字，祇當音
孿，不當音丝茲。《廣韻》七之作"
滋"，一先作"茲"，音義各不同為
是也。且訓此之"茲"，本假借從艸
之"茲"，而不當用二玄之"玆"。
蔡邕《石經》見於《隸釋》、《漢隸
字原》者《尚書》"茲"字，五見皆
從"艸"。則唐《石經》皆作"茲"
者非矣，今本《說文》"滋"、"孶
"、"鷀"，篆體皆誤從"玆"。）
春秋傳曰何故使吾水茲。（見《左傳
·哀八年》，《釋文》曰"茲"音"
玄"本亦作"滋"，子絲反濁也，《
字林》云黑也。按宋本如是今本"
茲""滋"互易非也，且本亦作"滋
"，則仍"胡涓切"不同《水部》"
滋"，水字"子絲反也，陸氏誤合二
字為一。）
《玉篇》：濁也，黑也。或作"黐
"、"滋"。《左傳·哀八年》：何故

使吾水滋。《註》：滋，本又作玆，
子絲反。《字林》云：黑也。

又，姓。《左傳·定十年》：孔子使
玆無還揖對。

玆氏，《姓氏考略》：周武王封少昊
子重之後玆於期於莒，其後為玆氏。

玆毋氏，複姓。《姓纂》：魯大夫玆
毋還之後。

玆毋還，亦作：玆無還，春秋·魯桓
公曾孫，為大夫，定公盟齊侯於夾谷
。齊人加於載書曰：齊師出境，而不
以甲車三百乘從我者，有如此盟。孔
子使無還對曰：而不反我汶陽之田，
吾以共命者，亦如之。（參見《中國
人名大辭典》頁八二〇）

又《說文·徐鍇註》：借為〞玆〞此
字。《爾雅·釋詁》：此也。《書·
大禹謨》：念玆在玆。按《爾雅》、
《禹書》，本作〞玆〞。《正字通》
仍《韻會》之譌，改入〞玆〞字註，

反駁从"玄"之非，謨。又引孫氏說，今年亦曰今"茲"。从艸木"茲"生紀也。尤鑿。

又，神名。《山海經》：西海渚中有神，人面鳥身，珥兩青蛇，踐兩赤蛇，名曰奄茲。

又，Xuán《廣韻》、《集韻》姎瑚涓切，音：懸，ㄒㄩㄢ。 黑也。《左傳·哀八年·釋文》：茲，音：玄。

按："茲""茲"二字，音同義別。从"玄"者，子之、瑚涓二切。訓黑也，此也，姓也。从"艸"者，子之、牆之二切，訓艸木多益也，蓐也，國名。今各韻書互相蒙混，如《廣韻》、《韻會》"茲"字訓國名，《集韻》"茲"字訓蓐也，《韻會》、《字彙》、《正字通》"茲"字訓此也。非當時編輯之譌，即後人刊刻之誤，《正韻》有"茲"無"茲"，合"茲""茲"二字訓義為一，尤為疏漏。今从《說文》并各書，重為訂正。

又《集韻》"玆"古作"絲"，參見"絲"字詮釋。

玨：玉部八畫，同"珏"字。

音：jué《唐韻》古岳切，《集韻》、《韻會》、《正韻》訖岳切，𠀤音：覺，ㄐㄩㄝˊ

義：《說文》：二玉相合為一"玨"，徐鍇曰：雙玉曰玨。《集韻》或作瑴。段玉裁《說文解字注》："玨"，二玉相合為一"珏"。（於《左傳》、《正義》曰瑴，《倉頡篇》作"珏"，云雙玉為"珏"，故字从雙玉。按《淮南書》曰元玉，《百工注》二玉為一"工"，工與玉雙聲，百工即百玉也。不言从二玉者，義在於形，形見於義也。古岳切三部，ㄐㄩㄝˊ。）凡"珏"之屬，皆从"珏"。（因有"班"、"㻫"字，故"珏"專列一部，不則綴於《玉部》末矣。凡《說文》通例如此。）

又，gǔ《類篇》古祿切，音：穀，

《ㄨˇ。 義同。

案：珏，亦作"玨"、或作"瑴"。《超

群國語辭典》作"珏"，《國語日報

字典》、《國語日報辭典》作"玨"

（珏），《新萍字典》作"玨"，《

標準學生字典》、《東方國語辭典》

作"玨"同"珏"字，《現代漢語詞

典》作"珏"（瑴），《集韻》或作

"瑴"。

玨：玉部十畫，同"瑴"（珏）字。

　音：jué，皆削切，讀：ㄐㄩㄝˊ

　義：瑴，《廣韻》：同"玨"。《正韻》

　　：二玉相合。《左傳‧僖三十年》：

　　公喬之請，納玉於王與晉侯，皆十"

　　瑴"。《註》：雙玉曰"瑴"。

　案：參見"珏"（玨）字，詮釋。

瓟：瓜部十畫

　音：yǔ《唐韻》以主切，《集韻》勇主切

，㼝音：庚，ㄐㄥ

義：《說文》：本不勝末，微弱也。

段玉裁《說文解字注》：㼝，本不勝末，微弱也。从二瓜、（本音蔓也，末者瓜也。蔓一而瓜多，則本微弱矣，故污窬之"㼝"，惰嬾之"㼝"，皆从此。）讀若"庚"。（以主切，古音：ㄐㄥ。當在四部）

《六書故》："㼝"，瓜實繁也。故引之有"本不勝末"之義。

又《玉篇》：勞病也。

甡：生部十畫

音：shēn《唐韻》所臻切，《集韻》、《韻會》、《正韻》疏臻切，茲音：莘，ㄕㄣ

義：甡，《說文》：眾生並立之貌。於段玉裁《說文解字注》（引《大雅》、《毛傳》曰"甡甡"，眾多也。其字或作"詵"，詵或作"駪"，駪或作"侁"，侁或作"莘"，莘皆假借也

。《周南》、《傳》曰：〞詵詵〞，
眾多也。《小雅》、《傳》曰：〞駪
駪〞，眾多之兒。）从二生。（所臻
切，音：ㄕㄣ。）

《詩‧大雅》：瞻彼中林，〞甡甡〞
其鹿。《傳》：甡甡，眾多也。《詩
經今注》：中林，林中。甡（音：申
）甡，同〞莘莘〞，眾多貌。

《聲類》云：繁貌。徐曰：甡生而齊
盛也，若鹿角然。

朋朋：田部十四畫，《字彙補》：同〞嫋〞。

音：niǎo《廣韻》奴鳥切，音：嬈，ㄖㄠ
，亦讀：ㄋㄧㄠˇ

義：朋朋，《字彙補》：同〞嫋〞。

《廣韻》：擾也。

嵇康《與山濤書》：足下若〞嫋〞之
不置。

王安石詩：〞嫋〞汝以一句，西歸瘦
如臘。又，細浪〞嫋〞雪于娉婷。

又，nǎo《集韻》乃老切，音：腦，

了幺。　義同。

畐畐：田部十八畫

　音：fù《集韻》敷救切，音：覆，ㄈㄨˋ

　義：畐畐，《集韻》：貳也。

皛：白部十畫，與"白"同。

　音：bó《集韻》薄陌切，音：帛，ㄅㄛˊ。

　　　白色，與"白"同。

　　又，pái《廣韻》匹白切，《集韻》匹

　　陌切，太音：拍，ㄆㄞˊ

　　又，jiǎo《廣韻》古了切、《集韻》

　　吉了切，太音：皎，ㄐㄧㄠˇ。義太同

　義：皛，《集韻》：白色，與"白"同。

　　bái《唐韻》旁陌切，《集韻》、《韻

　　會》、《正韻》薄陌切，太音：帛，

　　ㄅㄞˊ

　　白，《說文》：西方色也。陰用事，

　　物色白，从入合二。（段玉裁注：出

　　者陽也，入者陰也，故从"入"。）

　　二，陰數也。（說从"二"之怕，旁

　　陌切，古音，ㄅㄞˊ。）凡"白"之屬

皆从 " 白 " 。" 卓 " ，古文 " 白 " 。
《釋名》：啟也，如冰啟時色也。《
爾雅·釋天》：秋為白藏。《疏》：
秋之氣和，則色白而收藏也。《周禮
·冬官·考工記》：畫繪之事，西方
謂之白。《書·禹貢》：冀州厥土惟
白壤，青州厥土白墳。又《禮·檀弓
》：殷人尚白。

又《增韻》：素也，潔也。《易·賁
卦》：白賁无咎。《註》：其質素，
不勞文飾也。《說卦》：巽為白。《
疏》：風吹去塵，故潔白也。

又，明也。《禮·曾子問》：當室之
白。《註》：謂西北隅得戶明者也。
《荀子·正名篇》：說不行，則白道
而冥窮。《註》：白道謂明道也。《
前漢書·谷永傳》：反除白罪。《註
》：罪之明白者，皆反而除之。

又 " 白屋 " ，以茅覆屋也。《前漢書
·蕭望之傳》：恐非周公相成王，致

白屋之意。

又〝白衣〞，給官府趨走者。《前漢書·兩龔傳》：聞之白衣，戒君勿言也。

又〝白徒〞，猶白身。《管子·乘馬篇》：白徒三十人，奉車兩。

又〝白丁〞，《北史·李敏傳》：周宣帝謂樂平公主曰：敏何官？對曰：一白丁耳！

又〝白民〞，《魏書·食貨志》：莊帝班入粟制，白民輸五百石，聽依第出身。

又〝白著〞，《唐書·劉晏傳》：稅外橫取謂之白著。《春明退朝錄》：世人謂酒酣為白著，言刻薄之後人必頹沛酩酊，如飲者之著也。

又《禮·玉藻》：君衣狐白裘。陳《註》：以狐之白毛皮為裘也。

又《爾雅·釋器》：白金謂之銀。

又《唐書·食貨志》：隋末行五銖白

錢。

又《前漢書‧刑法志》：罪人為白粲。《註》：坐擇米使正白，三歲刑也。

又《古今注》：白筆，古珥筆，示君子有文武之備焉。

又《字學淵源》：飛白書，蔡邕見施堊帚而作。

又〞星名〞，《博雅》：太白，謂之長庚。

又〞旗名〞，《禮‧明堂位》：殷之大白。

又〞罰爵名〞，《說苑》：魏平侯與大夫飲，使公乘不仁為觴政，曰：飲不釂者，浮以大白。

又〞酒名〞，《禮‧內則》：酒清白。《註》：白事酒，昔酒也，色皆白，故以白名之。

又，稻曰白，黍曰黑。《周禮‧天官‧籩人》：其實䵄蕡白黑。

又〞馬名〞，《詩‧秦風》：有馬白

顙。《詩經今注》：顙，顛也。白顙
，馬額正中有塊白毛。《疏》：額有
白毛，今之戴星馬也。

又〃猛獸名〃，《汲冢周書》：義渠
以茲白。《註》：茲白，一名駮，能
食虎豹。

又〃蟲名〃，《爾雅·釋蟲》：蟫白
魚。《註》：衣書中蟲也。又《大戴
禮》：白鳥者，謂蚊蚋也。

又〃草名〃，《前漢書·西域傳》：
鄯善國多白草。

又〃三白〃，正月雪也。西北農諺：
要宜麥，見〃三白〃。

又〃五白〃，簙簺五木也。宋玉《招
魂》：成梟而牟呼〃五白〃些。

又〃梵言〃，一年為一白。《傳燈錄
》：我止林閒已經九白。

又〃山名〃，《後漢書·耿恭傳》：
竇固前擊白山，功冠三軍。《註》：
冬夏有雪，故名白山。《金史·禮志

》：有司言，長白山在興王之地，禮
合尊崇。

又〝水名〞，桑欽《水經》：白水，
出朝陽縣西。

又〝州名〞，《唐書‧地理志》：武
德四年（621）辛巳，置白州，因博白
溪而名。（今廣西省博白縣治）

又，海外有白民國，見《山海經》。

又〝白狄〞，狄別名，見《春秋‧成
九年》。

又，戎類有六，一曰老白，見《風俗
通》。

又，姓，黃帝後。《左傳》：秦大夫
白乙丙。又，複姓。《史記‧秦本紀
》：白冥氏，秦族。《潛夫論》：吉
白氏，莘姓後。又，白楊提，代北三
字姓。

白氏，《姓氏考略》：出自姬姓，白
乙丙之後。見《唐書‧世系表》。
《元命苞》：炎帝臣有白阜怪義之子

、爲神農通水脈。當爲白姓之始。

又或以地爲氏，唐置白州，即《逸周書》所云白民之國。

又吐谷渾酋長有白承福，莊宗賜姓李。又陳永貴：胡人，本姓白，爲行軍總管。李可久爲吐谷渾寧朔兩府留後，本姓白氏，賜姓李。並見《五代史》。望出南陽（今屬河南省）

白冥氏，嬴姓十四氏之一。見《史記·秦本紀贊》

吉白氏，《潛夫論》吉白氏，羋姓後。《路史》楚有吉白氏。是又爲芈姓。"羋""芈"字相近而訛。

白楊提氏，吐谷渾別帥，有白楊提姓。見《魏書》。楊，一作：揚。

又《諡法》：外內貞復曰白。

又《玉篇》：告語也。《正字通》：下告上曰稟白，同輩述事陳義亦曰白。《前漢書·高帝紀》：上令周昌選趙壯士可令將者，白見四人。《後漢書·鍾皓傳》：鍾瑾常以李膺言白皓。
又《唐書·宦者傳》：宣宗時，諸道
歲進閹兒，號私白。

又，bǎ《集韻》步化切，音：杷，
ㄅㄚˇ。 赤西方色也。

又，bó博陌切，與＂伯＂同，ㄅㄛˊ。
長也、一曰：爵名，亦姓。《卯簿》
有＂白鸞＂氏，《註》：即伯字。
白鸞氏，《姓氏考略》：引《卯簿》
有白鸞氏，注云：白即＂伯＂字。是
白鸞氏即伯鸞氏。

又，bó叶旁各切，音：簿，ㄅㄛˊ。
《詩·小雅》：裳裳者華，或黃或白
。我覯之子，乘其四駱。《詩經今注
》：裳裳，猶堂堂，鮮明貌。華，花
。覯，見也。之子，此人，指貴族。
駱，黑尾黑鬃的白馬。此句言作者乘
貴族的馬車。

又，bì叶户密切，音：弼，ㄅㄧˋ。
蘇軾《寒食雨》詩：

　　　暗中偷身去，夜半真有力。

　　　何殊病少年，病起頭已白。

按：朇，《集韻》：白色，與"白"同。

白，古文作"𦣹"見《集韻》，"𦣻"見《字彙補》。

《說文》入聲有《白部》，去聲《自部》內亦載"白"字。在《自部》內者，讀疾二切，曰"此亦自字也，省自者，詞言之氣以鼻出，與口相助也。"是。告語之"白"讀自，西方之"白"讀帛，音義各別，許氏分為二部，《玉篇》合而為一，今從之。

皕：白部十二畫

音：ㄅㄧ《唐韻》彼力切，《集韻》筆力切，並音：逼，ㄅㄧ

義：皕，《說文》：二百也。（段玉裁《說文解字注》：即形為義，不言从二百。）凡"皕"之屬皆从"皕"，讀如逼。（逼，各本作秘。按《五經文字》"皕"音：逼，《廣韻》彼側切

，至韻不收。李仁甫《五音韻譜目錄
》云：讀如逼，本注云彼力切，皆由
舊也。" 畫"　"爽"字以爲聲在第五
部，逼音相近也。）

又，bi《集韻》兵媚切，音：祕、
ㄅㄧ。　義同。

䀠：目部十畫，《玉篇》：與" 瞿"同。

音：jü《唐韻》九遇切，《集韻》俱遇切
，竝音：句、ㄐㄩ

義：䀠，《說文》：左右視也。（段玉裁
《說文解字注》：" 广"" 又"，各
本作：左右，非也，今正。《詩》齊
風、唐風，《禮記》檀弓、曾子問、
《雜記》、《玉藻》或言" 瞿"、或
言" 瞿瞿"，蓋皆" 䀠"之假借，"
瞿"行而" 䀠"廢矣。" 瞿"下曰鷹
隼之視也，若《毛傳》於齊曰：瞿瞿
無守之兒，於唐曰：瞿瞿然，顧禮義
也。各依文立義，而爲驚遽之狀，則
一。）从二目，（會意）凡" 䀠"之

屬皆从"䀠"。讀若"拘"、又若"良士瞿瞿"（九遇切）。

《元包經》：犬有䀠鑒于頁，傳曰：目之覽也。《註》：䀠目，頁首也。又"彥䀠"、人名。見《宋史・宗室表》：彥䀠，亦作"彥覷"。

又，jù《廣韻》擧朱切、《集韻》恭于切。玆音：句，平聲ㄐㄩ，義同。

䀠，《玉篇》：與"瞿"同。《集韻》：或作"覷"、"眗"，《六書故》：通作"䀠"。

䀠，《玉篇》：與"瞿"同。

瞿，《說文》：雁隹之視也。（錢玉裁《說文解字注》：隹亦"鳥"字也，卻為"鷹"隹之視者，以从隹"䀠"知之也。《吳都賦》曰：鷹䲹鶚視，經傳多假"瞿"為"䀠"，見"䀠"下。）从隹䀠，䀠亦聲。凡"瞿"之屬皆从"瞿"，讀如章句之"句"。（若音"句"讀如"鈎"，別之曰章句之〝句〞，知許時章〝句〞已不讀〝鉤〞矣。九遇切，四部。）又音〝衢〞，（錯本有此三字，音當作若。）案：〝衢〞，今音〝瞿〞ㄑㄩ。徐曰：驚視貌，會意。又《禽經》：雀以猜瞿視也。《埤雅》：雀俯而啄，仰而四顧，所謂瞿也。

又《廣韻》：視貌。《集韻》：心驚貌。《禮·檀弓》：曾子聞之瞿然。又《雜記》：見似目瞿，聞名心瞿。《註》：瞿然，驚變也。

又〝瞿瞿〞，驚遽不審貌。《禮·玉藻》：視容瞿瞿。

又，瞪視貌。《荀子·非十二子篇》：學者之嵬瞿瞿然。

又，無守貌。《詩·齊風》：狂夫瞿瞿。《註》：謂精神不立，志無所守。《詩經今注》：狂夫，瘋漢，指莊園主派來監工的人。瞿瞿，瞪眼怒視貌。

又《爾雅・釋訓》：儆也。《詩・唐風》：良士瞿瞿。《疏》：李巡曰：良士顧禮節之儆也。《詩經今注》：良士，賢士。瞿瞿，驚視貌，指驚惕在心多所顧慮。

又〞駃瞿〞，走貌。張衡《西京賦》：百禽㥄遽，駃瞿奔觸。

又〞句瞿〞，斗也。《山海經》：陽山有獸，其頸臀狀如句瞿，名曰領胡。《註》：言頸上有肉臀，如斗也。

又，鳥名。《山海經》：禱過山鳥名瞿，如其鳴自號也。

又，山名。《山海經》：瞿父之山，無草木，多金玉。

又，灘名。《寰宇記》：瞿塘，在夔州東一里，古西陵峽也。

又，人名。《竹書・紀年》：殷武乙名瞿。

又，姓，漢有漢南太守瞿茂。又，陵姓。《前漢書・儒林傳》：魯商瞿子木受《易》孔子。《註》：商瞿，姓也。《遼史·禮志》：西域淨梵王子，姓瞿曇氏。

瞿氏，《姓氏考略》：商器有瞿父鼎，見《博古圖》，蓋以地為氏。望出松陽（今屬浙江省遂昌縣）、高平（治所昌邑，在今山東省巨野縣南）

瞿曇氏，《姓纂》西國姓。《世說注》僧伽提婆，罽賓人，姓瞿曇氏。

《釋迦譜》淨飯遠祖，捨國修行，受瞿曇姓，故曰瞿曇氏。

又與"戳"通，《書·顧命》：一人冕執瞿。《註》：戟屬。

又與"衢"通，《韓詩外傳》：直曰車前，瞿曰芣苢，蓋生於兩旁，謂之瞿。《丹鉛錄》：《楚辭·天問》：靡萍九衢。"衢"，本作"瞿"。

又與"蘧"通，《爾雅·釋草》：大菊蘧麥。《註》：即瞿麥，藥草也。《集韻》：亦作"蕖"。

又，qú《唐韻》其俱切，《集韻》、
《韻會》權俱切，並音＝衢，ㄑㄩ。
義同。

又，jù《集韻》衢遇切，《正韻》忌
遇切，並音＝衢，去聲，ㄐㄩ。
與〞懼〞通，恐也。《禮・檀弓》＝
瞿然失席。《註》＝〞瞿〞，本又作
〞懼〞。《前漢書・東方朔傳》＝吳
王瞿然易容。

又，jí《集韻》訖力切，音＝亟，
ㄐㄧ。〞瞿瞿〞，居喪視不審貌。
《禮・檀弓》＝瞿瞿如有求而弗得。
徐邈讀。

䀠，《集韻》＝或作〞瞁〞〞眗〞。
瞁，《說文》＝目邪也。於段玉裁《
說文解字注》＝瞁，目衺也。从䀠、
从大，大人也。（大人也三字疑非，
是〞瞁〞與〞奭〞〞爽〞同意，奭之
明大，爽之盛大，瞁之目衺淫視者大
，故皆从大，會意。羊朱切，虩字从

此，以《小雅》仇讀為"觩"求之，
古音在三四部。）

又《集韻》：矢長大指也。

又，人名。彥頵，見《宋史·宋室表
》：亦作"彥䀤"。

又，jǔ《集韻》果羽切，音：拘，上
聲，ㄐㄩˇ。　義同。

又，jù《集韻》俱遇切，音：拘，去
聲，ㄐㄩ。　左右視也。與"䀤"同。

又，xì《集韻》逆力切，音：矗，
ㄒㄧˊ。　邪視貌。與"奭"同。

按《六書統》：從目在大之兩旁，不
正也。許氏曰：斜視，或視人之左，
或視人之右也。一作"奭"。

眗，jū《廣韻》舉朱切，《集韻》恭
于切，茲音：拘，ㄐㄩ。

《玉篇》：左右視也，與"䀤"同。

又，xū《集韻》匈于切，音：吁，
ㄒㄩ。　"眗瞜"，笑也。本作："煦"。

又、kōu《集韻》墟侯切，音＝摳、
丂又。《埤蒼》＝目深貌，或作"曉"、"瞘"。

明，《集韻》＝或作"䁑"，《六書故》＝通作"䀠"。

䀠，jù《唐韻》九遇切，《集韻》俱遇切，太音＝句，ㄐㄩ

《說文》＝舉目驚"䀠"然也。（段玉裁《說文解字注》＝《廣韻》引《埤蒼》目驚"䀠""䀠然，《禮記》下曰：免喪之外，行於道路，見似目瞿，聞名心瞿。二"瞿"，當作"䀠"。《詩·齊風》狂夫瞿瞿，《傳》曰＝無守之免。《唐風》良士瞿瞿，《傳》曰＝瞿瞿然，顧禮義也。亦當作"䀠䀠"。）从夶从明，（會意，明左右視也。）明亦聲。（九遇切）《玉篇》＝恐也。

又、kǒng《廣韻》、《集韻》太苦礦切，音＝坑，上聲，ㄎㄨㄥˇ

義同。一曰好貌。

又，jiǒng《集韻》畎迥切，音：熲，ㄐㄩㄥˇ。　目驚也。

《六書統》："睪"，放目而視，从目、从夰。"夰"，放也。戴侗合"朋"、"瞿"、"睪"為一。

按：朋，《玉篇》與"瞿"同，《集韻》或作"瞲"、"眗"，《六書故》通作"睪"，《六書統》戴侗合"朋"、"瞿"、"睪"為一。

矛矛：矛部十畫，《篇韻》：同"矛"。

音：máo《唐韻》莫浮切，《集韻》、《韻會》迷浮切，㚔音：謀，ㄇㄠˊ

義：矛矛，《篇韻》：同"矛"。

矛，《說文》：酋矛也，建於兵車，長二丈。（段玉裁《說文解字注》：見《考工記》：記有酋矛夷矛，酋矛常有四尺，夷矛三尋。鄭《註》酋夷長短，酋之言遒也，酋近夷長矣。按許不言夷矛者，兵車所不建，不常用也。《魯頌·箋》云：兵車之法，左人持弓，右人持矛，中人御。）象形。（於《考工記》謂之刺兵、其刃當直。兩字形曲其首末聞，直者象其秘，左右蓋象其英。《鄭風·傳》云：重英矛有英飾也，《魯頌·傳》云：朱英矛飾也。按"矛"飾，蓋縣毛羽，據《鄭箋》則《毛傳》云：重喬累荷也者，所以縣毛羽也。莫浮切）

徐四：鉤兵也。《書·牧誓》：立爾矛。《傳》：矛長，故立之於地。《詩·秦風》：厹矛鋈錞。《傳》：三隅矛也。《禮·曲禮》：進矛戟者前其鐓。《疏》：矛如鎚而三廉也。《周禮·冬官·考工記·廬人》：酋矛常有四尺，夷矛三尋。《註》：八尺曰尋，倍尋為常，酋、夷，長短名。《史記·仲尼弟子傳》：越使大夫種以屈盧之矛賀吳王。《尉繚子·制談篇》：殺人於五十步之內者，矛戟

也。《揚子·方言》：矛，吳揚江淮
南楚五湖之閒，謂之鏦，或謂之鋋，
或謂之縱。

又，言不相副曰矛盾。《韓非子·難
一篇》：楚人譽其盾之堅，曰：物莫
能陷也。又譽其矛之利，曰：物無不
陷也。或曰：以子之矛，陷子之盾，
何如？其人弗能應，此矛盾之說也。

又，星名，《史記·天官書》：杓端
有兩星，一內為矛招搖，一外為盾天
鋒。《註》：招搖為天矛，近北斗者
也。

又，藥名。《本草綱目》：衛矛，一
名鬼箭。李時珍曰：齊人謂箭羽為衛
，此物幹有直羽，如箭羽矛及自衛之
狀，故名。

按：矛，古文"鉾""㦍"見《玉篇》、
"鉾"見《字林》、"㦍"見《字彙
補》。

矹：石部十畫，《廣韻》：同"礐"。

音：jé《廣韻》力摘切，音：礫，ㄌ一ˋ

義：硌，《廣韻》：石聲。同"礐"。

《六書略》：二石相擊成聲。

《標準學生字典》、《東方國語辭典》：兩石相擊的聲音。

què《廣韻》苦角切，《集韻》、《韻會》克角切，夶音：確，ㄑㄩㄝˋ礐，《爾雅‧釋山》：山多大石也。

《說文》：礐，石聲也。（段玉裁《說文解字注》：此與山部"嶨"義別，《爾雅》假"礐"為"嶨"耳。《江賦》曰：幽澗積岨，礐硌礐礭。《注》云：皆水激石險峻不平之兒。按當云：水激石聲也。）从石，學省聲。（胡角切，ㄑㄩㄝˋ）

又，xué《廣韻》胡覺切，音：學，ㄒㄩㄝˊ。《正字通》：礐與嶨通，有却、學二音，兼山多石、石聲二義，字雖有从石、从山之別，然山石一類，《說文》"嶨"訓"山多大石"

，“礐”訓“石聲”，誤分爲二，《
集韻》合之，是也。

又，hú《廣韻》胡沃切，音：鵠，
ㄏㄨˊ。　又，hú 胡谷切，音：斛，
ㄏㄨˊ。　義，茲同。

又，lè《廣韻》力摘切，音：礐，
ㄌㄜˋ。　”礐碻”，水石聲。郭璞《
江賦》：幽礀積岨，礐碻礐礭。《註
》：皆水激石，嶮峻不平貌。

又，lì《集韻》離宅切，音：力，
ㄌㄧˊ。　義同。

祘：禾部十畫，古”算”字。

音：suàn《唐韻》、《集韻》茲蘇貫切，
音：算，ㄙㄨㄢˋ

義：祘，《說文》：明視以筭之，从二示
。（段玉裁《說文解字注》：示與視
筭與祘皆疊韻也，明視胡从二示。）
逸周書四（《藝文志》：《周書》七
十一篇，《周史記》也，劉向曰：蓋
孔子所論百篇之餘，故許君謂之《逸

周書》，亦以別於僞《尚書》之《周
書》，免學者惑也。）士分民之稱。
（今《逸周書》無此語，尚在《允篇
》內。）均分以〞稱〞之也。（此釋
《逸周書》語，或曰本典解均分以利
之則安，即此句也。）讀若筭。（蘇
貫切，ㄙㄨㄢˋ。）

《逸周書》曰：士分民之稱，均分以
稱也。讀若筭。《正譌》：从二示，
會意。

祘，《標準學生字典》、《東方國語
辭典》：古〞算〞字。

算，Suàn《廣韻》蘇管切、《集韻》
、《韻會》、《正韻》損管切，丛音
：篹，ㄙㄨㄢˋ。《海篇》酸上聲。

《廣韻》：物數也。《儀禮·鄉飲酒
禮》：無算爵，無算樂。《註》：算
，數也。賓主燕飲，爵行無數，醉而
止也。燕樂亦無數，或閒或合，盡歡
而止也。

《前漢書‧景帝紀》：後二年詔曰：今訾算十以上迺得官，廉士算不必多、有市籍不得官，無訾又不得官，朕甚愍之。訾算四得官，亡令廉士久失職，貪夫長利。《註》：應劭曰：古者疾吏之貪，衣食足，知榮辱，限訾十算迺得為吏。十算，十萬也，賈人有財不得為吏，廉士無訾又不得官，故減訾四算得官矣。師古曰：「訾」與「貲」同。

又，Xuǎn《集韻》緒纂切，又：須兗切，音：選，ㄒㄩㄢˇ。　義並同。

又，竹器。《史記‧鄭莊傳》：其餽遺人不過算器食。《註》：徐廣曰：「算」，竹器。

又，Suàn《集韻》、《正韻》並蘇貫切，音：蒜，ㄙㄨㄢˋ

計歷數者也。《世本》：黃帝時隸首作算數。《前漢書‧律歷志》：算法用竹，徑一分，長六寸，二百七十一枚，而成六觚，爲一握。徑象乾律，黃鐘之一，而長象坤呂，林鐘之長。

又《藝文志》：歷家有《許商算術》二十六卷，《杜忠算術》十六卷。《後漢書・馬嚴傳》註：劉徽《九章算術》，方田第一、粟米第二、差分第三、少廣第四、商功第五、均輸第六、盈不足第七、方程第八、勾股第九。

又，投壺較射，數勝負之籌曰算。《儀禮・鄉射禮》：一人執算以從之。《周禮・春官》：太史凡射事，飾中舍算。《註》：謂設算於中，以待射時而取之，中則釋之。《禮・投壺》：二算爲純，一算爲奇。《註》：純，全也。二算合爲一全也，一算謂不滿純者。算之多少，視坐上之人數，每人四矢，亦四算也。

又，籌畫也。揚子《法言》：爲國不迪其法，望其效，譬諸算乎？《註》：欲治而不用先王之法，猶無財運算，無益于富也。

又，智也。《列子‧力命篇》：自長
非所增，自短非所損，算之所亡若何
？《註》：算，猶智也。

又，與"筴"同。《儀禮‧既夕》：
主人之史，請讀賵，執算。《註》：
古文"算"，皆為"筴"。

又，shàn叶音：訕，ㄕㄢˋ。　陸機《
擬良宴》：

　　四座咸同志，羽觴不可算。

　　高談一何綺，蔚若朝霞爛。

按：秫，《標準學生字典》、《東方國語
辭典》古"算"字，《新華字典》、
《現代漢語詞典》作"算"的簡體。
算，《儀禮‧既夕》註：古文"算"
皆為"筴"，《集韻》或作"選"。
筭，《集韻》、《韻會》、《正韻》
齊作"算"，通作"筌"。
筌，《集韻》或作"籑"。

秫：禾部十畫

音：i)《唐韻》、《集韻》太郎擊切，讀
　　若歷，为ㄧˋ

義：秝，《說文》：稀疏適也，凡歷、曆
　　字从此。

段玉裁《說文解字注》：秝，稀疏適
秝也。（各本無"秝"字，今依江氏
聲、王氏念孫說，補適"秝"上音的
下音"歷"疊韻字也。《玉篇》曰：
稀疏麻麻然，蓋凡言歷歷可數、歷錄
束文，皆當作"秝"，歷行而秝廢矣
。《周禮‧遂師》及《窆抱磨》鄭云
：磨者適歷，執綍者名也。遂人主陳
之，而遂師以名行接之。賈公彥云：
天子千人分布於六綍之上，稀疏得所
各為適歷也。王氏念孫、《廣雅》疏
證云、《子虛賦》七發、揚雄《蜀都
賦》、《南都賦》、《論衡‧譴告篇
》、嵇康《聲無哀樂論》，皆云勺藥
伏儼文穎，晉灼、李善皆說是調和之
名，上丁削反，下旅酌反，勺藥之言

適歷也。《周禮》注及《說文》皆云
適歷，《說文》"秝"字下云治也。
"穊"字下云調也。凡均調，謂之適
歷。）从二禾，（禾之疏密有章也）
凡"秝"之屬皆从秝，讀若歷。（郎
擊切、ㄌㄧˋ）

按：秝，或作"穭"。穭，《正字通》：
俗作"秋"字。

兼：禾部十六畫。兼古作兼，古文"謙"字
音：jiān《唐韻》古甜切，《集韻》、《
韻》堅嫌切，《正韻》古嫌切，茲音
：縑，ㄐㄧㄢ

義：《集韻》："兼"，古作"兼"。
兼，《說文》：兼，并也。（段玉裁
《說文解字注》：并，相從也。）从
手禾，（从又持秝，會意，古甜切）
兼持二禾也。徐四：會意。秉持一禾
，"兼持二禾。可兼持者，莫如禾也
。《易·繫辭》：兼三才而兩之。
《前漢書·王莽傳》：縣宰缺者，數

年守兼。《註》師古曰：不拜正官、
令人守兼也。

又、姓。《韻會》：衛公子兼之後。
鎌氏、《風俗通》衛公子兼之後。

鶼，qiān《字彙補》：古文〝謙〞字

謙，《唐韻》、《集韻》、《韻會》
、《正韻》达苦兼切，音：歉，平聲
、ㄑㄧㄢ

《說文》：謙、敬也。（段玉裁《說
文解字注》：敬、肅也。〝謙〞與〝
敬〞義相成。）从言、兼聲。（苦兼
切七部，〝謙〞或假〝嗛〞為之。）
《玉篇》：讓也。《增韻》：致恭也
、不自滿也。

又、卦名。《易‧謙卦》：謙亨、君
子有終。《釋文》：卑退為義，屈己
下物也。朱子《本義》：有而不居之
義。《史記‧樂書》：君子以〝謙〞
退為禮。

又、姓。見《字彙》。

謙氏，《姓氏考略》：望出河西（即今山西省臨汾縣）。四秦有謙屯。宋有謙開善。

又《集韻》：或作“嗛”。《前漢書·藝文志》：《易》之嗛嗛。師古《註》：與“謙”同。又《司馬相如·封禪書》：陛下嗛讓而弗發也。《史記》：作“謙”讓。

又，xián《正韻》胡兼切，音ㄒㄧㄢˊ。與“嫌”同。《荀子·仲尼篇》：信而不處謙。《註》：言得信於上，不處嫌疑，使人疑其作威福也。

又，qiǎn《集韻》、《正韻》姑若輦切，音：歉，上聲，ㄑㄧㄢˇ。　安靜貌。《禮·大學》：此之謂自謙。《註》：“謙”，讀為“慊”。慊之言厭也。朱《傳》：謙，快也，足也。《韻會》：“謙”，與“慊”通。

又，qiè《字彙》苦劫切，音：怯，ㄑㄧㄝˋ。　《大學》義同，朱子讀。

按：椛，《集韻》〝兼〞，古作〝椛〞。

椛，《字彙補》古文〝謙〞字。

謙，《六書統》一作〝譧〞。

譧，《正字通》同〝謙〞。

竝：立部十畫，〝並〞本字。

音：bìng《廣韻》蒲迥切、《集韻》、《正韻》部迥切，竝音：併，ㄅㄧㄥˋ。

義：竝，《標準學生字典》、《東方國語辭典》：作〝並〞的本字。

《類篇》：併也、比也、皆也，偕也。《書·立政》：以〝竝〞受此丕丕基。《詩·齊風》：竝驅從兩肩兮。《詩經今注》：驅，急走。從，追逐。肩，獸三歲稱〝肩〞。兩肩，即下文的兩狼。（竝驅從兩狼兮）《禮·禮運》：聖人參於天地，竝於鬼神。

又，bàng《類篇》蒲浪切，音：傍，去聲，ㄅㄤˋ。

近也，《晉書·百官志》：侍中中常侍得入禁中，散騎竝乘輿車。

又，連也。《史記・大宛傳》：竝南

山。《前漢書・郊祀志》北竝勃海。

又，bàn《類篇》部滿切，讀如伴，

ㄅㄢˋ。《前漢書・地理志》：牂柯

郡屬縣。《註》：＂竝＂，音：伴

《說文解字注》：竝，併也。〈段注

：《人部》併下曰竝也，二篆轉注，

鄭《注》禮經古文，＂竝＂今文多作

＂併＂，是二字音義皆同之故也。古

書亦多用為＂傍＂字者，傍，附也。

从二立，（蒲迥切，ㄅㄧㄥˇ）凡＂竝

＂之屬皆从＂竝＂。

按：竝，《正字通》又同＂並＂，今作＂

並＂，《標準學生字典》、《東方國

語辭典》作＂並＂本字。

翖：立部十八畫

音：ㄐㄧˇ《玉篇》居綺切，《海篇》音：几

，ㄐㄧˇ

義：翖，《海篇》：立正也。

竟：立部二十畫，俗作＂覓＂。

音：jing《廣韻》渠敬切，《集韻》、《
韻會》渠映切，《正韻》具映切，太
音：傹，ㄐㄧㄥˋ

義：競，《廣韻》、《集韻》、《韻會》
、《正韻》太音：傹。 彊也。《書
·立政》：乃有室大競。《爾雅·釋
詁》：競，彊也。《左傳·僖七年》
：心則不競，何憚于病。

又，爭也、逐也、高也、遽也。《詩
·商頌》：不競不絿。《註》：競，
逐也。《詩經今注》：競，爭也。絿
，急躁。《左傳·襄十年》：鄭其有
災乎，師競已甚。《註》：爭也。《
哀二十三年》：敝邑有社稷之事，使
肥與有職競焉。《註》：競，遽也。
又《增韻》：盛也。《左傳·昭三年
》：二惠競爽。

又《集韻》：或作"誩"，亦作"傹
"。《周禮·春官·鐘師》註：繁遏
執傹也。《韻會補》：又作"傞"。

《開元五經文字》：《毛詩》：秉心無倞。

又，借作＂境＂。《秦詛楚文》：奮兵盛師，以偪偲邊競。

又，叶居良切。《黃庭經》：魂魄內守不爭競，神生腹中銜玉鐺。

又，叶其兩切。《詩·大雅》：靡所止疑，云徂何往。君子實維，秉心無競。《詩經今注》：疑，定也。止疑，停息。此句作者自言無處可以安身。云，發語詞。徂，去也。君子，作者自稱。維，借為惟，思也。此句言作者自己在想。秉心，持心，存心。無競，無爭。

按：競，俗作＂覚＂。

覚，《字彙補》：即＂競＂字。

競：立部二十二畫，《篇海》與＂覚＂同。

音：jing叶其兩切，音：竟，ㄐㄧㄥˋ

義：競，《篇海》：與＂覚＂同。

覚，《字彙補》：即＂競＂字。王延

壽《夢賦》：晉文鹽腦圜以覽兮。

案：競，《標準學生字典》：同"競"字。音、義，參見"競"字，詮釋。

粖：米部十二畫

音：mǐ《五音篇海》音：米，ㄇㄧˇ

義：未詳

絲：糸部十二畫

音：si《廣韻》息茲切、《集韻》、《韻會》新茲切，故音：思，ㄙ

義：絲，《說文》：蠶所吐也。段玉裁《說文解字注》：絲，蠶所吐也。（吐者，寫也。）从二糸、（息茲切，ㄙ）凡"絲"之屬皆从"絲"。

《急就篇》註：抽引精繭出緒曰絲。《書·禹貢》：厥貢漆絲。《詩·召南》：素絲五紽。《詩經今注》：素，白色。紽（音：駝）、周代人的衣，一邊縫上五個（或三個）絲繩的紐子，古語叫做"紽"、今語叫做紐。另一邊縫上五個（或三個）絲繩的套

兒，古語叫做緎，今語叫做扣。穿上
衣的時候，把"紽"納入緎內，就是
下文所謂"總"。

又《注》二"五紽五緎五總，都是結
衣的絲繩，它的用處等於現在結衣的
鈕扣。紽即衣紐，紐是團圓形。今語
稱秤錘叫做秤鉈，飯團叫做飯鉈，冰
團叫做冰鉈。古語衣紐叫做紽，正是
一個語根的擴展。

《周禮·天官·大宰》：嬪婦化治絲
枲。又《典絲》：掌絲入而辨其物。

《左傳·隱四年》：猶治絲而棼之也。
又《周禮·春官·大師》：皆播之以
八音，金、石、土、革、木、匏、竹
。《註》：絲，琴瑟也。

又《禮·緇衣》：王言如絲。《疏》
：微細如絲。

按：《五經文字》：絲，作"絲"譌。《
韻會》：俗作"絲"，誤。

按《說文》"絲"自為部，今併入。

耂：老部十二畫

　音：hūn《篇海》呼昆切，音：昏、ㄏㄨㄣ

　義：耂，《篇海》：耄也。

聑：耳部十二畫

　音：dié《唐韻》丁愜切，《集韻》的愜切
　　　，並音：喋、ㄉㄧㄝˋ

　義：聑，《說文》：安也。（段玉裁《說
　　　文解字注》：《長笛賦》曰：瓠巴聑
　　　柱。）从二耳。（會意，二耳之在人
　　　首帖妥之至者也。凡帖妥當作此字，
　　　帖其段借字也。丁帖切八部，《文選
　　　注》引《說文》丁篋切。）

　　　馬融《長笛賦》：瓠巴聑柱，磬襄弛
　　　懸。《註》：聑，安也。

　　　又，揚子《方言》：揚越之郊，凡人
　　　相侮，以為無知，謂之聑。"聑"，
　　　耳目不相信也。

　　　又《廣韻》：耳垂貌。

　　　又，zhé《集韻》陟革切，音：摘、
　　　ㄓㄜˊ　　耳豎貌。

臦：臣部十二畫

音：wáng《五音篇海》音：王，ㄨㄤˊ，亦

讀：ㄨㄤ

義：未詳

臸：至部十二畫

音：rì《唐韻》、《集韻》쵌人質切，音

：日，ㄖˋ

義：臸，《說文》：到也。（段玉裁《說

文解字注》：不言至言到者，到者至

之得地者也，《足部》曰：邌近也，

从"臸"聲，然則二至，當重不當竝

。）从二至。（會意、至亦聲，人質

切十二部。）

又，zhī《廣韻》止而切，音：之，ㄓ

又，zhī《集韻》竹力切，音：陟，ㄓˊ

。義쵌同。

又《廣韻》：如一也。

又《春秋元命包》：醜臸臸，言讕讕

。《註》："臸"音臻，至也。

又，jìn《正字通》：趙古則曰："臸

〞，即刃切，音：進，ㄐㄧㄣˋ。　前
　　往也。

舔：舌部十二畫

　　音：zhān《五音篇海》音：沾，ㄓㄢ

　　義：未詳

虤：虍部十六畫

　　音：yán《唐韻》五閑切，《集韻》牛閑切
　　　　，夶音：訢，ㄧㄢˊ

　　義：虤、《說文》：虎怒也，从二虎。（
　　　　段玉裁《說文解字注》：此與〞狀〞
　　　　兩犬相齧也、同意。五閑切十四部，
　　　　ㄧㄢˊ。）凡〞虤〞之屬皆从〞虤〞。
　　　　又，xuàn《集韻》胡犬切，音：泫，
　　　　ㄒㄩㄢˇ。　義同。

蚰：虫部十二畫

　　音：kūn《唐韻》古渾切，《韻會》公渾切
　　　　，夶音：昆，ㄎㄨㄣ

　　義：蚰，《說文》：蟲之總名也。（段玉
　　　　裁《說文解字注》：蟲下曰：有足謂
　　　　之蟲，無足謂之豸。析言之、且渾言

之，則無足床蟲也。虫下曰：或行、或飛、或毛、或贏、或介、或鱗，皆以虫為象，故蟲皆从虫。而虫可讀為蟲，蟲之總名偁"蚰"。凡經傳言昆蟲，即"蚰"蟲也。《日部》曰昆，同也。《夏小正》昆，小蟲。《傳》曰：昆者，眾也，猶蒐蒐也。蒐蒐者動也，小蟲動也。《月令》昆蟲未蟄，鄭曰：昆，明也。許意與《小正》、《傳》同。）从二虫，（二虫為"蚰"、三虫為"蟲"，"蚰"之言昆也，"蟲"之言眾也。古蒐切十三部）凡"蚰"之屬皆从"蚰"，讀若昆。（ㄎㄨㄣ）

《長箋》：二虫與"絲"、"屾"、"斦"、"誩"同義，有昆弟之象，古人造字有取于象形者，則從二虫同體作"蚰"。虫、蚰、蟲三部，若無可分體者，詳略爾。

又《韻會》：通昆。《詩》：草木昆

蟲。師古曰：眾也。又鄭玄曰：昆蟲，明蟲也。明蟲得陽則生，得陰則藏。《禮·祭統》：昆蟲之異。《註》：溫生寒死之蟲也。

按：蚰，《集韻》：亦作＂蜫＂。

覞：見部十四畫

音：yào《唐韻》、《集韻》弋笑切，音：耀，一ㄠ

義：覞，《說文》：並視也。段玉裁《說文解字注》：覞，竝視也。（於《廣韻》曰普視，此今義也。）从二見，（弋笑切，按《祭義》見以蕭光，見間以俠甒，《注》云：見及見間皆當為＂覞＂字之誤也，＂覞＂不見於許書，蓋即＂覞＂字謂蕭光與燔燎並見，俠甒與肝肺首心並見也。見者，視也。＂覞＂，應古覓切十四部。）凡＂覞＂之屬皆从＂覞＂。

《元包經》：晉覞于醜。《傳》曰：覲夫眾也。《類篇》：或作＂䚋＂。

又，chào《集韻》昌召切，弨去聲，
ㄔㄠˋ。 善視貌。

又，shì《集韻》施隻切，音：釋，ㄕˋ
。又，chì昌石切，音：尺，ㄔˇ。 義
，㧌同。

誩：言部十四畫

音：jìng《唐韻》渠慶切，《廣韻》渠敬
切，《集韻》、《正韻》渠映切，㧌
音：競，ㄐㄧㄥˋ

義：誩，《說文》：競言也，从二言。（
段玉裁《注》：渠慶切，古音在十部
，讀如彊。）凡 "誩" 之屬皆从 "誩
"，讀若 "競"。

《廣韻》：爭言也。

又，人名。"輿誩"、"崇誩，見《
宋史‧宗室表》。

又，jiǎng《玉篇》虔仰切，《廣韻》
其兩切，《集韻》巨兩切，㧌音：強
，上聲，ㄐㄧㄤˇ

又，tàn《廣韻》、《集韻》㧌他紺切

，音：探，ㄊㄢˋ

又，dàn《集韻》徒濫切、音：淡，

ㄉㄢˋ。　義，㜝同。

豩：豕部十四畫

音：bīn《唐韻》伯貧切、《集韻》悲巾切

，㜝音：彬，ㄅㄧㄣ

義：豩，《說文》：二豕也，燹从此。（

段玉裁《說文解字注》：許書”燹”

、”燓”二篆皆用”豩”為聲也，然

則其讀若尚略可識矣，古音當在十三

部。）闢，（謂其義其音皆”闢”也

，二豕乃兼頑鈍之物，故古有讀若”

頑”者，大徐伯貧切、又呼闢切。）

《同文備考》：豕亂群也。

又，huán《唐韻》、《集韻》㜝呼關

切，音：懷，ㄏㄨㄞˊ。　義同。

又《漢皋詩話》：豩，頑也。

劉夢得《詩》：杕前膽不豩。

趙鼎《詩》：吞船酒膽豩。

賏：貝部十四畫

音：Ying《廣韻》、《集韻》太於敬切，音：映，一ㄥˋ

義：覮，《說文》：頸飾也，从二貝。（段玉裁《注》：駢貝為飾也。烏莖切十一部。）

《篇海》：連貝飾頸曰"覮"，女子飾也。

又，Ying《集韻》於莖切，音：罌，一ㄥ。　義同。

赫：赤部十四畫

音：he《唐韻》、《正韻》呼格切，《集韻》、《韻會》郝格切，太音：㬒，ㄏㄜˋ

義：赫，《說文》：大赤兒。（段玉裁《說文解字注》：大各本作"火"今正，此謂赫非謂"火"也，赤之盛故从二赤。《邶風》赫如渥赭，《傳》曰赫赤兒，此"赫"之本義也。若生民，《傳》曰赫顯也；出車，《傳》赫赫盛兒；常武，《傳》兩云赫赫然盛也，節南山、《傳》赫赫顯盛也；淇奧，《傳》赫有明德赫赫然。以及雲漢、《傳》赫赫旱氣也；桑柔，《傳》赫炙也；皆引申之義也。又按《焱部》曰奭盛也，是《詩》中凡訓盛者，皆叚"奭"為"赫"，而采芑瞻彼洛矣。二《傳》曰奭赤兒，即簡今《傳》之赫赤兒，正謂"奭"即"赫"之叚借也。《爾雅‧釋訓》奭奭本作"赫赫"二字古音同矣。或作"艴"如《白虎通》引韓詩有"艴"，李注《文選》亦引《毛傳》"艴"赤兒。）从二赤。（呼格切，古音在五部，音：郝。奭，古音亦如郝。）

《博雅》：赤也。《詩‧邶風》：赫如渥赭。《詩經今注》：赫，赤色鮮明貌。渥，濕潤。赭，赤土。此寫舞師的面色。《傳》：赫，赤貌。

又《詩‧大雅》：王赫斯怒。《箋》：赫，怒意。《詩經今注》：赫，勃然大怒貌。斯，西也。

又《詩‧大雅》：赫赫炎炎。《傳》：赫赫，旱氣也。《詩經今注》：赫赫，陽光顯耀貌。炎炎，暑氣熾熱貌。（赤即旱氣也）

又《詩‧大雅》：赫赫明明。《傳》：赫赫然，盛也。《詩經今注》：赫赫，威武貌（此句是形容周宣王）。

又，屈原《離騷》：陟陞皇之赫戲兮。《註》：赫戲，光明貌。

又《小爾雅》：赫，顯也。《前漢書‧陳忠傳》：使者所過，威權翕赫。張九齡《詩》：茲邦稱貴近，與世常重赫。又，李白《詩》：炬赫耀旌旄。

又《廣韻》：赫，發也。

又，姓。又赫連氏，複姓。

赫氏，《風俗通》古天子赫胥氏之後，有赫氏，赫胥氏。

赫連氏，《姓氏考略》其先匈奴右賢王去卑之後，劉淵之族，姓鐵弗。勃

勃稱王於朔方，國號夏，改姓為郝連氏。見《夏錄》

又，吐谷渾大姓，有"赫連"氏。

赫胥氏，《路史》赫胥氏，古天子，後有"赫胥"氏。

又，xià《集韻》虛訝切，音：罅，ㄒㄧㄚˋ。　與"嚇"同。

《詩·大雅》：反予來赫。《傳》：赫，炙也。《箋》曰距人謂之赫。《釋文》：毛許白反，鄭許嫁反。莊子所云以梁國赫我，是也。

《詩經今注》：赫，《毛傳》：赫，炙也。此句言你反而炙燒我，即反而迫害我。又《釋文》：赫，本亦作：嚇，莊子云"以梁國嚇我"是也。此句言你反威嚇我。又馬瑞辰說：《方言》、《廣雅》並云'赫，怒也。'……那末，此句言你反而怒我。是三解，均通。

又，shì《韻會》施隻切，音：釋，ㄕˋ

。《爾雅‧釋訓》：赫赫，迅也。《

釋文》：赫，音＝釋。

又《前漢書‧孝成趙皇后傳》：赫蹏

書。《註》：鄧展曰：赫音兄弟鬩牆

之「鬩」。應劭曰：赫蹏，薄小紙。

晉灼曰：今謂薄小物曰鬩蹏。《類篇

》：或作「㚄」，亦作「蒜」「㷿」。

又《韻補》叶鬩各切，荀勗《大會行

禮歌》：明明天子，臨下有赫。

　　　　來格祈祈，邦家是若。

按：《正字通》：大炙日暴，皆曰赫。《

　　說文》：專訓火赤，泥。

跦：足部十四畫，《集韻》與「躇」同。

音：chú《集韻》初六切，音＝蠱，ㄔㄨˊ

義：跦，《集韻》：同「躇」，齊謹貌。

　　躇，《正字通》：同「蹴」。

　　chuò《廣韻》、《集韻》、《韻會》

　　、《正韻》太測角切，音＝婗ㄔㄨㄛˋ

　　蹴，《玉篇》：齒相近聲。

又《廣韻》：開孔臭。

又《集韻》：齷齪，迫也。《正韻》：齷齪，急促，局狹貌。亦作"齷躖"，又作"握齪"。《史記·司馬相如傳》：委瑣握齪。

又，chù《廣韻》、《集韻》丛初六切，音：珿，ㄔㄨˋ

《廣韻》：廉謹貌。

又，cuò《集韻》叉足切，音：娕，ㄘㄨㄛˋ。　齒齊也。

按：踀，《集韻》：與"躖"同。

躖，《正字通》：同"齪"。

轉：車部十四畫

音：yì《篇海類編》夷益切，音：亦，一ˋ

義：轉，《篇海類編》：車也。

辩：辛部十四畫

音：biǎn《廣韻》符蹇切、《集韻》平免切，丛音：辯，上聲，ㄅㄧㄢˇ

義：辩，《說文》：罪人相訟也。

段玉裁《說文解字注》：辩，辠人相與訟也。从二辛，（會意，方免切十二部。）凡"辡"之屬皆从"辡"。
又，biǎn《集韻》邦免切，鞭上聲，
ㄅㄧㄢˇ。義同。

辢：辛部二十四畫，《篇海類編》同"辜"
音：gū《唐韻》古乎切，《集韻》、《韻
會》、《正韻》攻乎切，茲音：姑、
《ㄍ×

義：辢，《篇海類編》：同"辜"。
辜，古文"辜"。
《說文》：罪也。从辛、古聲。
段玉裁《說文解字注》：辜、辜也。
（於《周禮》殺王之親者"辜"之、
鄭《注》辜之言枯也，謂磔之。按"
辜"本非常重罪引申之，凡有罪皆曰
"辜"。）从辛古聲（古乎切五部）
《書·大禹謨》：與其殺不辜，寧失
不經。《周禮·夏官》：以救無辜，
伐有罪。
又，必也。《前漢書·律歷志》六律
·姑洗，洗，絜也。言陽氣洗物，辜

絜之也。《註》：韋絜，必使之絜也。

又，礫也。《周禮·春官》：以疈（副）韋祭四方百物。《註》：疈，披牲胷也。疈韋，披礫牲以祭也。

又，障也。《後漢書·靈帝紀》：豪右韋權。《註》：謂障餘人賣買，而自取其利也。一作"韋較"，義同。

又"韋較"，大概也。《廣韻》：略也。《孝經》：蓋天子之孝也。《疏》：蓋者，"韋較"之辭。"韋較"，猶梗概也，言舉其大略也。

又，月名。《爾雅·釋天》：十一月為"韋"。

又，姓。韋氏，《姓氏考略》：引《姓纂》泉州晉安有此姓（韋氏）。一云：其先因被韋自悔，以"韋"為氏。如：救氏、敕氏、訢氏之類。

䢼：邑部十四畫，《五音篇海》同"巷"。

音：Xiang《廣韻》胡絳切，《集韻》、《正韻》戶絳切，茲音：學，去聲，

ㄒㄧㄠˋ。又音：巷，ㄒㄧㄤˊ。

義：䢽，《五音篇海》：同＂巷＂。

巷，《說文》：里中道。从邑从共，皆在邑中所共也。

段玉裁《說文解字注》：䢽，里中道也。（不言邑中道、言里中道者，言邑不該里、言里可該邑也。析言之，國大邑小、邑大里少。渾言之，則國邑通偁、邑里通偁。載師《注》曰今人邑居里，此邑里通偁也。《高祖紀》云：沛豐邑中陽里人，此邑里析言也。應劭曰：沛縣也，豐其鄉也。然則鄉可偁邑矣。《周禮》：五家為鄰、五鄰為里，此周制也。《齊語》五家為軌、十軌為里，此齊制也。《百官志》曰：里魁掌一里百家，什主十家、伍主五家，以相檢察，此漢制也。里中之道曰巷，古文作＂䢽＂。《爾雅》作＂術＂。引申之，凡夾而長者皆曰＂巷＂、宮中衖謂之壼是也。

《十七史》言弄者，皆即"巷"字，
語言之異也。今江蘇俗，尚云弄。）
从䢼共（會意），言在邑中所共。（
說會意之恉，邍在邑之中人所共由，
胡絳切，共亦聲也。九部）巷，篆文
从邑省。（巷為小篆，則知"䢼"為
古文、籀文也。先古籀後篆者，亦《
上部》之例，"巷"今作"巷"。
《廣韻》：街巷也。《增韻》：直曰
街，曲曰巷。《詩·鄭風》：巷無居
人。《註》：里塗也。
又《增韻》：宮中長廡相通曰永巷。
《列女傳》：周宣姜后脫簪珥，待罪
永巷。《三輔黃圖》：永巷，宮中之
長巷，幽閉宮女之有罪者，武帝時改
為掖庭置獄焉。
又《增韻》：永巷，天子公侯通偁。
《唐書·郭子儀傳》：宅居親仁里四
分之一，中通永巷，家人三千相出入
不知其居。

又＂巷伯＂，奄官。《詩・小雅・巷伯箋》：巷伯，奄官，掌王后之命，於宮中為近，故謂之巷伯。

又，與＂衖＂通。《玉篇》：＂衖＂，亦作＂巷＂。《韻會》：《三蒼》云：衖，交道也。衖，宮中別道也。屈原《離騷》：五子用失乎家衖。

又《韻會》：一作＂閧＂。《揚子・學行篇》：一閧之市。

又，hóng 叶胡貢切，音：紅，去聲，ㄏㄨㄥˊ。《詩・鄭風》：俟我乎巷兮，悔予不送兮。《詩經今注》：俟，等待。乎，於也。予，我。

棣：隶部十六畫，俗＂𥽘＂字。

音：si《五音集韻》息利切，音：四，ㄙˋ

義：棣，《五音集韻》：俗＂𥽘＂字。

《廣韻》：鼠名。

《玉篇》：豕聲也。

案：參見＂𥽘＂字，詮釋。

雔：隹部十六畫

音：chóu《唐韻》市流切，《集韻》時流
　　切，茲音：酬，ㄔㄡˊ

義：雔，《說文》：雙鳥也。从二隹。
　　段玉裁《說文解字注》：雔，雙鳥也
　　。（按《釋詁》仇讎敵妃知儀匹也，
　　此"讎"字作"雔"，則義尤切近，
　　若應也、當也、售物價也、怨也、寇
　　也，此等義則當作"讎"度，古書必
　　有用"雔"者，今則"讎"行而"雔"
　　"廢矣！）从二隹，凡雔之屬皆从雔
　　。讀若"醻"。（市流切，三部）
　　案"醻"，《說文》本"酬"字。《
　　　　廣韻》、《集韻》"酬"與"酬"
　　　　同。

　　　　《爾雅・釋蟲》：雔由，樗繭。《註
　　　　》：食樗葉。《釋文》：音"讎"。

醔：面部十八畫
　音：miǎn《篇海》音：湎，ㄇㄧㄢˇ
　義：醔，《篇海》：酙醔也。
音音：音部十八畫

音：ruǎn《龍龕手鑑》音：阮，ㄖㄨㄢˇ

義：䡇，《貫珠集》：樂器也。

顛：頁部十八畫

音：zhuàn《五音集韻》雛睆切，音：撰，ㄓㄨㄢˋ

義：顛，《說文》：選具也。

段玉裁《說文解字注》：顛，選具也。（選擇而共置之也，顛、選，疊韻《六部》曰：巽具也，𩕂具也，《人部》曰僎具也。是"巽"、"顛"、"𩕂"、"僎"四字義同，《玉篇》曰："顛"古文作：選。）从二頁。（二頁，具之意也。士戀切十四部）又《玉篇》：或作"僎"。

又，xuǎn《集韻》須兗切，音：䁔，ㄒㄩㄢˇ。　又，zhuàn雛戀切，音：襈，ㄓㄨㄢˋ。　又，sùn蘇困切，音：遜，ㄒㄩㄣˋ。　義，太同。

颿：風部十八畫

音：qiǎng《玉篇》可講切，音：腔，上聲

、ㄑㄧ尢ˇ

義：颿、《玉篇》：亂風。

又、qiàng 可降切、音：腔、去聲、

ㄑㄧ尢。　義同。

䭫：首部十八畫、《五音篇海》同"首"。

音：shǒu《廣韻》書之切、《集韻》、《

韻會》、《正韻》始九切、夶音：手

、ㄕㄡˇ

義：䭫、《五音篇海》：同"首"。

首、《說文》：百，頭也。（段玉裁

《說文解字注》：頭下曰"百"也、

與此為轉注自古文，"䭫"行而"百

"廢矣。《白虎通》何《注》、《公

羊》王《注》、《楚辭》皆曰"首"

頭也。引申之、義為始也本也、《儀

禮》古文假借"手"為"首"。）象

形、（象人頭之側面也、左象前右象

後、書九切三部。）凡"百"之屬皆

从"百"。

又"首"、《說文解字注》：䭫，古

文"𦣻"也。（各本古文上有"𦣻"同二字，妄人所增也。許書絕無此例，惟麻下云與"林"同，亦妄人所增也，今刪正義已見上矣。故祇言古文"𦣻"，如儿下曰古文"奇"字，人介下曰籀文"大"、𩠐下曰古文"𦣻"，皆此例也。不見"𦣻"於"𦣻"篆之次者，以有从"𦣻"之篆，不得本之為部首也。今字則古文行而小篆廢矣。）巛象髮，（說"𦣻"上有"巛"之意，象髮形也，小篆則但取頭形。）髮謂之"鬊"、（髮字，舊奪今補。）鬊即"巛"也。（當作"巛"即"鬊"也，與"去"《易》突字也，例同"鬊"之訓"髮"隋也。渾言之，則為髮偁此八字。蓋別一說，上文謂象形，此謂"巛"即山川字，古音同"春"，故可假為"鬊"字，會意。）凡"𦣻"之屬，皆从𦣻。又《易·說卦》=乾為首。《周禮·

春官‧大祝》：辨九捧：一曰䭫首，二曰頓首，三曰空首。《註》：稽首拜頭至地也。頓首拜頭叩地也，空首拜頭至手，所謂拜手也。

又"元首"，君也。《書‧益稷》：元首起哉。

又《廣韻》：始也。《公羊傳‧隱六年》：《春秋》雖無事，首時過則書。《註》：首，始也。時，四時也。過，歷也。春以正月為始，夏以四月為始，秋以七月為始，冬以十月為始。

又，揚子《方言》：人之初生，謂之"首"。

又，魁帥也。《禮‧檀弓》：毋為戎首，不亦善手。《註》：為兵主來攻伐曰戎首。

又，檦表也。《禮‧閒傳》：苴惡貌也。所以首其內而見諸外也。《集說》：首者，檦表之義。蓋顯示其內心之哀痛于外也。

又，要領也。《書·秦誓》：予誓告汝群言之首。《傳》：眾言之本要。

又《左傳·僖十五年》：秦獲晉侯以歸，大夫反首拔舍從之。《註》：反首，謂頭髮下垂。

又《左傳·成十六年》：塞井夷竈，陳於軍中，而疏行首。《註》：疏行首者，當陣前決開營壘為戰道。

又《禮·曲禮》：進劍者左首。《疏》：首，劍拊環也。

又《周禮·冬官·考工記·廬人》：五分其晉圍，去一以為首圍。《註》：首，受上鐏也。

又"貍首"，樂章名。《周禮·春官·樂師》：凡射，諸侯以貍首為節。

又《禮·檀弓》：貍首之斑然。《註》：木文之華。

又，官名。《史記·犀首傳》：犀首者，魏之陰晉人也。名衍，姓公孫氏。《註》：司馬彪曰：若今虎牙將軍。

又，山名。《書·禹貢》：壺口雷首。《疏》：在河東蒲坂縣南。一名"首山"。《左傳·宣二年》：宣子田於"首山"，即此。

又，邑名。《春秋·僖五年》：會王世子於首止。《註》：衛地，陳留襄邑縣，東南有首鄉。《公羊傳》：作：首戴。又《左傳·昭二十八年》：韓固為馬首大夫。《註》：今壽陽縣。又《左傳·桓十四年》：牛首，鄭邑。又"剗首"，晉地。見《左傳·文七年》。

又，國名。《山海經》：有三首國。又"咳首"，八蠻之一。見《風俗通》。

又，馬名。《爾雅·釋獸》：馬四蹢皆白，首。《註》：蹢，蹄也。四蹄白者名首，俗呼為踏雪馬。

又《禮·月令》：首種不入。《註》：首種謂稷。《疏》：百穀，稷先種，故云。

又，草名。《爾雅·釋草》：狐首，
菟葵別名。

又，姓。《正字通》：明弘治，汀州
推官首德仁。

首氏，《夢谿筆談》天竺之贅四姓，
有首氏。張澍云：當出於首陽首止，
如腹氏肝氏之類。見《姓氏考略》

又，shòu《廣韻》、《集韻》、《韻
會》、《正韻》太舒救切，音：狩，
ㄕ又

《廣韻》：自首前罪。《正字通》：
有咎自陳，及告人罪曰首。《前漢書
·文三王傳》：驕嫚不首。《註》：
不首，謂不伏其罪也。首，失救反。

又，服也。《後漢書·西域傳》：雖
有降首，曾莫懲革。《註》：首，猶
服也。音式救反。

又，頭向也。《禮·玉藻》：君子之
居恆當戶，寢恆東首。《註》：首，

生氣也。《釋文》：酋，手又反。

又《戰國策》：以秦之彊，酋之者。

《註》：言以兵向之。

又，shǐ叶詩紙切，音：始，ㄕˇ　揚子

《太玄經》：凍登赤天，陰作酋也。

　　　　　　虛蠃踦踦，擅無己也。

又，shǔ叶賞語切，音：黍，ㄕㄨˇ

班固《述高帝贊》：

　　　　神母告符，朱旗迺舉。

　　　　粵蹈秦郊，嬰來稽酋。

又，shù叶春御切，音：恕，ㄕㄨˋ

《晉書·樂志·鼓吹曲》：征遼東，

敵失據，威靈邁日域·公孫既授酋。

按：䪜，《五音篇海》：同"酋"。

酋，《集韻》：古作"𦣻"。

𦣻，《說文》：古文"百"也。"巛

"象髮，謂之"鬊"。鬊，即巛也。

鬊，音：舜（ㄕㄨㄣˋ）。亂髮也。

馫：香部十八畫

音：Xiāng《搜真玉鏡》音：香，ㄒㄧㄤ

義：舊舊，亦作"舊"。《字彙補》：大香
　　也。

馬馬：馬部二十畫

　音：dú《玉篇》徒鹿切，音：獨，ㄉㄨˊ

　義：馬馬，《玉篇》：馬走也。

　　　《六書故》：兩馬竝馳聲，馬馬馬馬也。

骨豐：骨部二十畫，《篇韻》古文"體"字。

　音：tǐ《唐韻》、《正韻》他禮切，《集

　　　韻》、《韻會》土禮切，太音：涕，

　　　上聲，去一ˇ

　義：骨豐，《篇韻》：古文"體"字。

　　　體，《說文》：總十二屬也。（段玉

　　　裁《說文解字注》：十二屬許未詳言

　　　，今以人體及許書覈之。首之屬有三

　　　：曰頂曰面曰頤，身之屬有三：曰肩

　　　曰脊曰尻，手之屬有三：曰厷曰臂曰

　　　手，足之屬有三：曰股曰脛曰足，令

　　　《說文》全書求之，以十二者統之，

　　　皆此十二者所分屬也。）从骨、豐聲

　　　。（他禮切十五部）

《釋名》：體，第也。骨肉毛血，表裏大小，相次第也。《廣韻》：四肢類編也。《禮・中庸》：動乎四體。又《易・文言》：君子體仁，足以長人。《疏》：體包仁道。

又《書・畢命》：辭尚體要。《註》：辭以理實為要。

又《詩・衛風》：爾卜爾筮，體無咎言。《傳》：體，兆卦之體。《詩經今注》：爾，你。卜，占卜。筮（音：誓），用蓍（音：詩）草五十根，依法反覆排比，成卦。根據卦的形狀斷定吉凶，叫做筮。卜和筮，都是古人的迷信活動。體，指兆體和卦體。又解：體，卦也。咎，災也。咎言，不吉利的言辭。

又《詩・大雅》：方苞方體，維葉泥泥。《箋》：體，成形也。《詩經今注》：方，甫，始。苞，茂也。體，長成形體。泥，借為苨。苨苨，葉茂盛貌。

又《周禮・天官》：體國經野。《註
》：體，猶分也。

又《周禮・天官・內饔》：辨體名肉
物。《註》：體名，脊脅臂臑之屬。

又《禮・文王世子》：外朝以官體異
姓也。《註》：體，猶連結也。

又《禮・學記》：就賢體遠。《註》
：體，猶親也。

又《禮・中庸》：體物而不可遺。《
註》：猶生也。

又《禮・中庸》：體群臣也。《註》
：猶接納也。

又《左傳・昭二十年》：聲亦如味，
一氣二體。《疏》：案之動身體者、
唯有舞耳！舞者，有文武二體。

按：䯚，《篇韻》：古文"體"字。

體，《廣韻》：俗作"軆"，《集韻
》：作"躰"，《增韻》：俗作"体
"、非。

体，《標準學生字典》、《東方國語
辭典》：作＂體＂的簡體字。

䰕：鬲部二十畫

音：lì《篇海》音：歷，ㄌㄧˋ

義：䰕，《篇海》：去滓也。

鱻：魚部二十二畫

音：Xiān《龍龕手鑑》音：仙，ㄒㄧㄢ

又，Sū音：蘇，ㄙㄨ

義：未詳

鵍：鳥部二十二畫

音：niǎo《篇海類編》音：鳥，ㄋㄧㄠˇ

義：未詳

齭：齒部三十畫

音：zhí《五音集韻》陟立切，音：繁，ㄓˊ

義：《五音集韻》：齭，齒也。

龘：龍部三十二畫

音：dá《唐韻》徒合切，《集韻》達合切

，𣫯音：沓，ㄉㄚˊ

又，tà音：沓，ㄊㄚˋ

義：龘，《說文》：飛龍也。（段玉裁《

說文解字注》：《廣韻》曰：龍飛之狀。）从二龍，（凡"襲"、"聾"字从此，省聲。）讀若"沓"。（徒合切八部，去ㄚˋ。）

又《集韻》：龖，飛龍也。

又《大書精蘊》：震怖也。二龍竝飛，威靈盛赫。見者氣奪，故"聾"从此省。《元包經》：震龖之赫霆之善。《傳》曰：二龍怒也。

又，sà《集韻》悉合切，音：趿，ㄙㄚˋ。　飛龍也。

　　本（二字並列）卷，收錄一二三字。內有"林"、"棘"、"競"三字，於《康熙字典》文中，數處有誤。謹參"原書"（引文），辨證考正。

　　是（二字並列）卷，計一百二十三字，佔百分之二十六‧三三八（26‧338%）。

卷之五　三字並列

同文合體字，於〞三字并列〞者，形式複雜，參差不一，企求齊美，容易誤讀，概分：直列式，橫列式、重疊式，著述如次：

一、直列式：

惢：小部九畫，《篇海類編》同〞惢〞字。

案：音、義、參見〞惢〞字，詮釋。

扅：戶部十二畫

音：xū《龍龕手鑑》音：虛，ㄒㄩ

義：未詳

二、橫列式：

伀：人部六畫，《正字通》〞眾〞本字。

音：zhòng《玉篇》牛林切，或业林切，音：眾，ㄓㄨㄥˋ

義：似，《正字通》：："衆"本字。"乑
爲會意，衆立也。

《六書本義》：从人，三成類爲意。
象形，本作"伫"。

又《玉篇》：衆立也，"似"與"乑
"同。 按"乑"字，从三人會意。

乑，《說文》：从，衆立也。（段玉
裁《說文解字注》：《玉篇》作：衆
也。）从三人。（會意，《國語》曰
：人三爲衆。）凡"乑"之屬，皆从
"乑"。讀若欽崟。（於《山部》曰
"崟"山之岑"崟"也，"欽崟"蓋
即"岑崟"。《公羊傳》及《上林賦
》，又皆有"欽巖"字，"乑"讀如
"崟"，魚音切七部。）

又，zhòng《唐韻》、《廣韻》、《集
韻》、《類篇》、《韻會》、《正韻
》茲之仲切，音：終，去聲。虫ㄨㄥˋ
衆，《說文》：衆，多也。从乑目衆
意。（段玉裁注：之仲切九部，古平

聲。）

徐鍇：《國語》：三人爲眾，數成於三也。《易·說卦》：坤爲眾。《疏》：取其地載物，非一也。《書·湯誓》：格爾眾庶。《詩·周頌》：命我眾人。《詩經今注》：眾人，指農夫。鬱山子《損益篇》：寡者爲人上者也，眾者爲人下者也。

又，眾雨。《禮·月令·淫雨蚤降註》：雨三日以上爲霖，今月令曰眾雨。

又，星名。《史記·天官》：晝妻爲聚眾。

又，縣名。《前漢書·地理志》：安眾縣、秦置、屬南陽郡。

又，草名。《爾雅·釋草》疏：眾，一名秫，稷之黏者也。又〝蒢〞，一名貝眾，藥草也。

又，姓。《左傳》：有〝眾仲〞、〝眾父〞，以字爲氏。

眾（音：終）氏、《世族譜》：魯孝

公子益師，字眾父，其孫：仲，以王
父字為氏。

又，zhōng《唐韻》職戎切，《集韻》
、《韻會》之戎切，並音終，ㄓㄨㄥ
。義，同。

又，zhāng叶諸良切，音：章，ㄓㄤ。
《道藏歌》：

　　　攜袂明真館，仰期無上皇。

　　　北鈞唱羽人，玉文粲賢眾。

又，zhēng叶諸仍切，音：蒸，ㄓㄥ。
《揚子‧太玄經》：減於艾無以溢眾
也，減黃貞臣道丁也。

又，qín叶才淫切，音：琴，ㄑㄧㄣˊ。
《揚子‧太玄經》：減其儀欲自禁也
，減於艾無以溢眾也。

按：伀，《正字通》：本"眾"字，《六
書本義》：亦作"仦"。《玉篇》：
"伀"與"眾"同。

眾，《說文》：从、眾立也。《玉篇
》：作"眾"也。

衆，《說文》：衆，多也。《正字通
》：从橫目，从伩，人數多也。目，
數也。"衆"字之譌，別詳"眾"。
又《字彙》：作"衆"、與"眾"同
、列《血部》非。《標準學生字典》
、《東方國語辭典》"衆"、"眾"
的俗字。

眾，《說文》：目相及也。本作"眔
"，从目从隶省。凡"鰥"、"懷"
等字，皆从此。

𥇒，《字彙補》：古文"眾"字。

从：人部六畫

音：Yín，音：吟、讀若"銀"、一ㄣˊ

義：从、李國英譔《說文類釋》："眾
立也。

案："从"字，从三人、以會意。

卅：十部六畫，今作"卅"。

音：Sà《集韻》、《韻會》悉盍切，《正
韻》悉合切，太音：颯、ㄙㄚˋ

義：卅，《說文》：三十也。今作"卅"

、 "十" 并也。

《廣韻》：卉，直爲三十字。

案：參見 "卉" 字，詮釋。

厽：厶部十五畫，《字彙補》：同 "去"。

音：qù《唐韻》、《集韻》、《韻會》厽
　　丘據切，音：墟，去聲，ㄑㄩ

義：厽，《字彙補》：同 "去"。

　　去，《說文》：人相違也。（段玉裁
　　《說文解字注》：違離也，人離故从
　　大，"大" 者人也。）从大ㄩ聲，（
　　丘據切五部）凡 "去" 之屬皆从去。
　　《廣韻》：離也。《增韻》：來去、
　　離去、去就之去。《玉篇》：行也。
　　《史記·莊助傳》：汲黯，招之不來
　　、麾之不去。

案：汲黯（～112 B.C.），字長孺，西漢
　　·濮陽人。性倨少禮，好游俠，
　　尚氣節，以嚴見憚。歷官：東海
　　太守、主爵都尉，政聲斐然。後
　　爲淮陽太守，居十載而卒。（臧

勵龡《中國人名大辭典》頁四八五‧三）。

漢‧司馬遷《史記》（卷一二〇）、東漢‧班固《漢書》（卷五〇），有傳。

又、棄也。《後漢書‧申屠剛傳》：愚聞人所歸者，天所與。人所畔者，天所去也。

又，qǔ《唐韻》羌舉切、《集韻》、《韻會》口舉切、《正韻》丘舉切，茲音：墟，上聲。ㄒㄩˇ

《集韻》：徹也。

又、藏也。《前漢書‧蘇武傳》：掘野鼠，去草實而食之。《註》：去、收藏也。

又《集韻》：或作"弆"。《前漢書‧陳遵傳》：遵善書，與人尺牘，皆藏弆以為榮。《註》：弆，亦藏也。

又，qǔ《韻會》、《正韻》茲丘於切，音：墟，ㄒㄩ。　疾走。《正字通

》：同〝驅〞。《詩・小雅》：鳥鼠
攸去，君子攸芋。《詩經今注》：攸
，于是。鳥鼠攸去，指鳥鼠不能穿牆
入屋為害。芋，借為宇。宇，居也。
《左傳・僖十五年》：秦伯伐晉，卜
之曰：千乘三去，三去之餘，獲其雄
狐。

按：茲，《字彙補》：同〝去〞字。

去，《說文》：𠓤，人相違也。

𠓤，《說文》：〝去〞本字，从大，
凵聲。

吅吅吅：口部九畫

音：líng《廣韻》郎丁切，音靈，ㄌ一ㄥˊ。

義：吅吅吅，《廣韻》：眾鳥也，从三口。

　　又《類篇》：眾聲也。

孖孖：子部九畫，亦作〝孴〞。

音：nǐ《篇海類編》魚紀切，音擬，ㄋ一ˇ。

義：孖孖，《篇海類編》：盛也。

　　又，jìn即刃切，音：進，ㄐ一ㄣˋ。

　　亦作〝孴〞。

晉，《說文》：籀文"晉"。从二子、一曰"孨"即奇字"晉"（段玉裁注：俗本"曰"，多譌"日"。）子孨切，音：進，ㄐㄧㄣˋ

孨，《說文》：一曰即奇字"晉"。又，ní《玉篇》牛起切、《集韻》偶起切、《類篇》魚紀切，太音：擬，ㄋㄧˇ。　《說文》：盛貌。（段玉裁《說文解字注》：《文選·靈光殿賦》曰：芝栭欑羅以戢孨，李《注》：戢"孨"，眾兒。）从孨、从日。讀若薿，"薿"一曰若存。（今魚紀切，李善：乃立切。）

《玉篇》：又眾多貌。王延壽《魯靈光殿賦》：芝栭欑羅以戢孨。杜甫《朝享太清宮賦》：羅詭異以戢孨。又，yì入聲，《韻會》弋入切，音：翊，ㄧˋ。　義同。

晉，《說文》："晉"本字。

按：孨，亦作"晉"。《說文》籀文"晉

"、一曰奇書"晉"。"晉"本字。
曡，《集韻》：籀文作"晉"，或作
"珡"。參見"珡"字、詮釋。

州：巛部六畫

音：zhōu《唐韻》、《正韻》職流切，《
集韻》、《韻會》之由切，夶音：周
、㞢又

義：州，《說文》：水中可居者曰州。（
錢玉裁《說文解字注》"尻"，各本
作：居，今正。"者"字，今補。《
周南》在河之州，《釋水》、《毛傳
》，皆曰：水中可居者曰州。）水匌
繞其旁，从重川。（"水"字今補、
"匌繞"各本作：周遶，誤，今正。
"匌"者"帀"也，會意。職流切三
部，俗作：洲。）昔堯遭洪水，民尻
水中高土，故曰九州。（"州"本州
渚字引申之，乃爲九州，俗乃別製"
洲"字，而小大分係矣。）《詩》曰
在河之州，《關雎》文證"州"之本

義也。）一曰：州，疇也。（以魯頌為訓"疇"，耕治之田也。）各疇其土而生也。（人各耕治以為生，此說"州"之別一義，其實前義內可包。）《廣雅》：州，殊也，浮也。《春秋題辭》：州之為言殊也。《釋名》：州，注也，郡國所注仰也。《玉篇》：九州也。時也，宮也，居也。《書‧舜典》：肇十有二州。《傳》：禹治水之後，舜分冀州為幽州、并州，分青州為營州。《疏》：《禹貢》治水之時猶為九州，今始為十二州。《左傳》云：昔夏之方有德也，貢金九牧。則禹登王佐，還置九州，其名蓋如《禹貢》。《禹貢》：冀、袞、青、徐、荊、揚、豫、梁、雍。《周禮‧夏官》：九州，揚、荊、豫、青、袞、雍、幽、冀、并。《爾雅‧釋地》：冀、豫、雝、荊、揚、袞、徐、幽、營，九州。《疏》：《禹貢》有青、徐、梁、無幽、幷、營，是夏制。《周禮》有青、幷、幽，無徐、梁、營，是周制。此有幽、徐、營，而無青、梁、幷，疑是殷制也。

《史記·孟子傳》：騶衍言中國名赤縣神州，赤縣神州內自有九州，禹之序九州是也，不得為州數。中國外如赤縣神州者九，乃所謂九州也。

又《周禮·地官》：五黨為州。《註》：州二千五百家。《論語》：言不忠信，行不篤敬，雖州里行乎哉？

又、國名。《春秋·桓五年》：州公如曹。《傳》：淳于公如曹。《註》：淳于，州國所都，城陽淳于縣也。《括地志》：密州安丘縣東三十里古州國，周武王封為淳于國。

又、邑名。《左傳·昭三年》：鄭伯如晉，公孫段相晉侯，曰：子豐有勞於晉，余聞而弗忘，賜女州田。《註》：州縣，今屬河內郡。

又《春秋·成七年》：吳入州來。《註》：楚邑，淮南下蔡縣。

又《史記·楚世家》：考烈王元年，納州於秦。《註》：南郡有州陵縣。

又，姓。《左傳·襄二十一年》：州綽出奔齊，《註》：晉大夫。

州氏，《姓氏考略》：周有州邑，後屬晉。春秋時之州綽，州賓，其先食采於州，周以為氏。見《風俗通》。望出武陵，治所在今湖南省常德縣。

又：淳于公謂之州公，其後亦為氏。

州來氏，《路史》：吳後有州來氏。

州來，古國，楚滅之。吳取以封季子。

又《爾雅·釋畜》：白州驠。《註》：州，竅。《疏》：謂馬之白尻者也。

又與"洲"通。按《說文》引《詩·周南》"在河之州"，今文作"洲"，古通。《詩經今注》："洲"，水中沙灘。

又，zhōu叶專於切，音：朱，ㄓㄨ。

《易林》：鶴鳩從巢，西至平州。
　　　　　遭逢雷電，霹我葦廬。

弨：弓部九畫

　音：zhōu《龍龕手鑑》音：州，虫又

　義：未詳

㴱：水部十二畫，《字彙補》古文"涉"字

　音：shè《唐韻》時攝切，《集韻》、《韻
　　　會》實攝切，𡘋音：紗，尸さ

　義：㴱，《字彙補》：古文"涉"字。
　　　崔希裕《略古》：三水為"涉"。
　　　涉，《說文》：徒行瀝水也。（段玉
　　　裁《說文解字注》"瀝"各本作"厲"
　　　"誤，瀝或"砅"字也。砅本履石渡
　　　水之偁，引申為凡渡水之偁。《釋水
　　　》曰繇膝以上為"涉"，《毛傳》同
　　　許云：徒行者以別於車及方之舟之也
　　　。許意《詩》所言揭厲，皆徒行也，
　　　皆涉也，故字从步。）从㴱步。（會
　　　意，時攝切八部。）涉，篆文从水。
　　　又《爾雅·釋水》：繇膝以上為涉。

又，經也。枚乘《七發》：於是背秋
〝涉〞冬。

又《前漢書‧賈山傳》：涉獵書記，
不能為醇儒。《註》：言若涉水獵獸
，不專精也。

又〝大涉〞，水名。《前漢書‧地理
志》：犍為郡南廣縣，有大涉水。

又，縣名。《廣輿記》：屬彰德府，
古涉侯國地，漢‧涉縣。

又，姓。《左傳》：有涉佗。

涉氏，《姓氏考略》：晉大夫涉佗，
其先食采于涉，以邑為氏。見《姓源
》。望出河南（治所雒陽，在今河南
省洛陽市東北）。

又，dié《廣韻》丁愜切，《集韻》的
協切，並音：跕，ㄉㄧㄝ。　與〝喋
〞同，血流貌。

舙：舌部十八畫，《玉篇》古文〝話〞字。

　音：huà《玉篇》胡卦切，《正韻》胡挂切
，並音：畫，ㄏㄨㄚˋ

義：譌，《玉篇》：古文"話"字。

話，《說文》：譮，會合善言也。（段玉裁《說文解字注》：語會曾韻，《大雅》慎爾出話，毛曰：話善言也。）从言昏聲。（胡快切十五部）《傳》曰：告之話言。（此當作《春秋傳》曰：箸之話言，見《文六年》《左氏傳》淺人，但知抑《詩》故改之，刪《春秋》字，妄擬《詩》可稱《傳》也，抑《詩》作：告之話言，於話下稱之，又妄改爲《詩》曰話訓。）譮，籀文"話"从言會。（昏、會，同在十五部，故"檜"亦作"栝"。）

《爾雅·釋詁》：言也。《疏》：孫炎曰：善人之言也。《廣韻》：語話也。《書·盤庚》：乃話民之弗率，誕告用亶。《註》：告也，言也。《詩·大雅》：慎爾出話。《傳》：善言也。《左傳·文六年》：箸之話言。《註》：為作善言遺戒。

又《廣雅》：調也，耽也。

又《小爾雅》：治也。

又，wéi《廣韻》胡快切，《集韻》、

《韻會》戶快切，並音：慧，ㄨㄟ

義同。

又，huà《集韻》胡化切，音：華，去

聲，ㄏㄨㄚˋ。 亦言也，或作"咶"。

又 hè，叶胡臥切，音：和，去聲，

ㄏㄜˋ。 白居易《效陶潛體詩》：

　　　兀然無所思，日高尚閒臥。

　　　暮讀一卷書，會意如嘉話。

按：譮，《玉篇》古文"話"字。

　話，《說文》本作"語"，籀文作"譮"。

蟩：虫部二十一畫

　音：xué《篇韻》音：穴，ㄒㄩㄝˊ

　義：未詳

覮覮：見部二十一畫

　音：yíng《搜真玉鏡》烏耕切，音：嫈，

　　　　ㄒ一ㄥ

義：未詳

譿：言部二十一畫，《說文長箋》同〝譓〞

　案：音、義，參見〝譓〞字，詮釋。

豭豭：豕部二十一畫，《字彙補》同〝豭〞。

　案：音、義，參見〝豭〞字，詮釋。

趚趚：走部二十一畫，今作〝奔〞，或作〝走〞。

　音：zōu《廣韻》子苟切，《集韻》、《韻

　　　會》、《正韻》子口切，趚音〝奏〞，

　　　上聲，ㄗㄡˇ

　義：趚趚，《石鼓文》：其戎趚趚。《周秦

　　　石刻釋音》：鄭云：今作〝奔〞，或

　　　作〝走〞。

　　　走，《說文》：趨也。（段玉裁《說

　　　文解字注》：《釋名》曰：徐行曰步

　　　，疾行曰趨，疾趨曰走。此析言之，

　　　許渾言不別也。今俗謂走，徐趨疾者

　　　，非。）从夭止，夭者，屈也。（依

　　　《韻會》訂《夭部》曰：夭，屈也。

　　　《止部》曰：止爲足。从夭止者，安

步則足胻較直，趨則屈多。子苟切四部，《大雅》假本奏為奔走。）凡走之屬皆从走。

趨，《說文》：走也。（段玉裁注：《曲禮》注曰：行而張足曰趨，按"張足"過於布武，《大雅》左右趣之，毛曰：趣，趨也。此謂假借"趣"為"趨也。）以走芻聲。（七逾切、古音在四部。）

走，《說文》：趨也。从夭、从止。《註》：徐鍇曰：夭則足屈，故从夭。《五經文字》：今經典相承作走。又《儀禮·士相見禮》：將走。《註》：走，猶去也。

又、司馬遷《報任少卿書》：太史公牛馬走。《注》：走，猶僕也。班固《答賓戲》：走亦不任廁技於彼列。按《漢書·敘傳》"走"作"僕"。

又、zǒu《廣韻》、《集韻》、《韻會》、《正韻》茲則候切，音：驟，

ㄗㄡˋ

《釋名》：疾趨曰走。走、奏也，促有所奏至也。《群經音辨》：趨向曰走。《書‧武成》：駿奔走。《孟子》：棄甲曳兵而走。《爾雅‧釋宮》：中庭謂之走。《註》：走、疾趨也。又，與＂奏＂同。《詩‧大雅》：予曰有奔走。《詩經今注》：予，文王自稱。曰，語詞。奏，借為走（《楚辭‧離騷》王注引作＂走＂）。奔走，指奔走效力之臣。《疏》：今天下皆奔走而歸趨之也。《釋文》：奏，本亦作＂走＂，音同。

又《韻補》叶子與切，《左傳‧昭七年》：正考父鼎銘，一命而傴，再命而僂，三命而俯，循牆而走，亦莫余敢侮。

又，ㄧˇ叶養里切，音：以，一ˇ。《論語讖》：殷惑妲己玉馬走。

按：趣，《石鼓文》本作＂趣＂，《正字

通》以為本作"犇"，非。

𧽙，《周秦石刻釋音》鄭云今作"奔"，或作"走"。

走，《說文》作"夿"，从夭止。

又"𧽙"，鄭云今作"奔"。音、義，參見"犇"（奔）字詮釋。

𧽙：走部二十四畫，《字彙補》本"𧽙"字。見《石鼓文》。

案：𧽙，音、義，參見"𧽙"（走）字詮釋。

雥：隹部二十四畫，《字彙補》古文集字。

音：jí《唐韻》、《廣韻》、《韻會》、《正韻》秦入切，《集韻》、《類篇》籍入切，竝音：籍，ㄐㄧˊ。

義：雥，《字彙補》：古文"集"字，見《雲臺碑》。

集，《說文》：本作"雧"，群鳥在木上也。（段玉裁注：引申為凡聚之偁，漢人多假"襍"為"集"。）从雥木。（秦入切七部）集，雧或省。

（今字作此 " 集 " 。）

《詩·周南》：集于灌木。《詩經今注》：于，在也。灌木，叢木。即 " 叢林 " 也。

又《廣韻》：就也，成也。《書·武成》：大統未集。《傳》大業未就。《詩·小雅》：我行既集。《箋》：集，猶成也。《詩經今注》：集，成也。此句言我此行已經成功。

又《韻會》：雜也。《孟子》：是集義所生者。《註》：集，雜也。

又《廣韻》：眾也。

又《廣韻》：安也。《史記·曹參世家》：問所以安集百姓。

又《玉篇》：合也。《廣韻》：聚也、會也，同也。《史記·秦始皇紀》：天下雲集響應。《前漢書·鼂錯傳》：動靜不集。《註》：師古曰：集，齊也。《史記·司馬相如傳》：鱗集仰流。

又《左傳‧昭二十三年》：險其走集。《註》：走集，邊境之壘碎也。

又《前漢書‧藝文志》：劉歆總群書，而奏其《七略》，故有輯略。《註》：師古曰：輯與"集"同，謂諸書之總要。《韻會》：文集，文所聚也。唐有子、史、經、集四庫。

又，州名。《廣韻》：漢‧宕渠縣，梁恭帝為集州。

又《廣韻》：姓也，漢有集壹。

又，jiù《韻補》叶疾救切，音：就，ㄐㄧㄡˋ。《詩‧小雅》：我龜既厭，不我告猶。謀夫孔多，是用不集。"猶"，于救切。《詩經今注》：龜，占卜用的龜甲。厭，厭惡。言靈龜已經厭惡我們。不我告猶，此句指用龜甲已占卜不出策謀的吉凶。用，以也。集，成就，成功。

又，zá叶昨合切，音：雜，ㄗㄚˊ。《詩‧大雅》：天監在下，有命既集

。文王初載，天作之合。《詩經今注
》：監，監察。有命既集，指天命已
經落在文王身上。初載，指文王即位
之初年。合，匹配。

案：雦，《字彙補》古文"集"字。

集，《說文》本作"雧"。

雧，《說文》或省作"集"。

驫：馬部三十畫，《玉篇》古文"騁"字。

音：chěng《唐韻》、《集韻》、《韻會
》、《正韻》丑郢切，音：逞，ㄔㄥˇ

義：驫，《玉篇》：古文"騁"字。《六
書統·備考》：从三馬，丑驅見意。
又、馬快跑貌。

騁，《玉篇》：直馳也，走也。《莊
子·天地篇》：時騁而要其宿，大小
長短修遠。《註》：皆恣而任之，會
其所極而已。

又、chǎng叶齒兩切，音：敞，ㄔㄤˇ
《道藏歌》：

　　　提攜宴玉賓，契駕秉煙騁。

黃籙命玉符，公子運我上。

　　三、重疊式：

价：亻部九畫

　音：qí《廣韻》、《字彙》巨支切，音：
　　　岐，く一。　或：支，平聲，ㄓ

　義：价，《廣韻》、《字彙》：參差也。
　　　又《西廂記》（雜劇：張君瑞害相思
　　　）：价拍了迎風戶半開。

∴：ヽ部三畫，《數學》"符號"。

　音：未詳

　義：∴，《數學》符號，於證明題用，即
　　　"因為"（Becaus）之意思。

　案：瑞士數學家雷恩（Johann, Rahn.）是首個
　　　以符號表示"所以"（Therefore）的人
　　　，他在一六五九年一本《代數》（Teu-
　　　sche Algebra）書中，以"∴"及"Becaus
　　　"（∵）兩種符號表示"所以"，其
　　　中以"∴"用得較多。而該書一六六
　　　八年英譯本，亦以此兩種符號表示"

所以 " ， 但以 " Becaus " 用得較多 。

瓊斯於一七〇六年以 " ∴ " 表示 " 所
以 " （ Therefore ） ， 直至十八世紀中 ，
" Becaus " 用以表示 " 所以 " ， 至少和
" ∴ " 用得一樣多 。

英國一八〇五年出版《 大眾數學手冊
》中 ， 首次以 " ∴ " " ∵ " 兩種符號
表示 " 所以 " ， 其中以 " ∴ " 用得較
多 。 首次以 " ∵ " 表示 " 因為 " ， 但
沒有流行 。

直到一八二七年 ， 由劍橋大學出版 ，
歐幾里得《 幾何 》（ 原本 ） 中 ， 分別
以 " ∵ " 表示 " 因為 " （ Becaus ） 、 以
" ∴ " 表示 " 所以 " （ Therefore ） ， 這
種用法日漸流行 ， 且沿用至今 。

參見 " 維基百科 " （ ∴ 、 ∵ ） 詮釋 。

∴∵ 、 部三畫

音：Yī《 字彙 》於宜切 ， 音：伊 ， 支平聲
，一

義：∴ ， 梵語 " 伊 " 字 。

∴、《字彙》：伊字。如"艸"（草）書"下"字。見《涅盤經》

范成《酬王維詩》三點成伊猶有想，一觀知幻自忘筌。

∴、《數學》符號，於證明題使用，即"所以"（Therefore）的意思。

按十八世紀初，還沒有人以"Becaus"表示"因爲"（∵），唯亦沒有人以"∴"表示"所以"（Therefore）的那麼廣泛。迄一八二七年，由英國劍橋大學出版，歐幾里得《幾何》（原本）中，分別以"Becaus"表示"因爲"（∵），暨以"∴"表示"所以"（Therefore），這種用法日漸流行，且沿用至今。

參見"維基百科"（∴），詮釋。

乙乙：乙部三畫，梵語字母。

音：未詳

義：乙乙，梵語五十字母之一。

乃乃：丨部六畫，籀文"乃"字。

音：nǎi《唐韻》奴亥切，《集韻》、《韻會》、《正韻》囊亥切，𠀤音：奈，上聲，ㄋㄞˇ

義：𠄎，《字彙補》：籀文"乃"字。

又，大也。

乃，《說文》：乃，曳詞之難也。（段玉裁《說文解字注》：《玉篇》詞作"離"非也，上當有"者"字，曳有矯拂之意，曳其言而轉之若，而若乃皆是也，"乃"則其曳之難者也。《春秋・宣八年》曰：中而克葬，《定十五年》曰：下昃乃克葬。《公羊傳》曰：而者何難也，乃者何難也。曷為或言"而"或言"乃"，乃難乎而也。何注：言"乃"者內而深，言"而"者外而淺。按"乃"然而"汝"若一語之轉，故乃又訓汝也。）象气之出難也。（气出不能直遂，象形。奴亥切一部，ㄋㄞˇ。）凡乃之屬皆从乃。"𠄎"古文"乃"，"𠄎"籀文"乃"。（三之、以見其意。）

弜，《說文》：迺、驚聲也。從弓省
卤聲。（卤聲，宋本作"西"聲，不
誤。趙鈔及俗刻作"卤"聲，誤甚！
從弓省者，從弓而未盡其曲折也。卤
者籀文"西"字，以"西"為聲也。
鍇本作從乃，卤省聲非是。驚聲者驚
詫之聲，與"乃"字音義俱別。詩書
史漢發語多此字作"迺"，而流俗多
改為"乃"。按《釋詁》曰柯迺侯乃
也。以"乃"釋"迺"則本非一字可
知矣。西聲則古音當在十三部，古音
"西"讀如"說"，又讀如"仙"。
）籀文"迺"不省。（按此五字疑有
誤，當作"卤"。籀文"畐"、《說
文》之通例如此。）或曰"迺"（迺
，鍇作"隨"非。）往也。（玄應書
三、引《倉頡篇》：迺、往也。）讀
若"仍"。（如乘切、按此三字不在
"卤"聲之下，而系於此是或說往義

之音則然也。"仍""孕"字皆"乃""聲一部與六部合音也。"卤"讀若"仍"，則謂从卤乃省聲，或說與前說迥異，今人"迺"讀"乃"，與或說相迺。）

語辭，《莊子・逍遙遊》：而後乃今培風。

又，承上起下之辭。《爾雅序疏》：若乃者，因上起下語。

又，繼事之辭。《書・堯典》：乃命羲和。

又，辭之難也。《公羊傳・宣八年》：而者何？難也。乃者何？難也。曷爲或言"而"，或言"乃"，乃難乎而也。

又，辭之緩也。《周禮・秋官・小司寇》：乃致事。《註》：乃，緩辭。

又，語已辭。韓愈《鬬雞聯句》：一噴一醒然，再接再礪乃。《註》：用《費誓》"礪乃鋒刃"，語也。又《

王禕・詩》：茲焉舍我去，

　　　契闊將無乃。

又，爾汝之稱。《書・大禹謨》：惟
乃之休。《註》：乃，猶汝也。

又，某也。《禮・雜記》：祝稱；卜
葬虞子孫曰哀，夫曰乃。《註》：乃
某卜葬其妻某氏。

又，彼也。《莊子・大宗師》：孟孫
氏人哭亦哭，是自其所以乃。

又《唐書・南蠻傳》：昔有人見二羊
鬭海岸，彊者則見，弱者入山，時人
謂之來乃。來乃者，勝勢也。

又，地名。《元史・地理志》：新添
葛蠻安撫司，都鎮馬乃等處。

又，果名。《桂海虞衡志》：特乃子
，狀似梔，而圓長端正。

又《玉篇》：或作"迺"。《詩・大
雅》：迺慰迺止，迺左迺右。《詩經
今注》：迺，同乃。卜的結果和人的
希望相合，所以大家安心住下。迺左

迤者，指劃定左右區域。《前漢書·
項籍傳》：必欲烹迺公。

又，ǎi《正韻》依亥切，音：哀，上
聲，ㄞ。　《字彙》：欸乃，棹舡相
應聲。黃山谷曰：欸乃，湖中節歌聲
。《正字通》：欸乃，本作"欸乃"
。今行船搖櫓要軋聲似之。柳宗元《
詩》：欸乃一聲山水綠。元結《湖南
欸乃曲》：讀如矮露，是也。劉蛻《
湖中歌》"靄迤"，劉言史《瀟湘詩
》"曖迤"，皆"欸乃"之譌。

按：欸，亞改切，應也。後人因《柳集》
註有云：一本作"襖靄"，遂直音"
欸"為"襖"，"乃"為"靄"。不
知彼註句謂別本作"襖靄"，非謂"
欸乃"當音"襖靄"也。

《正韻·上聲·解韻》"乃"音"靄
"，引《柳詩》，"欸乃"讀如"襖
靄"。而《上聲·巧韻》襖部不收"
欸"，《去聲·泰韻》"乃"音"愛

"，亦引《柳詩》，"歀乃"讀如"悽愛"，而《去聲‧效韻》奧部不收"歀"，至若《旱韻》收"款"音"窾"，絕不註明有"禱""悽"二音。此可證"款"不音"禱""悽"，而"歀"之譌作"款"明矣。

又"乃"有"露"音無"愛"音，《正韻》增音"愛"，非。

又《字彙》、《正字通》既明辨"款""不音"禱"，"歀"譌作"款"，而《字彙‧欠部》："歀"音"禱"，棹船相應聲。《正字通》："櫓聲"，自相矛盾，尤非。

弜：丿部六畫

案：弜，《說文》：迚、彊聲也。从弓肎
　　肎聲。乃，《玉篇》：或作"迴"。
　　乃，古文作"弓"、"迺"、"遁"
　　、"弓"，籀文作"弜"。
　　弜，音、義，參見"孖"（万）字，
　　詮釋。

众：人部六畫

音：㐺《篇海類編》魚琴切，音吟，一ㄣˊ

義：众，《篇海類編》：眾立也，與"乑
"異。

又，zhòng 音：仲，ㄓㄨㄥˋ。 俗書為
"眾"字，非。

众，《標準學生字典》、《東方國語
辭典》：作"眾"的簡體字。

又《新華字典》、《現代漢語詞典》
：众，亦作"眾"。今"众"行，而
"眾"字罕用。

案：一說"众"與"伙"同，引以參證。
參見"伙"字，詮釋。

仚：人部六畫，"眾"的古字。

案：仚，《說文》作"乑"、《玉篇》作
"眾"。

伙，《正字通》"眾"本字。《六書
本義》亦作"伒"，《玉篇》"伙"
與"乑"同。

仚，音、義，參見"伙"字，詮釋。

⿱介⿰介介：人部十二畫，

音：gòng《篇海大成》音：共，ㄍㄨㄥˋ

義：未詳

⿱舍⿰舍舍：人部二十四畫

音：xīn《海篇》音：欣，ㄒㄧㄣ

義：未詳

⿱圥⿰圥圥：儿部十五畫，《字彙補》與"圥"同。

音：lù《字彙補》力谷切，音：陸，ㄌㄨˋ

義：⿱圥⿰圥圥，《字彙補》：與"圥"同，見《楊氏樸字韻寶》。

圥，《楊氏樸字韻寶》地蕈曰菌圥。

又《字彙補》："⿱圥⿰圥圥"同"⿱坴⿰坴坴"。

lù《玉篇》力竹切，音：ㄌㄨˋ。籀文"坴"字，从三坴叢生。朱謀瑋曰："⿱坴⿰坴坴"即"稑"字，蔬屬總名。

按：《正字通》："稑"禾屬，稑地蕈。

朱氏合"稑""⿱坴⿰坴坴"為一，非。以"⿱坴⿰坴坴"為蔬屬總名者，亦非。

⿱圥⿰圥圥，《字彙補》與"圥"同，亦同"⿱坴⿰坴坴"。《中文大辭典》"⿱圥⿰圥圥"，蘇字之譌。

𡘋：儿部二十四畫、古文"趚"字。

　音：𝑓ù《玉篇》芳勾切，音：付，ㄈㄨˋ

　義：𡘋，《玉篇》：急疾也。今作"趚"

　　，亦作"赴"。

　　《說文》：𡘋，疾也。（段玉裁《說

　　文解字注》：《玉篇》、《廣韻》皆

　　曰急疾也，今作"趚"。《少儀》曰

　　毋拔來毋報往，《注》云報讀為赴疾

　　之"赴"，"拔""赴"皆疾也。按

　　"赴""趚"皆即"𡘋"字，今字"

　　𡘋""趚"皆廢矣。）从三兔、（段

　　注：與三馬、三鹿、三犬、三羊、三

　　魚，取意同。"兔"善走三之則更疾

　　矣。芳遇切、古音，蓋在三部。）闕

　　（此闕謂"闕"其讀若也，然其音固

　　傳矣。）

　　𝑓ù《廣韻》芳遇切，音：訃，ㄈㄨˋ

　　趚，《玉篇》：疾也。亦作"赴"。

　　又，𝑓ú《集韻》房尤切，音：浮，

ㄈㄨˊ。《類篇》：行貌。

fú《廣韻》、《集韻》、《韻會》林
芳遇切，音：仆。ㄈㄨˋ

赴、《爾雅·釋詁》：至也。《疏》
：趨而至也。

《說文》：赴、趨也。（段玉裁《說
文解字注》：《聘禮》赴者未至，《
士喪禮》赴曰君之臣某死，《注》皆
云今文"赴"作"訃"。按古文"訃
告"字，祇作"赴"者取"急疾"之
意，今文從言急疾意轉"隱"矣。故
《言部》不收"訃"字者，從古文不
從今文也。凡許於禮經從今文，則不
收古文字，如《口部》有名，《金部
》無銘是也。從古文則不收今文字，
如"赴"是也。《襍記》作"訃"不
作"赴"者，《禮記》多用今文，禮
也。《左傳》作"赴"者，左丘明述
《春秋傳》以古文，故與古文"禮"
同也。）從走卜聲。（芳遇切，古音

在三部。)

赴，《說文》：趨也。《註》：徐鉉曰：《春秋傳》赴告用此字，今俗作"訃"，非是。《左傳・隱三年》：赴以庚戌。

又《韻補》叶直祜切，傅咸《燕賦》：逮來春而後旋，意眷眷而懷舊。一委身乃無二，豈改適而更赴。

案：鑫，《玉篇》今作"趨"。

趨，《玉篇》亦作"赴"。

按"赴"、"趨"即"鑫"字，今字"鑫"、"趨"皆廢矣。

㐺：入部九畫

音：qí《字彙補》渠移切，音：奇，ㄑㄧˊ

義：㐺，《字彙補》：參差也。

按：《海篇》"㐺"字音簡，"㐺"字音奇。《廣韻》以"㐺"字音奇，無此字，疑必有誤，存考。

刕：刀部六畫

音：lí《唐韻》力脂切，《集韻》良脂切

，太音：黎，ㄌㄧˊ

義：刕、《正字通》：割也。

《唐韻》、《集韻》：姓也。出蜀刀
遠之後，避難改為"刕"字。

刕氏，音：黎。《廣韻》引《字書》
云：出蜀刀遠之後，避難改刕氏，望
出渤海。（即：勃海，治所在浮陽，
於今河北省滄縣東南東關。）

《通志氏族略》：刕氏，以名為氏。
蜀有刀遠，避難改焉。

又，百濟八姓。其三四：刕氏。

刀氏，《楊慎希姓錄》：王驥平麓川
，賜夷人"怕""刀""剁"三姓，
後梁華風，改為"刀"氏。

刁氏，貂勃之後。《復古編》：刁、
貂，聲同而字異，本一姓，宜作"刁
"，作"刀"非。

又《集韻》憐題切，音：黎，ㄌㄧ一。
義同。

又《六書故》："刕"，又作"劦"

，或作"劙"。

lí《唐韻》里之切，《集韻》、《韻
會》良脂切，䒢音：棃，𠛬
劙，《說文》：剝也。（段玉裁《說
文解字注》：《方言》劙，解也。"
劙"與"劙"，雙聲義近。）劃也。
（此別一義，當言一曰。按〔元〕應
書引《三蒼》云：劙，劃也。《文部
》曰：劙，微畫也，音同義近。）从
刀劙聲。（里之切一部）

《玉篇》：剝也。

又《韻會》：通作"棃"。《前漢書
·耿恭傳》：棃面流血。《註》：即
"劙"字。

又與"黎"通。《淮南子·齊俗訓》
：伐楄㭴而剖黎之。

按"劙"，《集韻》：或作"劦"。

cǐ《唐韻》初紀切，《集韻》測紀切
，䒢音：欻，ㄘˇ

剚，《博雅》：割也。

剢，《說文》：傷也。（段玉裁《說
文解字注》：辇下曰跪，皮可以割黍
，「黍」疑「剢」之誤。割剢，繁言
之也。《廣雅》曰：剢，割也。測紀
切）从力黍聲。（親結切十二部）

剢，《集韻》：或作「劣」「剺」。

又，chi《唐韻》初栗切，《集韻》測
乙切，夶音：諫，彳。　義同。

又《集韻》：或作「蕫」「剌」。

按：劦，《六書故》：又作「勢」，或作
　　「剢」。

劦：力部六畫

音：xié《唐韻》胡頰切，《集韻》檄頰切
　　夶音：協，ㄒㄧㄝˊ

義：劦，《說文》：同力也。（段玉裁《
　　說文解字注》：同力者，龢也。龢調
　　也。）从三力。（會意，胡頰切。按
　　此字，本音：庚，力製切，十五部。
　　淺人妄謂與「協」「勰」「恊」同音
　　，而不知三字，皆以「劦」會意，非

以形聲也。惟不以〝劦〞為聲，故三字皆在八部，而〝劦〞聲之〝荔〞〝珕〞，則皆力制切在十五部。）《山海經》曰：惟號之山，其風若飆。（段注：《北山經》曰：姑逢之山，北望雞號之山，其風如飆。郭《傳》〝飆〞急風兒也，音：戻，或云飆風也。按郭本與許所據本同，郭《江賦》用〝飆〞字，許意蓋謂其風如并力而起也。）凡劦之屬，皆从〝劦〞。

《山海經》：惟號之山，其風若飆。

又《集韻》：〝劦〞，通作〝協〞。

《玉篇》：劦，急也。

《集韻》：飆，風調也。或作：劦。

又，协《集韻》力協切，音：髮，
ㄌㄧ一ㄝ。 力不輟也。

又〝劦〞，姓。《北史・百濟傳》：百濟國大姓有八族，三曰：劦氏。劦，音：協，一本作：刕，平聲。

《姓氏辯證》：劦，音：俠。朝鮮大

姓有劦氏。（見《姓氏考略》劦氏）

案：劦、从三力會意。《集韻》"劦"，
通作"協"。

卅：十部六畫，"卅"之本字。

音：ṣà《廣韻》蘇合切，音：颯，ㄙㄚ

義：卅，《廣韻》、《集韻》：太"卅"
本字。

《說文》：三十并也。今作"卅"，
直爲三十字。

《說文解字注》：卅，三十并也，古
文省。（段注：此亦當云省多聲"耳
"，古音當先立切七部，今音蘇沓切
。）凡"卅"之屬，皆从"卅"。

卅，《正字通》："卅"之本字。

韓愈《孔戣墓志》：

　　　　孔世卅八，吾見其孫。
　　　　白而長身，寡笑與言。

又《稗史》：漢人謂貝八十枚爲一"
卅"。

卌：十部六畫，《韻會》：本作"卌"。

音：huì《唐韻》許偉切，《集韻》、《韻
會》詡鬼切，茲音：諱，上聲。
ㄏㄨㄟˇ

義：卉，古文〞芔〞，草之總名也。
《韻會》：〞卉〞，本作〞芔〞。
《說文》：卉，艸之總名也。（段玉
裁《說文解字注》：《方言》四卉，
艸也。東越楊州之閒，曰卉。）从艸
屮。（三屮卽三艸也，會意，許偉切
十五部。）
卉曰草：百卉、花卉、奇卉、藤卉、
靈卉，《詩‧小雅》（出車）：春日
遲遲，卉木萋萋。
果木曰卉，《詩‧小雅》（四月）：
山有嘉卉，侯栗侯梅。《詩經今注》
：侯，猶〞維〞也。
《南史‧徐勉傳》：

　　　　聚石移果，雜以花卉。
　　　　以娛休沐，用託性靈。
又《唐韻》、《集韻》、《韻會》茲

許貴切，音：諱，ㄏㄨㄟˋ。　義同。

又〞芔〞，姓。《萬姓統譜》：芔氏
。見《姓苑》

又與〞萃〞同，《說文通訓定聲》：
芔，假借為〞萃〞。

萃，hū《玉篇》呼物切，音：烋，
ㄏㄨ。　疾也。《說文》：萃，疾也
。（段玉裁《說文解字注》：《上林
賦》劉莅芔歙。又芔然興道而遷義，
郭璞曰芔猶勃也。《西京賦》奮隼歸
鳧，沸芔軿訇。薛綜曰奮迅聲也，芔
皆〞萃〞之假借。）从本芔聲。（呼
骨切十五部）萃从此。

又，huī《玉篇》呼貴切，音：諱，
ㄏㄨㄟˋ。　義同。

芔，草製成的，草質的。《拾遺記·
燕昭王》：結草為衣，是為芔服。

按：芔，古文〞艸〞。又與〞萃〞同，《
說文通訓定聲》芔，假借為〞萃〞。
又《韻會》：《復古編》云：古〞艸

"，从三屮，今作"卉"，三十并也。

卉，《說文通訓定聲》艸之總名也。从屮从艸，會意，有大有小也。因三"屮"亦象衆多之意，故為"艸"（草）之總稱。

卉，參"屮""艸""茻"字詮釋。

鹵：卜部二十七畫，《玉篇》籀文"卤"字
音：tiáo《唐韻》徒聊切，《集韻》、《類篇》田聊切，𠀤音：迢，去一ㄠˊ

義：鹵，《玉篇》：籀文"卤"字。

卤，《唐韻》、《集韻》、《類篇》𠀤音：迢。草木實垂卤卤然也。

又，diào多嘯切，音：弔，ㄉ一ㄠ。義同。

又《韻會》：古文"卣"字。

卣，yǒu《唐韻》與九切，《集韻》、《韻會》以九切，《正韻》云九切，𠀤音：酉，一ㄡˇ

《玉篇》：中尊器也。《爾雅·釋器》：卣，器也。《註》：盛酒尊。《

疏》：卣，中尊也。孫炎云：尊，彝
為上，罍為下，卣居中。郭云：不大
不小，在罍、彝之間。《詩・大雅》
：秬鬯一卣。《詩經今注》：秬，（
音：巨），黑黍。秬鬯（音：暢），
用黑黍和鬱金香草釀成的一種香酒。
卣（音：有），裝酒器，形如壺、有
曲柄。

又作〞脩〞，《周禮・春官・鬯人》
：廟用脩。《註》：鄭曰：〞脩〞讀
曰〞卣〞。

又，you《唐韻》以周切，《集韻》夷
周切，《正韻》于求切，茲音：由，
一又。　義同。

按：卥，《玉篇》：籀文〞卣〞字。
　　卤，《韻會》：古文〞卣〞字。

卽：卩部六畫
音：ji《字彙補》其利切，音：忌，ㄐㄧˋ
義：未詳

厵：厂部三十畫、《廣韻》：同〞源〞。

音：Yuán《廣韻》、《集韻》、《韻會》
　　𡘋愚袁切，音：元、ㄩㄢ'
義：羱，《廣韻》：同〞源〞。
　　源、《說文》：羱水本也。（段玉裁
　　《說文解字注》：各本作：水泉本也
　　，今刪正。《月令》百源注曰：眾水
　　始所出為〞百源〞，單評曰原，絫評
　　曰原泉，《孟子》原泉混混是也。）
　　从羱出厂下。（厂者，山石之厓巖，
　　會意，愚袁切十四部。）
　　《禮‧月令》：為民祈祀山川百源。
　　《註》：眾水始出為百源。
　　又，水名。《水經注》：沁水東與丹
　　水合，水出上黨高都縣，故城東北阜
　　下，俗謂之〞源源水〞。
　　又，姓。《北魏書‧源賀傳》：禿髮
　　傉檀之子賀入後魏，魏大武謂之曰：
　　與卿同〞源〞，可為源氏。
　　源氏、《姓氏考略》：後魏源賀‧河
　　西王秃髮傉檀子，太武帝賜姓源氏。

見《魏書・本傳》。望出西平（治所在今青海西寧）。

《韻會》：本作 " 驫 "，篆省作： " 原 "。

原，《說文》：高平曰原，人所登。段玉裁《說文解字注》：原，篆文以 泉。（此亦先二後上之例，以小篆之作 " 原 "，知 " 驫 " 乃古文、籀文也。後人以 " 原 " 代 " 高平 " 曰遵之 " 遵 " 而別，製 " 源 " 字為本原之 " 原 "，積非成是久矣！）

《爾雅・釋地》：大野曰平，廣平曰原。《周禮・地官》：辨其山林、川澤、丘陵、墳衍、原隰之名物。《禮・月令》：孟夏，令野虞出行田原，為天子勞農。

又《前漢書・食貨志》：農、漁、商、賈四者，衣食之原。《董仲舒傳》：道之大，原出於天。《司馬相如傳》：爾狹游原。《註》：孟康曰：原，本也。

又《爾雅·釋言》：原，再也。《疏》：重，再也。《易·比卦》：原筮，元永貞。朱《傳》：必再筮，自審有元善長永正固之德。《禮·文王世子》：命膳宰曰：末有原。《註》：末，勿也。謂所食之餘不可再進也。《前漢書·禮樂志》：以沛宮為原廟。《註》：師古曰：原，重也。言已立正廟，更重立也。

又《韻會》：推原也。《易·繫辭》：原始要終。《前漢書·薛宣傳》：原心定罪。《註》：師古曰：原謂尋其本也。《管子·戒篇》：春出原農事之不本者，謂之遊。《註》：原，察也。

又，宥罪曰原。《晉書·潘岳傳》：會詔原之。

又，通作"源"。《前漢書·食貨志》：猶塞川原為潢洿也。《註》：師古曰：原謂水泉之本也。

又，姓。《廣韻》：孔子弟子有原憲。《前漢書‧趙廣漢傳》：穎川大姓原、褚。《註》：原、褚，二姓也。

原氏，《姓氏急就篇》注：周文王子封於原，為原伯，晉滅之。封先軫，號原軫，其後並姓"原"。

又，複姓。原仲、原伯，二氏。

原仲氏，《英賢傳》：陳大夫"原仲"之後。

原伯氏，《通志氏族略》：原莊公後有"原伯"氏。《英賢錄》：周原伯絞之後。

又，州名。《韻會》：漢高平縣，魏為鎮州，又改：原州。

又，yún《韻補》叶虞雲切，音：ㄩㄣ。《史記‧敘傳》：

懷王客死，蘭咎、屈原。

好諛信讒，楚并于秦。

灥，yuán《集韻》愚袁切，音：元、

ㄩㄢ

《說文》：水泉本也。从三泉，出厂下（參"源"字段注）。後人但作"原"，而加"水"於其旁。今經傳"源流"、"淵源"字皆作"源"矣！又《集韻》：亦作"原"、"源"，一曰：再也。

又，姓。諸如：源氏、原氏。

亦州名，如：原州。

按：灥，《廣韻》：同"源"。

源，《韻會》：本作"灥"，篆省作"原"。

又"灥"，《集韻》：亦作"原"、"源"。

又"原"，《玉篇》：今作"源"。

厽：厶部六畫

音：lěi《唐韻》力委切，《集韻》魯水切，夶音：壘，上聲，ㄌㄟˇ

義：厽，《說文》：絫坺土為墙壁，象形。段玉裁《說文解字注》：厽，絫坺土為牆壁。（絫者今之〝纍〞字，《土部》曰一畾土謂之圿、畾者今之〝鑒〞，以鑒取田間土塊，令方整不散，今里俗云圿頭是也，秦謂之版先。絫之為牆壁，野外軍壁多如是，民家亦如是矣，軍壁則謂之壘。）象形、（像坺土積壘之形，其音力詭切在古十六部，大徐力軌切非也。凡古厽聲之字在十六部，晶聲之字在十五部，此必當辨者也。《五篇》云〝厽〞，《尚書》以為〝參〞字。按此謂西伯龕黎，乃罪多參在上、或作〝厽〞也。）凡〝厽〞屬皆从〝厽〞。

　文、cǎn《五篇》七貪切，音：驂、ㄘㄢ。　《尚書》：以為〝參〞字。

叒：又部六畫

　音：ruò《唐韻》而灼切，音：若，曰ㄨㄛˋ

　義：榑桑，叒木。《說文》：日初出東方暘谷所登榑桑，叒木也。徐曰：叒木木名，東方自然之神木。

段玉裁《說文解字注》：叒，日初出東方湯谷所登榑桑，叒木也。（按當云叒木榑桑也，日初出東方湯谷所登也。榑桑已見《木部》，此處立文，當如是宋本、葉本、宋刻《五音韻譜》、《集韻》、《類篇》皆作〞湯〞，別刻作〞暘〞，毛晨改〞湯〞為〞暘〞非也。《尚書》暘谷自說青州嵎夷之地，非日出之地也。日出之地，豈羲仲所能到，《天問》曰出自湯谷，次于蒙汜。《淮南‧天文訓》曰：日出于湯谷，浴于咸池，拂于扶桑，是謂晨明。《墜形訓注》曰扶木扶桑也，在湯谷之南海外。《東經》曰湯谷上有扶桑，十日所浴大荒。《東經》曰：湯谷、上有扶木，一日方至，一日方出，皆載於焉。按今《天文》訓作〞暘谷〞，以王逸《楚辭注》、《史記》、《索隱》、《文選注》所引正之，則〞暘〞本淺人改耳。《離

騷》：總余轡乎扶桑，折若木以拂日
。二語相聯，蓋若木即謂扶桑，扶若
字即榑皍字也。）象形，（枝葉薂𦺇
，而灼切五部。）凡皍之屬皆从皍。
又《精蘊》：皍，順也，道相似也。
古人發明取友之義，从三又會意，同
心同德，而後可相與輔翼也。桑字从
此，象衆手之形，非取其義。

《正譌》：二又為友，三又為皍，所
助者多，故為順也，會意。

品：口部九畫

音：Pǐn《唐韻》丕飲切、《集韻》、《韻
會》丕錦切，𠀤音匹，上聲，又一ㄠˇ

義：品，《說文》：衆庶也。

段玉裁《說文解字注》：品，衆庶也
，从三口。（人三為衆，故从三口，
會意。丕飲切七部。）凡"品"之屬
，皆从"品"。

《廣韻》：類也。《易‧乾卦》：品
物流形。《疏》：品類之物，流布成

形。

又《書‧舜典》：五品不遜。《疏》：品為品秩，一家之內，尊卑之差，即父母兄弟子是也。

又《增韻》：物件曰品。《書‧禹貢》：厥貢惟金三品。《疏》：鄭云：以為金三品者，銅三色也。《易‧巽卦》：田獲三品。《註》：一曰乾豆，二曰賓客，三曰充君之庖。《禮‧禮器》：薦不美多品。又《少儀》：問品味，曰：子亟食于某乎？《疏》：品味者，殽饌也。《周禮‧天官‧膳夫》：品，嘗食。《註》：品者，每物皆嘗之，道尊者也。

又《韻會》：品格也。《禮‧檀弓》：品節斯，斯之謂禮。《疏》：品，階格也。節，制斷也。

又《玉篇》：齊也。《周語》：品具百邊。

又，周也。《前漢書‧李尋傳》：百

里為品。《註》：孟康曰：品，同也，言百里內數度同也。

又《玉篇》：官品。《周語》：外官不過九品。《註》：九卿也。

又《廣韻》：式也、法也。

又《廣韻》：二口則生訟，三心乃能品量。

又，官名。《正字通》：唐宦官曰品官。

又《廣韻》：姓也，出《何氏姓苑》。《正字通》：明有品嵒。

品氏，《姓氏考略》：博古圖周有品伯之彝，品姓本此。

又，地名。《左傳·文十五年》：楚子乘馹，會師于臨品。

又《前漢書·西域傳》：戎盧國王治車品城。

譶：口部十八畫，《玉篇》古文 "哲" 字。

音：zhé《唐韻》、《集韻》、《韻會》並陟列切，音：蜇、ㄓㄜˊ

義：嚞，《玉篇》：古文"哲"字。

哲，《爾雅·釋言》：哲，智也。《書·舜典》：濬哲文明。《說命》：知之曰明哲。《洪範》：明作哲。《揚子·方言》：哲，知也，齊宋之閒謂之哲。

《前漢書·于定國傳》：贊哀鰥哲獄。《註》：師古曰：知獄情也。

又，zhì《正字通》叶音：質，ㄓˋ陸機《陸抗誄》：

> 人玩其華，鮮識其實。
>
> 於穆我公，肉心則哲。

又，zhì《唐韻正》叶音：制，去聲，ㄓˋ。　曹植《黃帝贊》：

> 少典之孫，神明聖哲。
>
> 土德承火，赤帝是滅。
>
> 服牛乘馬，衣裳是制。
>
> 氏雲名官，功冠五列。
>
> 滅，亡例反，列音例。

傅玄《祀景帝登歌》：

　　　　執競畟皇，克明克喆。

　　　　旁作穆穆，惟祗惟畏。

喆，《說文》：古文"哲"，从三吉
。（段玉裁《說文解字注》：或省之
作"喆"。）

哲，《說文》：知也。（段玉裁《說
文解字注》：《釋言》曰"哲"智也
，《方言》曰"哲"知也，古"智"
"知"通用。）从口斯聲。（按凡从
折之字，皆當作"斤"、"斷"、"
屮"，各本篆文皆作手旁，用隸改篆
也，今悉正之。陟列切十五部）

悊，《說文》：哲，或从心。（段玉
裁《說文解字注：《韻會》引《說文
》古以此為"哲"字，按《心部》云
"悊"敬也，疑"敬"是本義，以為
"哲"是假借。）

按：喆，《玉篇》：古文"哲"字。

哲，《說文》：或作"悊"。《廣韻
》：與"喆"同（參"喆"字詮釋）。

品：口部十八畫

　音：yín《金鏡》音：肉，一ㄣ

　義：未詳

垚：土部九畫，同"堯"。

　音：yáo《廣韻》五聊切，《集韻》、《韻
　　會》倪幺切，太同"堯"，一幺

　義：垚，《廣韻》、《集韻》、《韻會》
　　太同"堯"。从三土，積纍而上，象
　　"高"形。

　　段玉裁《說文解字注》：垚，土高兒
　　。（依《韻會》所據本，與《廣韻》
　　合。）从三土，（會意，吾聊切二部
　　。）凡"垚"之屬皆从"垚"。

　案：參見"尭"（堯）字，詮釋。

壘：土部十五畫，《篇韻》：同"塊"。

　音：kuǎi《唐韻》苦對切，《集韻》苦怪
　　切，《韻會》苦潰切，《正韻》苦夬
　　切，太音：蒯，ㄎㄨㄞˇ

　　又，kuǎi《類篇》苦會切，音：檜，
　　ㄎㄨㄞˇ。　義同。

義：齒，《篇韻》：同"塊"。

塊，《說文》：俗"凷"字。（依《爾雅·釋文》）

凷，《說文》：墣也。 段玉裁《說文解字注》：凷，墣也。（是曰轉注《喪服》傳曰寢苫枕凷。）從土凵，凵屈象形。（小徐本如是屈者無尾也，凷之形略方而體似無尾者，故從土而象其形。苦對切十五部）

墣，《說文》：凷也。（段玉裁《說文解字注：《吳語》曰偦人嚋枕土以墣。《淮南書》曰土之勝水也，非以一墣塞江。）從土業聲。（匹角切古音在三部）

圤，《說文》：墣或從卜。（卜聲亦在三部）

塐，《說文》：凷也。（段玉裁《說文解字注》：《釋言》"凷"塐也，郭引枕土以塐，"塐"即"墣"之異文，《禮運》"簀桴"注曰"簀"讀為"凷"聲之誤也，"凷"塙也。）
從土畐聲。（芳逼切一部）

《博物志》：徐州人謂塵土為蓬塊。

《左傳‧僖二十三年》：晉公子重耳
出亡過衛，衛不為禮，出于五鹿，乞
食於野人，野人與之塊。又《儀禮‧
喪服》：凡喪居倚廬，寢苫枕塊。

又，造物之名曰"大塊"。《莊子‧
大宗師》：大塊，載我以形，勞我以
生。郭璞《江賦》：煥大塊之流形。

又"壘塊"，胃中不平也。《世說》
：晉阮籍胃中壘塊，故須酒澆之。

又"銜塊"，請罪也。《唐書‧玄宗
紀》：天寶末，安祿山反，帝欲禪位
太子，楊貴妃"銜塊"請死，帝意沮
，乃止。

又，孑也。一曰楚人謂我曰塊。《楚
辭‧九辯》：塊獨守此無澤兮，
　　　　　　仰浮雲而永歎。

陸機《文賦》：塊孤立而特峙，

非常音之所緯。

又《類篇》苦會切，音：檜，義同。

又，與〝薈〞通，互見〝凷〞字註。

薈，又與〝凷〞通。《禮·禮運》：
薈桴西土鼓。《註》：薈讀為〝凷〞
聲之譌也，謂搏土為桴也。

凷，《說文》：墣也，从土凵。《集
韻》：土也。《前漢書·律歷志》：
野人舉凷而與之。蔡邕《釋誨》：九
河盈溢，非一凷所能防。

《韻會》：今作〝塊〞，《莊子·齊
物篇》：大塊噫氣。

又作〝薈〞，《禮·禮運》：薈桴西
土鼓。《註》：薈，讀為〝凷〞，塯
也。（〝塯〞，《說文》：凷也。）

又《集韻》：或作〝壙〞。

又〝壙〞，同〝塊〞。

又〝壙〞，同〝圤〞。《說文》：塊
也。《楚語》：楚靈王出亡，涓人疇
枕之以壙。

又〝圤〞，《集韻》：塊也。《淮南子·說林訓》：土勝水，非一圤塞江。一作〝墣〞。

按：𡈒，《篇韻》：同〝塊〞。

塊，《說文》：俗〝凷〞字。

凷，《韻會》：今作〝塊〞。《說文》：墣也。《釋言》：堛也。

又與〝蕢〞通，參見〝凷〞字註。《集韻》：或作〝壞〞。亦同〝塊〞。壞，亦同〝圤〞。《說文》：墣，或从卜。凷也，塊也。

又〝堛〞即〝墣〞之異文，《釋言》〝凷〞，堛也

𡉚：土部九畫，《字彙補》：同〝壯〞。

音：zhuàng《廣韻》、《集韻》、《韻會》側亮切，《正韻》側況切，並音：莊，去聲，ㄓㄨㄤˋ

義：𡉚，《字彙補》：同〝壯〞，見《藏經字義》。

壯，《說文》：大也，又彊也，盛也

。（段玉裁《說文解字注》：壯，大
也。《方言》曰凡人之大，謂之奘或
謂之壯。尋《說文》之例，當云大士
也。故下云从士，此蓋淺人刪"士"
字。）从士爿聲。（側亮切十部）
《爾雅·釋天》：八月為壯。《易》
卦名：震上乾下大壯。《禮·曲禮》
：三十四壯。《月令》：仲冬之月冰
始壯。

又《史記·趙后傳》：額上有壯髮。
師古曰：俗呼圭頭是也。

又《前漢書·食貨志》：貝有五種，
一曰壯貝。

又，傷也。郭璞曰：淮南呼壯為傷。

又，醫用艾灸，一灼謂之壯。

又，zhuāng側羊切，音：莊，ㄓㄨㄤ
亦姓，《晉語》：趙簡子問賢人，得
壯馳茲。

又，伏滔《望濤賦》：
　宏濤於是鬱起，重流於是電驟。

起沙滂而迅邁，觸橫門而克壯。

按：壯，俗从士，作"壯"，省作"壯"，
　　茲茲非。

夏夏：夊部三十畫

　音：xià《海篇》音：夏，ㄒㄧㄚˋ

　義：未詳

猋：犬部九畫

　音：tài《篇海類編》音：太，ㄊㄞˋ

　義：未詳

猋：犬部十二畫

　音：tiān《海篇》音：天，ㄊㄧㄢ

　義：未詳

猋：犬部十二畫，《字彙補》與"皎"同。

　音：jiǎo《唐韻》古了切，《集韻》、《
　　　韻會》、《正韻》吉了切，茲音：璬
　　　，ㄐㄧㄠˇ

　義：猋，《字彙補》：與"皎"同。
　　　皎，《說文》：月之白也。（段玉裁
　　　《說文解字注》：上文云物色白不一
　　　具物，則不一具白，故皆為分別之言

。）從白交聲。（古了切二部）《詩》曰月出皎兮。《陳風》月出文，《傳》曰"皎"月光也，《箋》云喻婦人有美色之白晢。）

《詩‧陳風》：月出皎兮。《詩經今注》：皎，月光潔白。《傳》：月光也。

又，月光也。王褒《九懷》：晞白日兮皎皎。

又《廣雅》：白也，明也。《詩‧小雅》：皎皎白駒。《詩經今注》：皎皎，潔白。駒，馬大尺為駒，白駒是客人所乘。《傳》：潔白也。《楚辭‧漁父》：安能以皎皎之白，

蒙世俗之塵埃乎！

《史記‧屈原傳》：作"皓皓"。

又，姓。《五代史‧南漢世家》：交州牙將皎公羨。

皎氏，《姓氏考略》：南漢交州牙將皎公羨之後。

《玉篇》：通作"皦"。《說文》：

玉石之白也。（段玉裁《說文解字注

》：《王風》有如皦日，《傳》曰"

皦"白也。按此段"皦"為"皎"也

，《論語》"皦"如也，何曰：言樂

之音節分明也，此其引伸之義也。）

从白敫聲。（古了切二部）

《廣韻》：珠玉白貌。

又《玉篇》：白也。《廣韻》：皎也

。《詩·王風》：有如皦日。《詩經

今注》：如，猶彼也。皦，同皎，白

也。此"謂予不信，有如皦日"二句

是說：你如果說我不能實踐諾言，有

那白日作證。

又，明也。《論語》：皦如也。《註

》：樂之音節明也。

又，煌光明貌。《魏書·張淵觀象賦

》：三台皦皦以雙列。

又，姓。明萬曆時有皦生光，北方人。

《玉篇》：與"皎"同。

按：姦，《字彙補》：與"皎"同。

皎，《玉篇》：通作"皦"，《集韻
》：或作"皎"。

皦，《玉篇》：與"皎"同。

姦：女部九畫，古文"悬"。

音：jiān《廣韻》古顏切，《集韻》、《
韻會》、《正韻》居顏切，𠀤音：菅
，ㄐㄧㄢ

義：姦，古文"悬"。《說文》：私也。
段玉裁《說文解字注》：姦，厶也。
（厶下曰"姦"衺也，二篆爲轉注，
引申爲凡"姦""宄"之偁，俗作"
奸"其後竟用"奸"字。）从三女。
（三女爲"姦"，亦三女爲"姦"，
是以君子遠色而貴德。古顏切十四部
）悬古文"姦"，从旱心。（大徐作
：从心旱聲）

姦，《說文》：私也，一曰詐也，淫
也。《書·舜典》：寇賊姦宄。《註
》：劫人曰寇，殺人曰賊，在外曰姦

，在內曰宄。《禮‧樂記》：政以一其行，刑以防其姦。《管子‧君臣篇》：止詐拘姦，厚國之道也。張衡《西京賦》：禁禦不若，以知神姦。

　　　魑魅罔兩，莫能逢旃。

　　案：應作：魑魅魍魎。

按："刪"、"天"韻本通，《字彙》叶音：堅，非。

又，高麗用中國書，獨以"姦"為"好"字，好為姦字。見《正字通》

孨：子部九畫

音：zhuǎn《廣韻》旨兗切，《集韻》主兗切，夶音：剸，ㄓㄨㄢ˅

義：孨，《說文》：謹也。（段玉裁《說文解字注》：《大戴禮》曰博學而孱守之正謂謹也，引申之義為弱小，《史記》吾王孱王也。韋昭曰仁謹兒與許合，孟康曰冀州人謂懦弱為孱。此引申之義，其字則多叚"孱"為"孨"。）从三子。（會意，服虔音鉏閑

反，孟康音如潺湲之"潺"，見十四
部。）凡"孨"之屬皆从"孨"，讀
若"翦"。（旨沇切十四部）
《廣韻》：孤露可憐也。
又，yǎn《集韻》以轉切，聲近軟，
一ㄢˇ。　《正字通》：據《史》、《
漢》吾王孱王也。韋昭曰：孱，仁謹
貌。《方言》：冀州人謂懦弱曰孱。
"孨"當與"孱"通。又《六書統》
："孖孖"與"進"同義。朱謀㙔曰：
群兒聚弄爭先，因其弱而不前者，借
為"孱""弱"字。
又，zhuǎn《廣韻》莊眷切，《集韻》
雛戀切，𠀤音：饌，ㄓㄨㄢ。義同。
孱，《說文》：迮也。（按此"迮"
當為"笮"，今之"窄"字也。）从
孨在尸下。（士連切十四部，《廣韻
》又士山切。）一曰呻吟也。（呻吟
見《口部》）
chan《廣韻》士連切，《集韻》、《

韻會》、《正韻》鋤連切，龙音：孱
，彳ㄢˊ

《玉篇》：弱也。《廣韻》：劣也。
《史記・張耳傳》：趙相貫高曰：吾
王孱王也。《註》：孟康曰：冀州人
謂懦弱為「孱」。

又，cán《集韻》昨閑切，音：ちㄢˊ。
窄也。

又，jiān 子仙切，音：煎，ㄐㄧㄢ。
窄也，孱魔也。今俗有「孱魔」語。

又，zhàn《玉篇》、《集韻》龙士限
切，音：棧，ㄓㄢˋ

「孱陵」，古地名。《前漢書・地理
志》：在武陵郡（治所在今湖南省常
德縣西）。

又與「巉」同，司馬相如《大人賦》
：放散畔，驤以孱顏。《註》：孱顏
，即巉巖。蘇武詩：攝衣步孱顏。《
註》：山額曰顏。

ní《玉篇》牛起切，《集韻》偶起切

，《類篇》魚紀切，𪚲音：擬，ㄋ一ˇ

羼，《說文》：盛兒。（《文選·靈
光殿賦》曰芝栭欑羅以戢羼，李注：
戢羼，衆兒。）从孨从日，讀若蘽、
蘽一曰若存。（今魚紀切，李善：乃
立切。）

《玉篇》：又衆多貌。王延壽《魯靈
光殿賦》：芝栭欑羅以戢羼。杜甫《
朝享太清宮賦》：羅詭異以戢羼。
又，ㄧˋ入聲，《韻會》弋入切，音：
翊，一ˋ。義同。

羼，《集韻》：籀文作〝𣊟〞，或作
〝孨〞。

𣊟，《說文》：籀文〝羼〞，从二子
（絕句）一曰〝𣊟〞即奇字〝㬪〞。
（俗本〝曰〞多譌〝日〞）子亦切。

案：孨，參見〝孨〞字，詮釋。

𡩋：宀部二十四畫

　音：ㄧˊ《篇韻》魚其切，音：宜，一ˊ

　義：未詳

齌：宀部二十七畫，《字彙補》俗"擠"字

音：ㄐㄧ《唐韻》、《集韻》、《韻會》、
　　《正韻》茲子計切，音：霽，ㄐㄧˋ

義：齌，《字彙補》：俗"擠"字。
　　擠，《說文》：排也，一曰推也。
　　段玉裁《說文解字注》：擠，排也。
　　（於《左傳》知擠于溝壑矣，杜云：
　　隊也，隊今之墜字，謂排而墜之也。
　　《尚書·微子》作隮，引《左傳》亦
　　作隮，"隮"者"躋"之俗。）从手
　　齊聲。（子計切十五部）
　　《左傳·昭十三年》：小人老而無子
　　，知擠于溝壑矣。《註》：擠，墜也
　　。子細反。
　　又、ㄐㄧ《廣韻》、《集韻》、《韻會
　　》、《正韻》茲子禮切，音：薺，
　　ㄐㄧˇ。　義同。
　　《史記·項羽紀》：漢軍卻為楚所擠
　　。《莊子·人閒世》：其君因其修以
　　擠之。

又、ㄐㄧ《玉篇》、《廣韻》將西切，
《集韻》、《韻會》、《正韻》牋西
切，茲音：齎，ㄐㄧ。　義同。

𡧁：宀部三十六畫
　音：bǐng《海篇》音：稟，ㄅㄧㄥˇ
　義：未詳

厽：小部九畫。《字彙補》古文"麼"字。
　音：mǒ《唐韻》亡果切，《集韻》、《韻
　　會》母果切，《正韻》忙果切，茲音
　　：曭，ㄇㄛˇ
　義：厽，《字彙補》：古文"麼"字。
　　麼，《玉篇》：么、麼、細小。《廣
　　雅》：微也。
　　又，一作"麞"。班彪《王命論》：
　　么麞不及數字。《註》：細小曰麞。
　　又，mó《集韻》、《韻會》茲眉波切
　　，音：摩，ㄇㄛ。
　　又，mí《集韻》忙皮切，音：糜，
　　ㄇㄧ。　義，茲同。
　按：麼，《正字通》：下從幺，俗作"么

〞，謨。

屓：尸部二十四畫

　音＝bèi《龍龕手鑑》音＝備，ㄅㄟ

　義＝未詳

茻：屮部二十一畫，籀文〞茇〞字。

　音＝lù《玉篇》力竹切，音＝六，ㄌㄨˋ

　義＝茻，《說文》：籀文〞茇〞字，从三

　　屮，叢生（象叢生之狀也）。朱謀㙔

　　曰＝〞茻〞即〞稑〞字，蔬屬總名。

　　《正字通》：稑禾屬，〞茇〞地蕈。

　　朱氏合〞稑〞〞茻〞為一，非。以〞

　　茻〞為蔬屬總名者，亦非。

　　又，lù《廣韻》、《集韻》太力竹切

　　，音＝六，ㄌㄨˋ

　　茇，《說文》＝菌茇，地蕈。（段玉

　　裁《說文解字注》＝《釋艸》曰中馗

　　蘜，《注》地蕈也。似蓋今江東名為

　　土菌，亦曰馗廚。又出《隋邍蔬》注

　　＝邍蔬似土菌生菆草中。按〞馗廚〞

　　〞邍蔬〞〞菌茇〞三者一音之轉語，

"菌笑"《玉篇》作"圜笑"。）叢
生田中，（陳藏器曰：地生者為菌，
木生者為梗。按"梗"同"蕈"，許
云"蕈"桑蕈也，故謂地生者為"地
蕈"。）从艸六聲。（力竹切三部）

屾：山部九畫
　　音：shi《搜真玉鏡》所急切，音：峙，ㄕ
　　義：未詳

灥：巛部二十四畫，《字彙補》：同"河"
　　音：hé《唐韻》乎哥切，《集韻》、《韻
　　　　會》、《正韻》寒歌切，太音：何，
　　　　ㄏㄜˊ
　　義：灥，《字彙補》：同"河"。
　　　　水名，《說文》：水出燉煌塞外崑崙
　　　　山，發源注海。
　　　　段玉裁《說文解字注》：河，河水。
　　　　（各本水上無"河"字，由盡刪。篆
　　　　下複舉隸字，因并不可刪者而刪之也
　　　　。許君原本當作"河水也"三字，"
　　　　河"者篆文也、"河水也"者其義也

，此以義釋形之例。《毛傳》云治水也，渭水也，此釋經之例。）出敦煌塞外昆侖山，發原注海。（敦，鍇作"燉"，鉉作"焞"，皆誤今正，唐朝乃作"燉煌"，見《元和郡縣志》，前此皆作"敦"，酈氏書引應劭《地理風俗記》曰"敦"大也，"煌"盛也，《地理志》、《郡國志》皆有敦煌郡縣。六首敦煌許但云"敦煌"謂郡也，明之沙州衛，今甘肅之安西州。敦煌縣、玉門縣，皆漢郡地也。《史記·大宛傳》曰于寘之西水皆西流注西海，其東水東流注鹽澤。"鹽澤"潛行地下，其南則河源出焉。多玉石河"此四字當作為積石河"，注中國鹽澤去長安可五千里，又曰張騫死後，漢使窮河源。"河源"出于寘，其山多玉石，采來天子案古圖書名河所出山曰崑崙云。《漢書·西域傳》曰：西域以孝武時，始通本三十六國，東則接漢院以玉門陽關、西則限以蔥嶺。其南山東出金城與漢南山屬馬。其河有兩源：一出蔥嶺，一出于闐，于闐在南山下，其河北流與蔥嶺河合，東注蒲昌海。"蒲昌海"一名鹽澤者也，去玉門陽關千三百餘里"千字依《水經注》"，廣袤三四"此字依《小司馬》增"百里，其水亭居冬夏不增減，皆以為潛行地下，南出於積石為中國河云。《地理志》曰金城郡河關縣積石山在西南羌中河水，行塞外東北入塞內至勃海郡章武入海，過郡十六行九千四百里。按于闐今之和闐也，班云：積石山者，即《禹貢》之道河積石，今甘肅西寧府西南境之大積石也。許云：出敦煌塞外者，即《班志》云河水行塞外也。云昆侖山者，即馬班所云出蔥嶺。于寘天子案古圖書名其山曰崑崙也。云發原注海者，《釋水》文即志所云：東北入塞內至章武入海也。史漢所云古圖書者，謂《禹本紀》、《山海經》皆云河出昆侖也，馬班皆不信《禹本紀》、《山海經》之言，而許云出昆侖山者，許從漢武帝所詔也。塞外之山至高大者，皆可謂之昆侖，故漢武帝取以諮蔥嶺、于闐山，而不取荒誕之說。《爾雅·釋水》曰江、河、淮、濟為四瀆，”四瀆”者發源注海者也。河出崑崙虛色白，所渠并千七百一，川色黃。《爾雅》但言出崑崙虛，而絕無《禹本紀》、《山海經》荒誕之言，故許取為說。）从水可聲。（乎哥切十七部）

《春秋說題辭》：河之為言荷也，荷精分布懷陰引度也。《釋名》：河，下也，隨地下處而通流也。《前漢書·西域傳》：河有兩源，一出蔥嶺，一出于闐。于闐在南山下，其河北流，與蔥嶺河合，東注蒲昌海，潛行地

下，南出於積石，為中國河云。《書
‧禹貢》：導河積石，至于龍門。《
爾雅‧釋水》：河出崑崙虛色白，所
渠幷千七百一，川色黃，百里一小曲
，千里一曲一直。

又，九河。《書‧禹貢》：九河既道
。《傳》：九河，徒駭一、太史二、
馬頰三、覆釜四、胡蘇五、簡六、絜
七、鉤盤八、鬲津九。

又，三河。謂河南、河北、河東也。
《後漢書‧光武紀》：三河未澄，四
關重擾。又《小學紺珠》：以黃河、
析支河、湟中河為＂三河＂。

又，兩河，謂東河、東河也。《爾雅
‧釋地》：兩河閒曰冀州。

又，州名。《廣輿記》：古西羌地，
秦漢屬隴西、唐曰河州，明置河州衛。

又＂梗河＂，星名。《甘氏星經》：
梗河三星，在大角帝座北。

又＂銀河＂，天河也。

又、趙棠綺《難肋》：道家以目為"銀河"。

又、酒器也。《乾膜子》：裴鈞大宴、有銀河，受一斗。

又"淘河"，鳥名。見《爾雅・釋鳥》註。

又、姓。明・河清，長沙人。

河氏、《姓氏尋源》：出自河伯之後，或河宗柏夭之後。

郭璞《山海經》注云：河伯僕牛，皆人姓名，是河為姓也。甘肅涇州有河姓，明・河源之後，占籍襄陽。

鑋：工部二十四畫

音：hòng《篇海》何貢切，音：鬨 ㄏㄨㄥˋ
又、tóng 音：ㄊㄨㄥˊ

義：未詳

幬：巾部十二畫

音：nǎo《字彙補》尼老切，音：獶、ㄋㄠˇ

義：幬，《字彙補》：鬧也。

惢：心部十二畫

音：suǒ《廣韻》蘇果切，《集韻》損果切，並音：瑣，ㄙㄨㄛˇ

義：惢，《說文》：心疑也，从三心。

段玉裁《說文解字注》：惢，心疑也。（於《魏都賦》曰：神惢形茹。）从三心。（今俗謂疑為多心，會意。今花"蕊"字當作此，"蘂""繠"皆俗字也。）凡"惢"之屬皆从"惢"。讀若"易"旅瑣瑣。（旅初六，《爻辭》"惢"讀如此，瑣也。按古音在十六部，今才規、才累二切是也。）

又，zuǐ《廣韻》才棰切，《集韻》聚繠切，並音：棰，ㄗㄨㄟˇ。義同。

又，ruǐ《精蘊》如累切，《正譌》乳棰切，音：蕊，ㄖㄨㄟˇ。華惢也。从三心，象形。別作"蕤"、"繠"，通俗作"蘂"、"蕊"、"蘃"，並非。

又，祀名。《管子．輕重篇》：秋至

未熟，天子祀大惢。

又，zuǐ《廣韻》姊宜切、《集韻》津
垂切，玆音：厜、ㄗㄨㄟ

《廣韻》：善也。

按：惢，別作 "蘂"、"蘽"。通俗作 "
藥"、"蕊"、"蘽"，玆非。

掱：手部十二畫

音：shǒu《辭海》讀如：手，《標準學生
字典》、《東方國語辭典》玆音：手
、ㄕㄡˇ

義：掱，《辭海》：俗謂竊賊曰 "扒手"
、本作 "扒掱"。

《東方國語辭典》：掱（名詞），三
雙手，即 "扒手"。

《標準學生字典》：掱（名詞），偷
取他人財物的人，叫 "扒掱"，也作
"扒手"。

又，pá《新華字典》、《現代漢語詞
典》玆音：扒、ㄆㄚˊ

《新華字典》：掱手，從別人身上竊

取財物的小偷兒。現通常作"扒手"。
《現代漢語詞典》犇手，同"扒手"。
又，"扒手"。《標準學生字典》、
《東方國語辭典》：扒手（名詞），
偷取人家袋裏東西的賊。

《國語日報字典》：扒手，伸手偷入
衣袋裏財物的小偷兒，也作"萷綹"。
《國語日報辭典》：扒手，專門在公
共場所，伸手偷入家口袋裏的財物的
一種小偷兒。"扒手"，舊稱"剪綹
"，也作"萷綹"。

《超群國語辭典》：扒手，專在公共
場所，偷取別人身上東西的賊，亦即
"扒竊"。

《新華字典》：扒手（小偷），亦即
"扒竊"。

《現代漢語詞典》：扒手，从別人身
上偷竊財物的小偷。亦即"扒竊"，
也作"犇手"。

案：犇，音同手，亦音扒。"犇手"，同

"扒手"，亦作"扒拜"，亦稱：三隻手，像專在公共場所，偷取他人錢財為業的人，亦即"扒竊"。

扒手，舊稱"剪絡"，亦作"翦絡"。於今又有"政治扒手"，亦作"政治拜手"，以"依法行政"手段，官學巨商勾結，"扒竊"巨大私利。

晶：日部十二畫

音：jīng《唐韻》子盈切，《集韻》、《韻會》咨盈切，太音：精，ㄐㄧㄥ

義：晶，《說文》：精光也。（段玉裁《說文解字注》：凡言物之盛，皆三其文。日可三者，所謂象日也。）从三日。（子盈切十一部）凡"晶"之屬，皆从"晶"。

宋之問詩：八月涼風天氣晶。

又"晶晶"，光也。歐陽詹《秋月賦》：晶晶盈盈。又，方岳詩：江樹曉晶晶。

《通雅》：古"精"、"晶"通。《

易林》：陽晶隱伏，即陽精。《讀書
通》：〝水精〞即〝水晶〞。

按：晶，《集韻》：或作〝晟〞。〝晟〞
，或書作〝晠〞。

朤：月部十二畫

音：jīng《篇海類編》音：晶，ㄐㄧㄥ

義：未詳

森：木部十二畫

音：sēn《廣韻》所今切，《集韻》、《韻
會》、《正韻》疏簪切，竝音：參、
或作〝槮〞，ㄙㄣ

義：森，《說文》：木多兒，從林從木。
（段玉裁《說文解字注》：按《篇韻
》皆云：〝森〞長木兒，疑《篇韻》
所據爲〝長〞。從林從木，正謂有木
山平林之上也。）讀曾參之〝參〞。
（所今切七部）

潘岳《射雉賦》：蕭森繁茂。

又，盛也。潘岳《籍田賦》：森奉璋
以階列。

又，植也。《元包坤辭》：丞森闃若。

又《園陵文類》：宋‧杜曾《詩》：
　　哀猿藏森瞀，渴鹿聽瀫濺。《

註》：森去聲，所禁切，音：滲。

案：森，樹林繁茂之意。有名詞、形容詞
　之義。諸如：

　名詞：森林、陰森、﹣﹣﹣﹣﹣

　形容詞：森森、森嚴、冷森森，﹣﹣﹣﹣

禁：木部十二畫

　音：jin《類篇》居蔭切，音：禁，ㄐㄧㄣ

　義：禁，《類篇》：承樽梌。

棯：木部二十四畫

　音：yǎn《五音篇海》音：厭，ㄧㄢˇ

　　又，qí音：其，ㄑㄧˊ

　義：未詳

㮥：木部二十四畫

　音：ruǎn《字彙補》音：耎，ㄖㄨㄢˇ

　義：未詳

㱒：欠部十二畫，古文"欠"字。

　音：qiàn《唐韻》、《集韻》、《韻會》

、《正韻》苁去斂切，音：謙、去聲
，ㄑㄧㄢ

義：厽，《玉篇》、《集韻》：苁古文"
欠"字。

欠，《說文》作"兂"，張口气悟也
。（段玉裁《說文解字注》："悟"
覺也，引伸為"解散"之意，《口部
》噫下曰："悟"解气也。鄭《注》
：《周易》草木皆甲宅，曰皆讀如人
倦解之解，"人倦解"所謂張口气悟
也，謂之"欠"亦謂之"噫"，《曲
禮》君子欠伸，《正義》云：志疲則
欠，體疲則伸。《通俗》文曰：張口
運氣，謂之欠欿。按《詩》願言則嚔
，《傳》曰"嚔"劫也。孫毓同《崔
靈恩集》注云：毛訓"嚔"為"欿"
，今俗人云"欠欠""欿欿"是也，
不作"劫"字，人體倦則伸，志倦則
欿。玉裁謂許說多宗毛，許釋"噫"
為悟解气，蓋用毛說也。"欿"音：

邱據切。"欠款"古有此語，今俗曰
"呵欠"，又"欠"者气不足也，故
引伸為"欠少"字。）象气从儿上出
之形。（"彡"與"三"同，李陽冰
改篆作"兂"，乃是古文"先"耳，
云"上"象"人"開口、"下"象气
出，非也。去劒切八部）凡"欠"之
屬皆从"欠"。

徐曰：人欠去也。悟，解也。氣壅滯
欠去而解也。韓愈《讀東方朔雜事詩
》：噫欠為飄風。

又"欠伸"，疲乏之貌，人氣乏則欠
，體疲則伸。《禮·曲禮》：侍坐于
君子，君子欠伸，侍坐者請出。亦作
"欠申"。《前漢書·翼奉傳》：體
病則欠申動于貌。

又，不足也。韓愈《贈張籍詩》：
　　　　今者誠自幸，所懷無一欠。
又，水名，在汝南。《水經注》：沙
水東分為二水，一水東注，即注水也

，俗謂之〝欠水〞。

按：歠、《玉篇》、《集韻》：为古文〝
欠〞字。

欠，《說文》：作〝兂〞。

歰：止部十二畫，《字彙補》與〝澀〞同。

音：sè《唐韻》、《韻會》色立切，《集
韻》、《正韻》色入切，为音：濇、
ㄙㄜˋ。　與〝澀〞同。

義：歰、《字彙補》：與〝澀〞同。《漢
捷爲楊君頌》：塗路歰難。

澀，《說文》：不滑也。《風俗通·
十反篇》：冷澀比于寒蜒。

又，牆叠石，作〝水〞文爲澀浪。溫
庭筠《詩》：澀浪浮瓊砌。

又，竹名。范成大《桂海草木志》：
澀竹膚麤，澀如砂紙。

歰，《說文》：不滑也，从四止。（
色立切七部）　《玉篇》：難轉也。

又《博雅》：歰，吃也。揚子《方言
》：讓極，吃也。楚語也，或謂之軋

，或謂之歰。郭《註》：語歰難也。

又《六書故》：水涸行難謂之歰，味
苦歰亦謂之歰。

又，shà《集韻》色甲切，音：霎、
ㄕㄚˋ。　與"翣"同，棺羽飾也。

《周禮·天官》：縫人衣翣柳之材。
《註》：翣柳作接橝。鄭司農云：接
讀為"歰"，橝讀為"柳"，皆棺飾
。《檀弓》曰：周人牆置翣。《春秋
傳》曰：四歰不蹕。今《左傳》："
歰"作"翣"。

按：歰，《說文》：从四止。徐鉉曰：四
皆止，故為"歰"，當作"歰"，經
典作"歰"。《集韻》或作"澀"、
"歮"、"涩"。詳《水部》"澀"
字《註》。

澀，《集韻》：或作"濇"、"歮"
、"涩"。《字彙補》："涩"同"
澀"。《玉篇》："涩"同"澀"。

歮，《字彙補》：同"澀"。

毳：毛部十二畫，通作〝毸〞，俗作〝脆〞

音：cui《唐韻》、《集韻》、《韻會》𠀤
此芮切，音：脆，ㄘㄨㄟ

義：毳，通作〝毸〞，《廣韻》：俗作〝
脆〞。

《說文》：毳，獸細毛也。（段玉裁
《說文解字注》：《掌皮注》曰〝毳
毛〞毛細縟者。）从三毛。（毛細則
叢密，故从三毛象意也。此芮切十五
部）凡〝毳〞之屬皆从〝毳〞。

《方言》：揄鋪、憮、帗毳也。《周
禮・天官・掌皮》：共其毳毛為氈，
以待邦事。鄭《註》：毳毛，毛細縟
者。王褒《聖主得賢臣頌》：夫荷旃
被毳者，難與道純緜之麗密。

又，冕服名。《周禮・春官・司服》
：四望山川，則毳冕。又：子男之服
，自毳冕而下，如侯伯之服。《尚書
正義》：毳冕五章，虎蜼為首，虎蜼
毛淺，毳是亂毛，故以毳為名。《詩

• 王風》：毳衣如菼。《詩經今注》
：毳（音：脆），細毛。毳衣，細毛
織的上衣。菼（音：坦），初生的蘆
荻。如菼，言衣是嫩綠色，指女子所
穿。《毛傳》：毳衣，大夫之服。《
箋》：古者天子大夫服毳冕，以巡行
邦國，天子大夫四命，其出封五命，
如子男之服，故得服毳冕。

又＂火毳＂，即火浣布也。《後漢書
• 西南夷傳論》：賨幏火毳馴禽封獸
之賦，軨積於內府。

又，鳥腹毛曰毳。《說苑·尊賢篇》
：背上之毛，腹下之毳。杜甫詩：見
輕吹鳥毳。

又＂毳幕＂，即氈帳也。李陵《答蘇
武書》：韋韝毳幕。

又，僧服名。《法苑珠林》：衣中有
四者：一糞掃衣，二毳衣，三衲衣，
四三衣。

又，小耎物易斷也。《荀子·議兵篇

》：事小敝毳，則偷可用也。《文子
·道原篇》：志弱者，柔毳安靜。

又，通作＂脆＂。《老子·道德經》
：其脆易破（輔物事作：其脆易判）
。《晉語》：臣脆弱，弗能忍俊。

又，柔美之物曰＂甘毳＂。《史記·
聶政傳》：旦夕得甘毳以養親。《前
漢書·丙吉傳》：數奉甘毳。亦與＂
脆＂義同。

又，通作＂氉＂。《管子·霸言篇》
：釋堅而攻氉。枚乘《七發》：甘氉
腥膿。

又，姓。出《姓苑》

又，ruì《集韻》儒稅切，音：汭，
ㄖㄨㄟˋ。又，chuò 誅悅切，音：歠，
ㄔㄨㄛˋ。　義，茲同。

又，jué《集韻》租悅切，音：蕝，
ㄐㄩㄝˊ。　與＂橇＂同。《前漢書·
溝洫志》：泥行乘毳。《史記》作＂
橇＂。《註》：孟康曰：毳竹如箕，

擿行泥上。如淳云：毳，謂以板置泥上，以通行路也。師古曰：毳，讀如本字。

脃，《廣韻》：俗作"脆"。

cui《唐韻》、《集韻》、《韻會》太此芮切，音：毳，ㄘㄨㄟ

《說文》：脃，小耎易斷也。（段玉裁《說文解字注》：《七發》曰甘脃肥膿，《魏都賦》稟質遳脃，作"脆"者誤也。）从肉絕省聲。（形聲包會意也，易斷故從絕省。此芮切十五部）

《周禮・冬官・考工記・弓人》：夫角之末，遠於割而不休於氣，是故脃脃，故欲其柔也。《管子・事語篇》：無委致圍，城脃致衝。《註》：脃，不堅也。

又《博雅》：脃，欲也。

又《正字通》：輕也。《後漢書・許荊傳》：郡濱南州，風俗脃薄。

又，zuì《集韻》促絕切，音：臑，

ㄗㄨㄟˋ。 又，suì 蒼沒切，音：碎，

ㄙㄨㄟˋ。 義，太同。

又，chuò《韻補》叶音：歠，ㄔㄨㄛˋ

。 左思《魏都賦》：

　　　　肴覈叢陳，俎質蓮脃。

　　　　巷無杼首，里罕耆耋。

按：臑，通作〞脃〞、《廣韻》：俗作〞

　　脆〞。

淼：水部十二畫，同〞渺〞字。

音：miǎo《唐韻》亡沼切，《集韻》、《

　　韻會》、《正韻》弭沼切，太音：眇

　　，ㄇㄧㄠˇ

義：淼，《標準學生字典》：同〞渺〞字

　　，大水貌。

　　大水也，郭璞《江賦》：狀滔天以淼

　　茫。今注：水，廣大貌。諸如：淼淼

　　、烟波浩淼，-----

　　又《東方國語辭典》：淼，大水貌。

　　例如：浩淼、淼茫，-----

又《超群國語辭典》：淼，水勢廣大貌。如：淼茫、淼淼，……

《現代漢語詞典》：淼，形容水大。諸如：淼茫、浩淼、碧波淼淼，……

渺，《新華字典》：亦作"淼"。水勢遼遠。如：浩淼。

又"渺茫"，形容離得太遠看不清楚。或比喻前途"渺茫"。

又，miǎo《廣韻》亡沼切，《集韻》、《韻會》、《正韻》弭沼切，並音：眇，ㄇㄧㄠˇ

又"渺瀰"，水貌，一曰水長也。《管子‧內業篇》：渺渺呼！如窮無極。案"渺灥"，水遠也。一曰瀰漾，水深白貌。"灥"，亦作"瀰"。

渺，《標準學生字典》：遠而看不清，例如：渺茫。

《東方國語辭典》：微小，如：渺小。遠而看不清，如：渺渺。遼闊而無邊際，例如：渺茫。

《國語日報辭典》：微小、例如：渺
小、微渺，……

大水的樣子，叫"渺汸"。

渺茫，遼闊不易看見的樣子。

《超群國語辭典》：微小的，如：渺
小。大水遼闊的，如：渺湎。遼闊而
無邊際，如：大海渺茫。

《現代漢語詞典》"渺茫"，如：渺
若烟雲、渺無人迹、渺無聲息、音信
渺然，……

"渺小"，如：藐小、渺不足道，…

"渺然"（渺茫），不見踪影，如：
音信渺然、踪迹渺然，……

"渺無人烟"，迷茫一片、沒有人家
，形容十分荒凉。原野茫茫，渺無人
烟，……

"渺遠"，同"邈遠"。"渺茫"，
同"淼茫"。

案：淼，《標準學生字典》：同"渺"字
。《新華字典》"渺"，亦作"淼"

。注：“淼”，多用於人名。

灥：水部二十七畫。《集韻》與“泉”同。

音：xún《唐韻》詳遵切，《集韻》松倫切
，𠀤音：旬，ㄒㄩㄣˊ

義：灥，《集韻》：與“泉”同。ㄑㄩㄢˊ
《說文》：三泉也。（段玉裁《說文
解字注》：凡積三為一者，皆謂其多
也。不言从三泉者，不待言也。）闕
（此謂讀若未詳，”闕”其音也。今
音：詳遵切，依附”泉”之雙聲為之
。）凡”灥”之屬，皆从”灥”。

又，chuān《廣韻》、《集韻》𠀤昌緣
切，音：穿，ㄔㄨㄢ。　義同。一
曰：象流也。

又，quán《集韻》從緣切，音：全，
ㄑㄩㄢˊ。　與”泉”同。

泉，《說文》：水原也。（段玉裁《
說解字注》：《釋水》曰濫泉正出，
”正出”涌出也。沃泉縣出，”縣出
”下出也。氿泉穴出，”穴出”仄出

也。《毛傳》本云：檻泉正出，側出曰氿泉，許作濫泉厬泉，《召旻》曰泉之竭矣。本云自中，《傳》曰泉水從中以盡者也。引申之，古者謂錢曰泉布，許云古者貨貝而寶龜，周而有泉，至秦廢貝行錢。）象水流出成川形。（同出兩三岐，略似巛形也。疾緣切十四部）凡泉之屬皆从泉。

《易·蒙象》：山下出泉。

又《爾雅·釋水》：濫泉正出，"正出"涌出也。沃泉縣出，"縣出"下出也。氿泉穴出，"穴出"仄出也。

又，同出異歸曰"肥泉"。《詩·邶風》（泉水）：我思肥泉，茲之永歎。《詩經今注》：肥泉，衛國水名。茲（通：滋），增加。永歎，長歎。案：原作《詩·衛風》，誤耶：

又，醴泉。《禮·禮運》：天降膏露，地出醴泉。

又，泉有光華曰"榮泉"。《前漢書

‧郊祀歌》：食甘露、飲榮泉。

又，瀑布曰"立泉"。班固《終南山賦》：立泉落落。

又，州名。《廣輿記》：周時為七閩地，隋曰溫陵、唐曰泉州。

又"天泉"，星名。《甘氏星經》：天泉十星在鼈東，一曰"大海"主灌溉溝渠之事。

又"龍泉"，劍名。即"龍淵"也。杜甫《詩》：三尺獻龍泉。

又，姓。《南史》：有泉企。

泉氏，《姓氏考略》：引《世本》"泉"、任姓。《姓苑》吳全琮之孫：暉降魏，封南陽，食采白水、改為"泉"氏。

張澍云：國語潞洛泉余滿，皆赤狄隗姓。　一云：周官泉府之後，以官為氏，望出上洛。（治所在今陝西省商縣）又《新唐書》高麗蓋蘇文，姓"泉"氏。

又＂貨泉＂，即錢也。《周禮‧天官
》：外府掌布之出入。《註》：布，
泉也，其藏曰泉，其行曰布，取名于
水泉，其流行無不徧也。又《地官‧
泉府註》：＂泉＂，或作＂錢＂。

又，juàn《集韻》疾眷切，全去聲，
ㄐㄩㄢˋ，或音：ㄑㄩㄢˋ。義同。

又，qín《韻補》叶才勻切，音：秦，
ㄑㄧㄣˊ。李尤《東觀銘》：房闥內
布，疏綺外陳，是謂東觀，書籍林泉。

按：𣹢，《集韻》：與＂泉＂同。
泉，《集韻》：或作＂𣹢＂。

焱：火部十二畫

音：yàn《唐韻》、《集韻》太以冉切，音
：琰，一ㄢˋ

義：焱，《說文》：火華也。（段玉裁《
說文解字注》：古書＂焱＂與＂猋＂
二字多互譌，如曹植《七啟》風厲猋
舉，當作＂焱＂舉。班固《東都賦》
焱焱炎炎，當作＂猋猋＂炎炎。王逸

曰"燚"去疾兒也。李善《注》幾不別二字。）从三尤。（凡物盛則三之，以冉切八部，《廣韻》以贍切。）凡"焱"之屬，皆从"焱"。

又，yàn《廣韻》、《集韻》、《韻會》、《正韻》太太以贍切，音：豔、一ㄢˋ。義同。 又，班固《東都賦》之焱焱炎炎，揚光飛文，吐鰻生風，欻野歕山。《註》：焱戈矛車馬之光。

又，huǒ《廣韻》、《韻會》、《正韻》呼臭切，《集韻》呼役切，太音：壽，ㄏㄨㄛˇ

《玉篇》：火華。

《廣韻》：又火焰也。

又，yì螢集切，音：役，一 火貌。

又，xì馨激切，音：闃，ㄒㄧˋ 衣火華也。

又，yì《集韻》夷益切，音：繹，一。本作"焲"，亦同"煬"。

焱、yì《廣韻》羊益切，《集韻》夷益切，太音：繹、一`

《玉篇》：火光也。《集韻》：或作"焱"、"煬"。

又、yào《集韻》弋灼切，音：藥、一ㄠˋ。　義同。

煬、xí《集韻》先的切，音：錫、ㄒㄧˊ。　乾也。

又、yì《集韻》、《類篇》太夷益切，音：繹、一`。

《集韻》：本作"焱"、亦同"焱"。

按：焱，《集韻》：本作"焱"、亦同"煬"。

燚：火部十二畫
音：tán《篇海類編》徒甘切，音：談，ㄊㄢˊ

義：燚，《篇海類編》：火也。

孤：爪部十二部
音：shuǎ《龍龕手鑑》疎瓦切，又：初瓦切，太音：耍、ㄕㄨㄚˇ

義：未詳

叜：爪部二十一畫

　　音：sōu《海篇》音：叟、ㄙㄡ

　　　又，tuǒ音：妥、ㄊㄨㄛˇ

義：未詳

犇：牛部十二畫，《集韻》古文"奔"字。

　　音：bēn《廣韻》博昆切，音：賁、ㄅㄣ

　　義：犇、《集韻》：古文"奔"字。

　　　　《廣韻》：牛驚貌。

　　　　按《廣韻》："奔"、"犇"音同義

　　　　異，《集韻》合為一字，今兩存。

　　　　奔，《集韻》：古文"犇"字。

　　　　又，bēn《唐韻》博昆切，《集韻》、

　　　　《韻會》、《正韻》逋昆切，𠀤音：

　　　　本，平聲、ㄅㄣ

　　　　《說文》：走也。（段玉裁《說文解

　　　　字注》：走者趨也，《釋宮》曰：室

　　　　中謂之時、堂上謂之行、堂下謂之步

　　　　、門外謂之趨、中庭謂之走、大路謂

　　　　之奔，此析言之耳！渾言之，則"奔

"、"走"、"趨"不別也。引申之
、凡"赴""急"曰"奔"，凡"出
""亡"曰"奔"，其字古或段"賁
"，或段"本"。《毛詩》予曰有本
走，陸德明本如此。）从夭卉聲。（
大徐作賁省聲，非此十三部十五部合
音，博昆切十三部。）與"走"同意
俱从"夭"。（此說从"夭"之意、
"走"者屈其足，故从"夭""止"
，"奔"之从"夭"意同也，凡行疾
則屈腳疾。）

《爾雅·釋宮》：堂上謂之行、堂下
謂之步，門外謂之趨，中庭謂之走、
大路謂之奔。　一曰趨事恐後曰奔。
《詩·周頌》：駿奔走在廟。《詩經
今注》：駿、迅速。

又，嫁娶而禮不備亦曰奔。《周禮·
地官·媒氏》：仲春之月，令會男女
，奔者不禁。謂不必六禮備，非淫奔
也。

又，凡物皆言奔。《詩·鄘風》：鶉之奔奔。《詩經今注》：鶉，鵪鶉，雌雄有固定的配偶。奔奔，《禮記·表記》引作賁賁。奔賁皆借為翿（音：奔），《玉篇·羽部》：翿，飛貌。翿翿，猶翩翩。又解：奔奔，跳行貌。《小雅》：鹿斯之奔。《石鼓文》：霝雨奔樹。韓愈《秋懷詩》：

　　　　鳴聲若有意，顛倒相追奔。
　　　　空堂黃昏暮，我坐默不言。

按"奔""言"俱十三元韻，《正字通》沿《字彙》之誤，"奔"叶音：邊，豈以"言"在一先韻耶？

又，姓。石晉將奔洪進。

奔氏，《姓氏考略》：引《世本》神農娶奔水之子，後有奔氏。

《通鑑釋文》：古有"賁"姓，音：肥。又音：奔，後遂為"奔"。

又"奔水"，複姓。《路史》：神農娶奔水氏為妃，一作"承桑"氏，又作"桑水"氏。

又、fèn《集韻》、《韻會》放方問切、音：憤，ㄈㄣˋ。　覆敗也，李陵《與蘇武書》：斬將搴旗，追奔逐北。

又、bèn《廣韻》甫悶切、《集韻》、《韻會》補悶切、《正韻》逋悶切、放音：本，去聲，ㄅㄣˋ。　急赴也，《釋名》：變也，有急變奔赴之也。《增韻》：奔走湊集也。

又、yi叶於夷切、音：依、一崔亭伯《七依》：

乃命長秋使驅，戰夷羿作虞人。

騰勾喙以追飛，騁韓盧以逐奔。

按：《說文》：从夭賁省聲、入《夭部》俗省作"奔"。

奔、《集韻》：古文"犇"字。

《廣韻》："奔"、"犇"，音同義異。《集韻》：合為一字，今兩存。

猋：犬部十二畫

音：biāo《廣韻》甫遙切，《集韻》、《

韻》、《正韻》卑遙切，茲音：標，
ㄅㄧㄠ

猋，《說文》：犬走貌。从三犬。
段玉裁《說文解字注》：猋，犬走兒
。（引伸為凡走之偁，《九歌》猋遠
舉兮雲中王，《注》"猋"去疾兒，
《爾雅》扶搖謂之"猋"作此字。）
从三犬。（此與"馬馬" "鹿鹿" "蟲蟲"
同意，甫遙切二部。）

又《爾雅·釋天》：扶搖謂之猋。《
註》：風暴从上下。案"猋"，迅速
也，飛走如風貌。《疏》：李巡四：
猋，上也。《釋文》：猋，必遙反。

又《爾雅·釋草》：猋、蘪、芀。《
註》：皆芀荼之別名。《疏》：芀，
一名猋，又名蘪，雈葦之屬。

又，piāo《集韻》紕招切，音：漂，
ㄆㄧㄠ。 回風也，《禮·月令》：
猋風暴雨總至。《註》：回風為猋。
《釋文》：本又作飄，徐音方遙反。

𤰔：用部十五畫

　　音：chuán《五音篇海》音：傳、ㄔㄨㄢˊ

　　義：未詳

畾：田部十五畫

　　音：léi《唐韻》魯回切、《集韻》盧回切

　　　、𠀤音：雷、ㄌㄟˊ

　　義：畾，《唐韻》、《集韻》：田間也。

　　　　又、léi《集韻》魯水切，音：壘、

　　　　ㄌㄟˇ。　義同。

畕畕：田部十五畫

　　音：chài《字彙補》初瓦切，音：瘥，上

　　　　聲、ㄔㄞˇ

　　義：畕畕，《字彙補》：幕宇甲聲也。

　　　　又、雪中行。

皛：白部十五畫

　　音：xiǎo《廣韻》、《集韻》、《韻會》

　　　　𠀤胡了切、音：皎，ㄒㄧㄠˇ

　　義：皛，《說文》：顯也。(段玉裁《說

　　　　文解字注》："顯"當作"㬎"、"

　　　　顯"頭明飾也。"㬎"衆明也，"顯

行而"皛"廢矣。許云：古文以"皛"為"顯"，則小篆以"顯"為"皛"久矣！《倉頡篇》曰"皛"明也。按《蜀都賦》猵㺔賦於蔓艸。"猵㺔"猵人也。江漢有猵人能化為虎，然則"皛"者謂顯其形也。李善云當為"拍"，誤。）通白曰皛。（四字，依李善《注》陶淵明《赴假還江陵詩》引補。）从三白。（會意）讀若皎。（烏皎切二部）。

潘岳《關中詩》：虛皛湳德，繆彰甲吉。《註》："湳"、"甲"，二羌號。"德"、"吉"，其名也。"皛"，顯也。

又《博雅》：白也。郭璞《江賦》：流澧皛潒。《註》：皛潒，深白貌。

又《玉篇》：明也。陶潛《江陵夜行詩》：皛皛川上平。《註》：皛皛，明也。

又，皛飯。曾慥《高齋漫錄》：錢穆

父召東坡食〝鱻飯〞，及至，設飯一
盂、蘿蔔一碟，白湯一盞，蓋以三白
為〝鱻〞也。

又、jiǒng《集韻》戶茗切，音：迥，
ㄐㄩㄥˇ。 亦白也。

又、jiǒng《集韻》畎迥切，《正韻》
古迥切，茲音：頍，ㄐㄩㄥˇ。亦明也。

又、pò《廣韻》普伯切，《集韻》匹
伯切，茲音：拍，ㄆㄛˋ。 打也。左
思《蜀都賦》：鱻貙虓于蒙泗。《註
》：〝鱻〞，當為拍拊也。

鱻：白部二十四畫

　音：cún《海篇》音：存，ㄘㄨㄣˊ

　義：未詳

矗：四部三十三畫

　音：kǎi《海篇》音：慨，ㄎㄞˇ

　義：未詳

晶：目部十五畫，《六書故》：亦作〝瞐〞

　音：mò《廣韻》莫角切、《集韻》墨角切

　、茲音：尨，入聲，ㄇㄛˋ

又，音：máng，讀：莣，ㄇㄤˊ

義：晶，《玉篇》：美目也。

又《類篇》：目深也。

按：晶，《六書故》：亦作"目目"。

睸：目部十五畫

音：měng《字彙補》莫登切，音：懵，上
聲，ㄇㄥˇ

義：睸，《字彙補》：目不明也。

矗：目部二十四畫

音：chù《廣韻》丑六切，《集韻》、《韻
會》敕六切，並音：俶，入聲，彳ㄨˋ

義：矗，《玉篇》：齊也，草木盛也。左
思《吳都賦》：楠矗森萃。

又《廣韻》：直也。《元包經》：語
其義，則矗然而不誣。《註》：直而
不妄也。

又《集韻》：長直貌。舒元興《鄂州
重巖寺碑銘》：釋宮斯闢上矗星斗。
謝靈運《山居賦》：直陌矗其東西。
杜牧《阿房宮賦》：蜂房水渦矗，不

知其幾千萬落。

又《增韻》：聳上貌。《正韻》：高
起也。司馬相如《上林賦》：崇山矗
矗。

又，chù《廣韻》、《集韻》初六切，
《正韻》昌六切，太音：珿，彳ㄨˋ

又，chòng《集韻》丑眾切，音：忡，
去聲，彳ㄨㄥˋ。　義，太同。

案：矗，乃會意字。本字為譶，”矗”讀
”觸”不讀直，亦不讀聳。俗有誤讀
直，或誤讀聳者，失正。

又，甲文、金文”矗”字闕，小篆”
矗”从三直，三直有益見其”直”意
。本義作”直”貌解，《集韻》乃指
物體之挺直高聳而言。

磊：石部十五畫，《集韻》：同”礧”。

音：léi《唐韻》落猥切，《集韻》、《韻
會》、《正韻》魯猥切，太音：壘，
ㄌㄟˇ。　同”礧”。

義：磊，《說文》：眾石也。　段玉裁《

說文解字注》：〝磊〞，衆石皃。（〝皃〞各本作〝也〞，今依《廣韻》訂石三爲〝磊〞，猶人三爲〝衆〞，〝磊〞之言纍也。古音在十六部，《楚辭》石磊磊兮葛蔓蔓。）从三石。（落猥切，古音在紙韻，是以亦作〝礧〞。）

《楚辭‧九歌》：石磊磊兮葛蔓蔓。

《古詩》：磊磊礀中石。

又，磊砢。司馬相如《上林賦》：水玉磊砢。《註》：魁壘貌。又《世說》：孫楚云：其人磊砢而英多。

又，與〝礌〞通。《晉書‧石勒載記》：大丈夫行事，當礌礌落落如日月。《註》：〝礌〞，作〝磊〞。

礧，《集韻》：同〝磊〞。洪适《隸釋》：礧，通作〝磊〞，出《朱龜碑》。又，王延壽《魯靈光殿賦》：層櫨礧坿以岌峩。嵇康《琴賦》：〝䃴〞〝磓〞〝礧〞〝礌〞皆同〝磊〞。

石畾，《集韻》：同"磊"，眾石也。

𥞤：禾部三十畫，《字彙補》古文"國"字

音：guó《唐韻》古或切，《集韻》骨或切

，𡘋音：觥，入聲，《ㄨㄛˊ

義：𥞤，《字彙補》：古文"國"字。

國，《說文》：邦也。（段玉裁《說

文解字注》：《邑部》曰邦，國也。

按"邦""國"互訓，渾言之也。《

周禮注》曰：大曰"邦"，小曰"國"

"，"邦"之所居亦曰"國"，析言

之也。）从囗从或。（於《戈部》曰

"或"邦也，古"或""國"同用，

"邦""封"同用。古或切一部，

《周禮·夏官·量人》：掌建國之法

，以分國為九州。又《冬官·考工記

》：匠人營國，旁三門，國中九經九

緯，經涂九軌，左祖右社，面朝後市

。《禮·王制》：五國以為屬，十國

以為連，二十國以為卒，二百一十國

以為州。《孟子》：大國地方百里，

次國地方七十里，小國地方五十里。

又《周禮‧地官‧掌節》：山國用虎節，土國用人節，澤國用龍節。《註》：山國，多山者。土國，平地也。澤國，多水者。

又，滅人之國曰勝國。《左傳‧註》：勝國者，絕其社稷，有其土地也。

又，九州之外曰外國，又曰絕國。《後漢書‧班超傳》：君侯在外國三十餘年。又：遠處絕國。

又，兩國相距曰敵國。《孟子》：敵國不相征也。

又，外國來附者曰屬國。李陵《答蘇武書》：聞子之歸位，不過典屬國。《註》：典，掌也。即掌屬國之事者。

又，城郭國，行國。宋‧程大昌《備北邊對》：漢西域諸國有城郭國，有行國。城郭國築城為守者，行國不立城以馬上為國也。

又，姓。《姓苑》：太公之後，齊有

國氏，世為上卿。宋有國卿。

國氏，《路史》禹之御，有國哀。

《姓源》春秋時代，國氏為齊之卿族、子孫沿其氏。

《姓纂》鄭穆公子發，字子國，孫僑以王父字為氏。望出下邳（治所在今江蘇省睢寧縣西北）。

又，衛亦有國氏。

又，百濟大臣八姓有國氏。

國籤氏，複姓。《隋書經籍志》主國之卜籤者，以為氏。

窤：穴部二十四畫

　音：tóng《篇海》大紅切，音同，ㄊㄨㄥˊ

　義：窤，《篇海》：風聲也。

筂：竹部十八畫

　音：zhí《搜真玉鏡》音：畫，ㄓ

　　又，小音：戟，ㄐㄧˊ

　義：未詳

粲：米部十八畫

　音：róng《搜真玉鏡》音：榮，ㄖㄨㄥˊ

義：未詳

羴：羊部十八畫，《集韻》"羶"之本字。

音：shān《廣韻》式連切，《集韻》尸連
切，音：膻，ㄕㄢ

義：羴，《說文》：羊臭也。（段玉裁《
說文解字注》：臭者，气之通於鼻者
也。羊多則气，"羴"故从三羊。）
从三羊。（式連式十四部）凡"羴"
之屬，皆从"羴"。

又，xiān《廣韻》許閑切，《集韻》
虛閑切，ㄒㄧㄢ。 義，太同。

又，shān《廣韻》失然切，音：膻，
ㄕㄢ。 義同。

羴，《集韻》：或作"羶"、"羵"
、亦作"羺"、"羶"、"羶"，又
謂"羶"之本字。

羶，《說文》：羴或从亶，（段玉裁
《說文解字注》："亶"聲也，今經
傳多从"或"字。）羊臭也。

《玉篇》：羊脂也，羊氣也。《周禮

・天官・內饔》：辨腥、臊、羶、香
之不可食者。《註》：羶，謂羊也。
又《禮・月令》：其臭羶。《疏》：
凡草木所生，其氣羶也。

又《呂氏春秋》：草食者羶。《註》
：草食者，食草木，謂麋鹿之屬，故
其臭羶也。

按：《說文》＂羴＂字自為部，今從《正
字通》併入。

羴，《集韻》或作＂羶＂、＂羴＂。
亦作＂羬＂、＂羶＂、＂羴＂，又謂
＂羶＂之本字。

羴：羊部三十畫
　音：yǎng《海篇》音：癢，一尢ˇ
　義：未詳

耇：老部十八畫
　音：rǒng《篇韻》音：宂，ㄖㄨㄥˇ
　　　又，xiōng 音：洶，ㄒㄩㄥ
　義：未詳

聶：耳部十八畫

音：niè《廣韻》、《韻會》、《正韻》杰
尼輒切，音：囁，了ㄧㄝ

義：聶，《說文》：附耳私小語也。（段
玉裁《說文解字注》：《口部》囁下
曰"聶"語也，按二篆皆會意，以口
就耳則為"囁"。囁者，已二耳在旁
，彼一耳居閒則為"聶"，《史記·
魏其武安侯傳》曰乃效女兒咕"聶"
耳語，韋曰：咕"聶"附耳小語聲。
）从三耳。（尼輒切八部）

徐曰：一耳就二耳也。《史記·魏其
武安侯傳》：乃效兒女子咕聶耳語。
又，攝也。《管子·侈靡篇》：十二
歲而聶廣。《註》：代將亂，而攝其
廣。

又《莊子·大宗師》：聽明聞之聶許
。《註》：聶許，許與也。攝而保之
，無所施與也。

又，地名。《春秋·僖元年》：齊師
、宋師、曹師，次于聶北，救邢。《

註》：聶北，邢地。《山海經》：濛
水出漢陽、西入江聶陽西。《註》：
聶陽，《水經注》引此作"灄陽"。
《後漢書‧郡國志》：東郡有聶戚。
又，國名。《山海經》：聶耳之國，
在無腸國東，爲人兩手聶其耳。《註
》：言耳長，行則以手攝持之也。
又，姓。《史記‧刺客傳》：聶政者
，軹深井里人也。《姓譜》：楚大夫
食采于聶，因以爲氏。

聶氏，《急就篇注》："聶"本地名
，因以爲姓。

《姓纂》：衛大夫食采於"聶"，因
氏焉。《廣韻》、《韻譜》均作：楚
大夫。望出河東（治所安邑，在今山
西省夏縣西北）、新安（治所在今浙
江省淳安縣西）。

又，人名。《史記‧刺客傳》：荊軻
嘗游過榆次，與蓋聶論劍。《註》：
《索隱》曰：蓋姓，聶名。

又，rè《集韻》日涉切，音二讘、
日ざ。 亦私語也。

又，zhé《正字通》直涉切，音二 出さ´
。 與"脼"同，薄切肉也。《禮、
少儀》二牛與羊、魚之腥，聶而切之
為膾。《註》二聶之言牒也。先藿葉
切之，復報切之，則成膾也。

又，yè《集韻》弋涉切，音二葉、
一せ。 與"擛"同，"擛擛"，動
貌。或作"聶"。

又，zhé《集韻》、《韻會》、《正韻
》丈質涉切，音二雪、出さ´。 合也
。《爾雅·釋木》二守宮槐葉，晝聶
宵炕。《註》二槐葉晝日聶合而夜炕
布者，各為守宮槐。"聶"音二輒。

又，shè《唐韻》實攝切，音二涉、
尸さ´。 與"欇"同，蔓木。

又，chè《集韻》、《類篇》丈尺涉切
，音二謵，彳さ´。 木葉、動貌。

臸二 至部十八畫

音：zhi《玉篇》職日切，音：質，ㄓˋ

義：竆，《玉篇》：窒也。諸如：窒息、
　　窒礙、窒塞，……

𡨜：臼部四十八畫

音：ying《五音篇海》烏鄧切，音：瀴、
　　一ㄥ

義：𡨜，《五音篇海》：簧也。俗作："
　　蕙"。

舙：舌部十八畫，《字彙》同"話"。

音：qi《唐韻》、《集韻》、《韻會》、
　　《正韻》太太七入切，音：緝，〈一

義：舙，《字彙》：同"話"。按《玉篇
　　》古文"話"本作"舙"。

　　《六書精蘊》：謀譖人也。不象其往
　　來營營，象其反復，故重三舌，明意
　　二三其言也。

　　又《談薈》：古文"肙"字。

　　肙，古文"舙"。《說文》：晶語也
　　。（段玉裁《說文解字注》：《耳部
　　》曰"晶"附耳私小語也，按"晶"

取兩耳附一耳，"咠"取口附耳也。

）从口耳。（七入切八部）詩曰咠咠幡幡。（於《巷伯》三章：緝緝翩翩，四章：捷捷幡幡。許引當云：咠咠翩翩，而云：咠咠幡幡者，誤合二章為一耳。"咠咠"今《詩》作"緝緝"，《毛》云"緝緝"口舌聲。）

《玉篇》：咠咠，口舌聲也。《廣韻》：咠咠，譖言也。

《說文》：引《詩》：咠咠幡幡。按今《詩·小雅》本作"緝緝翩翩"。

《詩經今注》：緝，通"咠"，附耳私語也。翩，讀為"諞"（音：駢），花言巧語。

又，汋《廣韻》子入切，《集韻》即入切，竝音：濈，ㄐㄧˊ。 義同。

又，汋《集韻》一入切，音：揖，一。 義同。

按：咠，《集韻》：或作"喞"，古文"禧"字。

　　叒，《字彙》：同"話"。《玉篇》

　　：古文"話"，本作"䇏"。

　　參見"䇏"（話）字，詮釋。

茻：艸部九畫

　音：hui《玉篇》許偉切，《正韻》虎委切

　　，茲音：燬，ㄏㄨㄟˇ

　義：茻，《說文》：艸（草）之總名也。

　　（段玉裁《說文解字注》：《方言》

　　曰"茻"艸也，東越、揚州之閒曰"

　　茻"。）从艸屮。（三屮即三艸也，

　　會意。許偉切十五部）

　　揚子《方言》：茻，草也。東越、揚

　　州之閒，曰"茻"。

　　又，hui《廣韻》許賣切，《玉篇》許

　　胃切，茲音：諱，ㄏㄨㄟˋ

　　《穆天子傳》：流涕茻隕。

　　《史記·司馬相如傳》：茻然興道而

　　遷義。《註》：茻，猶勃也。

　　又，司馬相如《上林賦》：薄莽茻歙

　　。《註》：林木鼓動之聲。

郭忠恕《佩觽》：三十之卉爲百芔，

非。"卉"，音先合反。"芔"，音

許貴反。二字音義迥別，不應假借。

按：《唐韻》、《集韻》等書，"芔"俱

通"卉"。蓋"芔"之爲"卉"，文

由隸變，非近代塗寫之訛。

《正字通》云：《爾雅》諸經，凡"

芔"皆作"卉"，非自今始。茲說甚

正，郭氏泥古，不可據也。

蘙：艸部二十七畫

音：yao《唐韻》以灼切，《集韻》弋灼切

，𠀤音：藥，ㄧㄠˋ

義：蘙，《唐韻》、《集韻》𠀤音：藥，

風吹水貌。

又，là《唐韻》盧下切，音：ㄌㄚˋ。

義與"蘙"同。

蘙，lè《集韻》呂下切，音：砢，

ㄌㄜ，亦音：ㄌㄨㄛˇ。

《玉篇》：蘙蘿，不中貌。

又《類篇》：蘙苴，泥不熟貌。

《正字通》："⿱艹⿰石石"字之譌。

按：《集韻》、《玉篇》諸書"⿱艹⿰石石"與"⿱若⿰若若"文義各別，唯《唐韻》"⿱艹⿰石石⿱艹⿰石隹"之"⿱艹⿰石石"，文从三"若"，而仍引《玉篇》"⿱艹⿰石石"字訓註，是借"⿱若⿰若若"為"⿱艹⿰石石"，非"⿱若⿰若若"即"⿱艹⿰石石"也。《正字通》論非，今從《字彙》。

蟲：虫部十八畫

音：chóng《唐韻》直弓切，《集韻》、《韻會》、《正韻》持中切，並音：种，ㄔㄨㄥˊ

義：蟲，《說文》：从三虫，象形。凡蟲之屬皆从蟲。

段玉裁《說文解字注》：蟲，有足謂之蟲，無足謂之豸。（有舉渾言以包析言者，有舉析言以包渾言者，此"蟲""豸"析言以包渾言也。"蟲"者蝡動之總名，前文既詳之矣。故祇引《爾雅·釋蟲》之文，"豸"者獸長脊行，豸豸然欲有所伺殺形也，本

謂有足之蟲。因凡蟲無足者其行，但
見長脊"多多"然，故得段借"多"
名，今人俗語云"蟲""多"。《詩
》溫隆蟲蟲，《毛傳》曰"蟲蟲"而
熱也。按"蟲蟲"蓋"融融"之段借
，韓《詩》作"炯"，許所不取。）
從三虫。（人三為眾，虫三為蟲，"
蟲"猶眾也。直弓切九部）凡"蟲"
之屬，皆從"蟲"。

《大戴禮》：有羽之蟲三百六十，而
鳳凰為之長。有毛之蟲三百六十，而
麒麟為之長。有甲之蟲三百六十，而
神龜為之長。有鱗之蟲三百六十，而
蛟龍為之長。有倮之蟲三百六十，而
聖人為之長。

《爾雅‧釋蟲》：有足謂之蟲，無足
謂之多。《周禮‧冬官‧考工記‧梓
人》：外骨內骨，卻行仄行。連行紆
行，以脰鳴者，以注鳴者，以旁鳴者
，以翼鳴者，以股鳴者，以胷鳴者，

謂之小蟲之屬，以為雕琢。

《大戴禮》：二九十八，八主風、風主蟲，故「蟲」八月化也。《荀子·勸學篇》：肉腐出蟲。

又《詩·大雅》：蘊隆蟲蟲。《傳》：蟲蟲而熱。《詩經今注》：蘊（通煴），悶熱。隆，盛也。蟲蟲，《釋文》：蟲，《爾雅》作「烱」。《爾雅·釋訓》：烱烱，薰也。即熱氣薰蒸貌，此句言熱氣很盛，似火薰蒸。

又「桃蟲」，鳥名。《詩·周頌》：肇允彼桃蟲。《傳》：桃蟲，鷦也。鳥之始小終大者。《詩經今注》：肇，發語詞。允，讀為似。桃蟲，鳥名，極小，又名「鷦鷯」。

又《書·益稷》：華蟲作繪。《孔註》：雉也。今俗稱：野雞。

又，地名。《左傳·昭十九年》：宋公伐邾，圍蟲三月。《註》：蟲，邾邑。

又，書名。《魏志》裴松之《註》：
邯鄲淳善《蒼雅》蟲篆。《直音》：
新藏作 "篆"

又，姓。《前漢書‧功臣表》：曲成
侯蟲達。

蟲氏，《姓氏考略》：引《路史》徐
偃王後有蟲氏。

《辨證》：春秋郳國有蟲邑，魯昭公
時，來取蟲，其大夫以邑為氏。望出
曲成。（故城在今山東省掖縣東北）

又，zhòng《篇海》直眾切，音：仲，
ㄓㄨㄥˋ。 與 "蚛" 同，蟲食物也。

又，tóng《集韻》徒冬切，音：彤，
ㄊㄨㄥˊ。 《爾雅‧釋訓》：蟲蟲，
薰也。"蟲"，或作 "蟲"。

按：《群經音辨》：蘊隆蟲蟲。"蟲"字
，又音：徒冬切。

蟲，《韻會》：俗作 "虫"，非。

虫，古 "虺" 字。《標準學生字典》
、《國語日報字典》、《東方國語辭

典》、《國語日報辭典》、《超群國
語辭典》：〞蟲〞的簡體（寫）字。
又《新華字典》、《現代漢語詞典》
：〞虫〞，亦作〞蟲〞。

譶：言部二十一畫

音：tà《唐韻》徒合切，《集韻》達合切
，太音：沓，ㄊㄚˋ

義：譶，《說文》：疾言也。

段玉裁《說文解字注》：〞譶〞疾言
也、从三言，讀若〞沓〞。（於《文
選》、《琴賦》紛澀譶以流漫，《注
》〞澀譶〞聲多也。徒合切。《吳都
賦》澀譶縈猥，交貿相競。《注》引
《倉頡篇》〞譶〞言不止也，佇立切
。大徐引《唐韻》、徒合切。）

嵇康《琴賦》：紛澀譶以流漫。《註
》：澀譶，聲多也。

又，zhé《廣韻》、《集韻》太直立切
，音：蟄，ㄓㄜˊ。 〞讘譶〞，言不
止也。左思《吳都賦》：澀譶縈猥，

交貿相競。《註》二:灛譆，象言語喧
雜也。

按：譆，《正字通》二:與"杏""咳"
諸""讕"太同，《字彙補》二:亦作
"譆"。

贔三:貝部二十畫，又與"奰"同。

音：bi《廣韻》、《集韻》、《韻會》太
平秘切，音：備，ㄅㄧˋ

義：贔，《玉篇》二:贔屓，作力貌。張衡
《西京賦》二:巨靈贔屓。《註》二:贔
屓，作力之貌。左思《吳都賦》二:巨
鼇贔負，首冠靈山。《註》二:贔負，
用力壯貌。

又《類篇》二:贔屓，鼇也。一曰雌鼇
為贔。《本草》二:贔屓，大龜、蝹蠵
之屬，好負重，或名蚆蝛。今石碑下
，龜趺象其形。《嶺南異物志》二:贔
屓，作"係臂"。

又，與"奰"同。《詩·大雅》二:內
奰于中國。《詩經今注》二:奰（音二:

必），《說文》"奰"迫也，即壓迫
。《傳》：奰，怒也。不醉而怒曰奰
。《疏》：《正義》曰：《西京賦》
云：巨靈奰屓以流河曲，則奰者，怒
而目作氣之貌。不醉而怒者，承上"
醉"字也。

bi《廣韻》、《集韻》、《韻會》平
祕切，《正韻》毗意切，茲音：備、
ㄅㄧˋ

奰，《說文》：壯大也，一曰迫也。
段玉裁《說文解字注》：奰，狀大也
、从三大三目（會意），二目為奰。
（"奰"各本作"圖"，誤，今正。
）三目為"奰"，益大也。（說會意
之恉，張衡、左思《賦》皆用"奰屓
"字，而譌作"贔屓"，俗書之不正
如此，"屓"見《尸部》臥息也，許
器反。）一曰迫也。（別一義）讀若
易虙羲氏。（今《易·繫辭》作"包
犧"氏，孟氏、京氏作"伏戲"，許

作"虙羲"，鄭大卜《注》應氏《風俗通》同"虙"，古音讀若"密"，"嫕"古音同今音：平祕切。）詩曰不醉而怒謂之"嫕"。（《大雅》蕩曰內嫕于中國，《毛傳》曰不醉而怒謂之"嫕"，於壯義迫義皆近，不言《詩》、《傳》曰者，猶書曰仁覆，閔下則偁"旻天"，不言《書》、《傳》、《易》曰地。可觀者，莫可觀於木，《易》曰井者法也，不言《易》說也。）

又，怒也。不醉而怒謂之"嫕"。《詩·大雅》：內嫕于中國，覃及鬼方。《註》：自近及遠，無不怨怒也。《詩經今注》：嫕（音：必），《說文》：嫕，迫也。即壓迫。覃，延也。鬼方，殷和西周時稱北方玁狁為"鬼方"。方，猶邦也。殷紂當有侵伐鬼方之事。

案：夏朝時北方的獯族稱"獯鬻"，

商朝時稱〝鬼方〞、周朝時稱〝
玁狁〞、秦漢時稱〝匈奴〞。

𤕤、réng《篇海》音：仍，日ㄥˊ。
不知也。

又，bèi音：備，ㄅㄟˋ。 義同。

按：𤕤，與〝奰〞同，本作〝�228〞。《集
韻》：〝�228〞从三大，三目。今省作
〝奰〞，〝奰〞通作〝𤕤〞，遂譌〝
�228〞為〝𤕤〞，《篇海》音義俱非。

蹴：足部二十一畫
音：chuò《集韻》測角切，音：齪，
ㄔㄨㄛˋ
義：蹴，《集韻》：行也。
《正字通》：行疾也。

轟：車部二十一畫
音：hōng《廣韻》、《集韻》、《韻會》
、《正韻》呼宏切，音：橫ㄏㄨㄥ
義：轟，《說文》：群車聲也。（段玉裁
《說文解字注》：轟，轟轟。（二字
依《文選注》補）群車聲也，从三車

。（呼宏切，古音在十二部。李善曰
《倉頡篇》云"輷輷"象車聲也，呼
萌切，今為"輷"字，音：因。元應
曰"轟"今作"輷"字，書作"輷"
，同呼萌切。按古字作"輷"，今字
作"輷"，《玉篇》作"輷"，皆當
在真臻部也。）

又，hòng《廣韻》、《集韻》呼迸切
，《正韻》呼孟切，太音：橫，去聲
，ㄏㄨㄥˋ。 義同。

又，huāng 叶呼光切，音：荒，ㄏㄨㄤ
。 韓愈《詩》：

　　　牽曳不敢辭，忽忽心如狂。

　　　飲食豈知味，絲竹徒轟轟。

　按：轟，《玉篇》：同"輷"，《集韻》
　　：或作"輷"，《唐韻》："輷"同
　　"轟"，一作"訇"。

譶：辛部三十畫，《字彙補》：同"讋"。
　　案：音、義，參見"讋"字，詮釋。

鑫：金部二十四畫

音：xiōng《玉篇》呼龍切，音：胷，平聲
，ㄒㄩㄥ

又，xìn許金切，音：歆，ㄒㄧㄣ。
義缺闕。

義：《正字通》：〞鑫〝字。《註》：宋
子虛名友，五子以〞鑫〝、〞森〝、
〞淼〝、〞焱〝、〞垚〝立名。

又《南康郡志》：黃鑫，由明經辟薦
，任餘杭令，擢監察御史。

又〞鑫〝之今義，大都形容〞旺盛〝
，多財富之意，且多用於商店字號或
人名。諸如：

《標準學生字典》：興旺，多財的意
思，用於〞商店〝或〞人名〝。

《國語日報字典》：興盛，錢財多，
是人名、商店字號常用字。

《東方國語辭典》：興旺，多財的意
思，多用於商店或人名。

《國語日報辭典》：興盛，錢財多，
是人名、商店字號常用的字。

《新華字典》：財富興盛，商店字號、人名常用的字。

《現代漢語詞典》：財富興盛（多用于人名或字號）。

關：門部二十四畫

　音：huā《搜真玉鏡》呼括切，音：嘩，ㄏㄨㄚ

　義：未詳

雔：佳部二十四畫

　音：zá《唐韻》徂合切、《集韻》昨合切，达音：雜，ㄗㄚˊ

　義：雔，《說文》：群鳥也，从三佳。

　　段玉裁《說文解字注》：雔，群鳥也。（許善心《神雀頌》嘉貺雔集。）从三佳。（徂合切七部）凡"雔"之屬皆从"雔"。

　　許善心《神雀頌》：景福氤氳，嘉貺雔集。

　　又，zā《玉篇》走合切，音：帀，ㄗㄚ。義同。

靐靐：雨部三十六畫

音：dui《玉篇》徒罪切，音：憝，ㄉㄨㄟ

義：靐靐，《玉篇》：雲貌。

靐靐：雨部三十九畫

音：bing《廣韻》皮証切，《集韻》蒲應

切，並音：凭，ㄅㄧㄥ

義：靐，《廣韻》、《集韻》："靐靐靐"

，雷聲。

靧靧：面部二十七畫，《篇海》與"靧"同。

音：hui《廣韻》荒內切，《集韻》呼內切

，並音：誨，ㄏㄨㄟ

義：靧，《篇海》：與"靧"同。

靧，《玉篇》：面肥貌。

又《聲類》：與"頮"同。洗面也。

《集韻》：或作"靧"。

頮，hui《廣韻》、《集韻》並音：誨

，ㄏㄨㄟ。　洗面也。

頮，同"靧"。《書・顧命》：王乃

洮頮水。《釋文》："頮"，音：悔

。馬云：頮面也。

又，kui《正韻》胡對切，音：潰，
ㄎㄨㄟ。 義同。

酶，hui《集韻》呼內切，音：誨，
ㄏㄨㄟ。 本作"䫞"，面多肉也。

按：靧，《篇海》：與"䫞"同。

䫞，《聲類》：與"頪"同，《集韻
》：或作"酶"。

酶，《集韻》：本作"䫞"。

顱：頁部二十七畫
音：bi《字彙補》皮媚切，音：寐，ㄅㄧˋ
義：顱，《字彙補》：眉也。

飍：風部二十七畫
音：xiu《廣韻》、《集韻》：香幽切，音
：然，ㄒㄧㄡ

義：飍，《廣韻》：驚風。

又《五篇》：驚走貌。左思《吳都賦
》：儋耳黑齒之酋，金鄰象郡之渠。

驫駥飍矞䋐雲，驚捷先驅前途。
《註》：驫音浮，駥音月，飍音休，
矞音聿，䋐音撤，雲音匝。言外國渠

酋騳走∴為眾王前導也。蓋借疲風形，擬奔走狀也。

又，biǎo《集韻》必幽切，音∴麃，ㄅㄧㄠ

又，biǎo步幽切，音∴淲，ㄅㄧㄠ

義，茲同。

飛：飛部二十七畫

音∴féi《字彙補》芳微切，音∴非，ㄈㄟ

義∴飛，見《金鏡》。

馫：香部二十七畫

音∴xīng《字彙補》虛陵切，音∴興，ㄒㄧㄥ

義∴馫，《字彙補》∴香氣也。

驫：馬部三十畫

音∴biāo《廣韻》甫休切，《集韻》悲幽切，茲音∴麃，ㄅㄧㄠ

義∴驫，《玉篇》∴走貌。《說文》∴象馬也。（段玉裁《說文解字注》∴《廣雅》曰＂驫驫＂走兒也、《吳都賦》驫駥飍矞，善曰∴象馬走兒也。）

从三馬。（甫虬切三部，篆文音：風幽切。）

左思《吳都賦》：驫䮥麤矞。《註》：象馬走貌。

又與"飆"同，水名。《水經註》：沁水，南歷猗氏關，與"驫水"合。

又，biāo《集韻》車遙切，音：標，ㄅ一ㄠ

又，ji 仕戢切，音：䰞，ㄐ一ˊ。 義，𣊟同。

鱻：魚部三十三畫，古"鮮"字。

音：xiān《廣韻》、《集韻》並相然切，音：仙，ㄒ一ㄢ

義：鱻，《說文》：新魚精也。（段玉裁《說文解字注》：云精者即今之"鯖"字，《廣韻》云葇魚煎食曰五侯"鯖"，煎食作煎肉者譌，謂以新魚為肴也。《周禮·獸人》辨魚物為鱻薧，鄭司農曰鮮生也，薧乾也。《詩·思文》、《正義》引鄭注《尚書》曰象鱻食謂魚籧也，引申為凡物新者之偁，《獸人》六畜六獸六禽亦偁鱻薨，史言數見不鮮，許書玼下云新玉色鮮也。鸞下曰不鮮也。其字蓋皆本作"鱻"，凡鮮明、鮮新字皆當作"鱻"，自漢人始以"鮮"代"鱻"，如《周禮》經作"鱻"，《注》作"鮮"是其證。至《說文》全書不用叚借字，而"玼下"、"鸞下"亦皆為淺人所改，今則"鮮"行而"鱻"廢矣。）從三魚。（相然切十四部）不變魚也。（"也"字今補，此釋"從三魚"之意，謂不變臭生新也。他部如"驫"、"麤"、"猋"等皆謂其生者，"鱻"則謂其死者死而生新自若，故曰不變。）　《註》：徐鍇曰：三，象也。眾而不變是"鱻"也。

《周禮·天官·庖人》：凡其死生"鱻薨"之物，以共王之膳。《註》："鱻"謂生肉。《疏》：新殺曰鱻。

又，xiǎn《集韻》息淺切，音：獮，
ㄒㄧㄢˇ。　尟，或作"鱻"、少也。
丘濬《南溟奇甸賦》（并序）：……
水廣"鱻"羸，──────

鮮，《標準學生字典》、《國語日報
字典》、《東方國語辭典》、《國語
日報辭典》："鱻"，古"鮮"字。
xiān《唐韻》、《集韻》、《韻會》
玆相然切，音：仙，ㄒㄧㄢ

魚名，出貉國。《禮・內則》：冬宜
鮮羽。《註》：鮮，生魚也。

又《玉篇》：生也。《書・益稷》：
暨益播奏庶艱食鮮食。《傳》：鳥獸
新殺曰鮮。《儀禮・士昏禮》：腊必
用鮮。《疏》：義取夫婦日新之義。
《左傳・襄三十年》：唯君用鮮。《
註》：鮮，野獸也。

又《廣韻》：潔也。《易・說卦》：
為蕃鮮。《註》：鮮，明也。

又《釋名》：鮮，好也。《玉篇》：

善也。

又、國名。《後漢書・東夷傳》：昔箕子避地朝鮮。（今南北韓）又《鮮卑傳》：鮮卑者，依鮮卑山，故因號焉。案：鮮卑為東胡別族，起於興安嶺東面，漢末最盛，隋唐以來，漸為漢族同化。

又、山水名。《水經注》：北鮮之山，鮮水出焉。

又、姓。《後蜀錄》：李壽司空鮮思明。

鮮氏，《姓氏考略》：《風俗通》武王封箕子於朝鮮，因氏焉。

一云：蜀有"鮮"姓，係鮮于氏所改。望出南安（治所在今甘肅省隴西縣東北）

又"鮮于"、複姓。《風俗通》：武王封箕子於朝鮮，其子食采於朝鮮，因氏焉。

鮮于氏，《辨證》系出子姓，殷後，

周武王封箕子於朝鮮，支子仲食采於于，子孫因合〝鮮于〞為氏。望出太原（治所晉陽，在今山西省太原市西南。）

又《魏書》定州丁零，亦有鮮于姓。

鮮卑氏，金元時有此姓，鮮卑種落當以此為氏。見《姓氏考略》

鮮陽氏，《漢書》湟中鮮水。張澍云：居於鮮水之陽者以為氏。

鮮虞氏，《姓纂》春秋時小國，晉滅之，子孫以國為氏。

又，xiǎn《廣韻》、《集韻》私息淺切，音：獮，ㄒㄧㄢˇ

《易·繫辭》：故君子之道鮮矣。《論語·學而第一》子曰：巧言令色，鮮矣仁。《註》：巧言令色，包咸曰：巧言，好其言語。令色，善其顏色。鮮，少也。《釋文》：盡也。

又《書·無逸》：惠鮮鰥寡。《傳》：又加惠鮮之鰥寡之人。《疏》：鮮，少乏也。《詩・鄭風》：終鮮兄弟。《詩經今注》：終，既也。鮮，少也。《箋》：鮮，寡也。《禮・中庸》：民鮮能久矣。《註》鮮，罕也。

又，少也。亦善也。《詩・邶風》：籧篨不鮮。《詩經今注》：籧篨（音：渠除），一種病人，腰不能彎，今語呼為"雞胸"。不鮮，不漂亮。《箋》：鮮，善也。朱《傳》：少也。

又《爾雅・釋山》：小山別，大山鮮。《疏》：李巡云：大山少，故曰鮮。《詩・大雅》：度其鮮原。《詩經今注》：度，度量，計算。鮮原，地名，在今陝西省咸陽縣東。度其鮮原，即經營鮮原之意。《傳》：大山曰鮮。朱《傳》：鮮，善也。

又《正韻》：與"獻"同。《禮・月令》：天子乃鮮羔開冰。《註》：鮮當為獻，聲之誤也。

又，與"犀"同。《前漢書・匈奴傳

》：黃金犀毗一。《註》：師古曰：犀毗，帶鉤也。亦曰鮮卑，亦謂師比，總一物也，語有輕重耳。

又，xiàn《集韻》私箭切，音：獮，去聲，ㄒㄧㄢˋ。 姓也。參"鮮"氏，複姓："鮮于"、"鮮卑"、"鮮陽"、"鮮虞"諸氏注釋。

鸝：鳥部三十三畫

音：niǎo《玉篇》奴了切，音：鳥ㄋㄧㄠˇ

義：鸝，《玉篇》：鳥名。

麤：鹿部三十三畫，同"粗"字。

音：cū《唐韻》、《正韻》倉胡切、《集韻》、《韻會》聰徂切，太音：粗，ㄘㄨ

義：麤，《說文》：行超遠也。（段玉裁《說文解字注》：鹿善驚躍故从三鹿，引伸之為鹵莽之偁，《篇韻》云不精也、大也、疏也，皆今義也。俗作"麁"，今人槩用"粗"，"粗"行而"麤"廢矣。"粗"音：徂古切。

）从三鹿。（三鹿齊跳，行超遠之意，《字統》云驚防也。鹿之性相背而食，慮人獸之害也，故从三鹿。楊氏與許乖異如此，倉胡切五部。）凡"麤"之屬，皆从"麤"。

又《字統》：驚防也。鹿之性相背而食，慮人獸之害也，故从三鹿。

又《玉篇》：不精也。《周禮·天官·內宰》：比其小大，與其麤良，而費罰之。《疏》：布帛之等，縷小者則細，良縷大者則麤惡。

又《玉篇》：大也。《禮·月令》：其器高以麤。《註》：麤，猶大也。

又《玉篇》：疏也。《禮·儒行》：麤而翹之，又不急為也。《註》：麤，猶疏也，微也。

又，略也。《史記·陸賈傳》：麤述存亡之徵。

又，顏師古《急就篇註》：麤者，麻枲雜履之名也。南楚江淮之閒，通謂

之麤。《釋名》：麤，措也，亦所以
安措足也。

又，麤樵。《左傳‧哀十三年》：梁
則無矣，麤則有之。《史記‧聶政傳
》：故進百金者，將用為夫人麤糲之
費。

按《六書正譌》：俗作"麁"、"粗
"，通用"粗"。《韻會》、《小補
戴》、《集韻》：麤，或作"瀛"。
不知瀛即《說文》塵，與"麤"義別
，合為一，非。

麤，同"粗"字。《東方國語辭典》
：同"粗"字。

粗，cū《廣韻》千胡切，《集韻》聰
徂切，《正韻》倉胡切，茲音：麤，
ㄘㄨ

《玉篇》：大也，略也，疏也，物不
精也。《禮‧月令》：其器高以粗。
又《樂記》：其怒心感者，其聲粗以
厲。《莊子‧秋水篇》：物之粗也。

又，zū《廣韻》徂古切，《韻會》坐
五切，太音：徂，ㄑㄩ。 義同。

按：粗，《集韻》：或作 "觕"，通作 "
麤"，俗作 "粗"。

龘：龍部四十八畫

音：dá《五篇》音：杏，ㄉㄚˊ

又，tà音：去ㄚˋ

義：龘，《五篇》：龍行，"龘龘" 也。

本（三字并列）卷，輯纂一百二十七字。
內有七字，於《康熙字典》（同文書局版）文
中有誤。諸如："品"（口部）、"姦"（女
部）、"淼"（水部）、"猋"（犬部）、"
蟲"（虫部）、"贔"（貝部）、"飍"（風
部），謹參 "原書"（引文），辨證考正。

是卷（三字并列），計收有一百二十七字
，佔百分之二七‧一九五（27.195%）。

卷之六　四字並列

　　本（四字并列）卷，計收四十二字，依《康熙字典》部首次第，分著於次：

　　朅：一部二十畫
　　　　音：qiè《字彙補》音：且，去聲，ㄑ一ㄝˇ
　　　　義：未詳
　　狋：人部八畫，《六書統》古文"虞"字。
　　　　音：yú《唐韻》遇俱切，《集韻》、《韻會》元俱切，兹音：愚，ㄩˊ
　　　　義：狋，《六書統》：古文"虞"字。騶虞也，象白虎黑文。
　　　　　　《同文備考》：狋者，守山澤之吏。狋，象山澤險隘。
　　　　　　虞，《說文》：騶虞也。（段玉裁《說文解字注》：騶虞，《山海經》、

《墨子》作"騶吾"，漢《東方朔傳
》作"騶牙"，皆同音假借字也。）
白虎黑文。（見《毛傳》、《鄭志》
、《張逸問傳》曰白虎黑文，答曰《
周史·王會》云，按今《王會》篇文
不具。）尾長於身。（見《山海經》
）仁獸也，食自死之肉。（《毛傳》
曰"騶虞"義獸也，"白虎黑文"不
食生物有至信之德。則應之許云仁獸
不同者，毛用古左氏修母致子之說，
許不從也。《哀十四年》，《左傳》
服虔注云：視明禮修而麟至，思睿信
立白虎擾，言從義成則神龜在沼，聽
聰知止而名出龍，貌恭禮仁則鳳皇來
儀。此以《昭九年》，《傳》云水官
不修則龍不至故也，毛云麟信而應禮
，又云騶虞義而應信，又云鳳皇靈鳥
仁瑞也，正用古說。許不从古說，故
"麟""騶虞"皆謂之仁獸，"鳳"
謂之靈鳥。"騶虞"之仁何也，以其

不食生物，食自死之肉也。）从虍吳
聲。（五俱切，按此字假借多而本義
隱矣，凡云樂也安也者"娛"之假借
也，凡云規度也者以為"度"之假借
也。）詩曰于嗟乎騶虞。（《召南》
文，《五經異義》今詩韓魯說："騶
虞"天子掌鳥獸官，古詩毛說："騶
虞"義獸，《白虎異文》食自死之肉
不食生物，人君有至信之德，則應之
《周南》終"麟"止，《召南》終"
騶虞"，俱稱嗟歎之，皆獸名。謹按
古《山海經》鄒書云"騶虞"獸說，
與《毛詩》同。按許說《詩》以毛作
，《說文》則於从毛之中，不从其義
獸應信之說也。"鄒書"，蓋謂《鄒
子書》。）

《詩·召南》：于嗟乎騶虞！《詩經
今注》：于，讀為吁。吁嗟，感嘆詞
。騶（音：鄒）虞，官名，給貴族管
理苑圃、牲畜等。此句可以譯做"哎

呼咳可恨的牲場官！"

又，度也。《書·大禹謨》：儆戒無虞。《左傳·桓十七年》：疆場之事，慎守其一，而備其不虞。

又，安也。《儀禮·士虞禮》註：士即葬其父母，迎精而迎，日中而祭之于殯宮，以安之。

又，誤也。《詩·魯頌》：無貳無虞，上帝臨汝。《詩經今注》：貳，有二心也。虞，即畏懼。《廣雅·釋言》：虞，驚也。臨，監視。汝（通：汝），指伐殷的戰士。此二句，乃武王在牧野誓師的話，言不要有貳心，不要畏怕，上帝在監視着你們。《疏》：言天下歸周，無有貳心，無有疑誤。

又，備也。《晉語》：衛文公有邢翟之虞。

又，樂也。《孟子》：霸者之民，驩虞如也。趙岐《註》：霸者行善邮民，恩澤暴見易知，故民驩虞樂之也。

又《博雅》：助也、望也、擇也。

又《玉篇》：有也、專也。

又《正韻》：慮也、測也。

又，官名。《易·屯卦》：既鹿無虞。《註》：謂虞官。《周禮·天官·大宰》：虞衡、作山澤之材。《疏》：掌山澤者，謂之虞。

又，國名。《詩·大雅》：虞芮質厥成。《左傳註》：虞國，在河東大陽縣。《詩經今注》：虞，古國名，在今山西平陸。芮（音：銳）、古國名，在今陝西大荔。質，讀為致（獻也）。成，讀為城。此句，指文王伐虞、芮，兩國獻城投降。

又，縣名。《晉書·地理志》：虞縣屬梁國。

又，姓。《潛夫論》：帝舜姓。《左傳·昭三年》：箕伯、直柄、虞遂、伯戲。《註》：四人皆舜後。《通志

‧氏族志》：禹封商均之子于虞城，
為諸侯，後以國為氏。

虞氏，《姓氏考略》：系出媯姓，舜
後封虞，以國為氏。望出會稽（即今
浙江省紹興縣）、濟陽（在今山東省
定陶縣西北）。見《廣韻》。

虞丘氏，複姓。《世本》楚大夫采邑
，以邑為氏。

又〞虞淵〞，地名。《淮南子‧天文
訓》：日至于虞淵，是為高舂。

又，yú《韻會》元具切，音：遇，ㄩˋ
。　揚雄《長楊賦》：

　　奉太尊之烈，遵文武之度。

　　後三王之田，反五帝之虞。

又，與〞吳〞同。《史記‧孝武帝紀
》：不虞不驚。《索隱》讀話ㄏㄨㄚ

又，通〞吾〞。吾丘壽王，《水經注
》：作〞虞丘壽王〞。王應麟《詩考
》：〞鄒虞〞，或作〞騶吾〞。見劉
芳《詩義疏》。

按：灥，《六書統》：古文"虞"字。

虞，《真音》：俗作"虞"。

灥：人部十畫，《字彙補》古"盜"字。

音：dào《唐韻》徒到切，《集韻》、《韻會》大到切，《正韻》杜到切，太音：導，ㄉㄠˋ

義：灥，《字彙補》：古"盜"字。

盜，《說文》：私（厶）利物也。（段玉裁《說文解字注》：周公曰竊賄為"盜"，盜器為"姦"。《米部》曰"盜"自中出曰"竊"。）从次皿（會意）"次"欲也，欲皿為盜。（依《韻會》本說从"次"之意，徒到切二部。）

《易‧說卦》：坎為盜。《疏》：取水行潛竊如盜賊也。《左傳‧文十八年》：竊賄為盜，盜器為姦。《周禮‧秋官》：司隸，帥其民而博盜賊。《詩‧小雅》：君子信盜，亂是用暴。《傳》：盜，逃也。《風俗通》：

言其畫伏庶奔，逃避人也。

又《正字通》：凡陰私有利者，皆謂之盜。《穀梁傳·哀四年》：春秋有三盜，微殺大夫謂之盜，非所取而取之謂之盜，辟中國之正道以襲利謂之盜。

又，泉名。《後漢書·郡國志》：徐州有〝盜泉〞。《說苑》：水名〝盜泉〞，孔子不飲，醜其名也。

又，星名。《宋史·天文志》：客星東南，曰〝盜星〞，主大盜。

又，千里馬名。《穆天子傳》：右服盜驪。《爾雅·釋畜·疏》：駿馬，小頸，名曰〝盜驪〞。

又，草名。《爾雅·釋草·疏》：葍，一名〝盜庚〞。

按：《六書正譌》：〝次〞即〝羨〞字、欲也。欲皿為〝盜〞，會意。从次、皿，俗从〝次〞，譌。

㳄，《字彙補》：古〝盜〞字。

兟兟：儿部二十四畫

　　音：xún《字彙補》香仲切、音：趙、

　　　　　ㄒㄧㄡˋ

　　義：未詳

卌：十部八畫

　　音：xìn《唐韻》先立切、《集韻》息入切

　　　　、茲音：心、八聲、ㄒㄧˋ

　　義：卌，《字統》：插糞把。

　　　　《說文》：數名，亦直為四十字。

厶厶：厶部八畫、《篇海類編》與〝幽〞同。

　　音：yōu《唐韻》、《集韻》於虯切、《韻

　　　　會》幺虯切、《正韻》於尤切、茲音

　　　　：呦、一ㄡ

　　義：厶厶、《篇海類編》：與〝幽〞同。

　　　　幽、《說文》：隱也。（段玉裁《說

　　　　文解字注》：《㠯部》曰隱蔽也、《

　　　　小雅》桑葉有幽。毛曰〝幽〞黑色也

　　　　、此謂〝幽〞為〝黝〞之假借、《玉

　　　　藻》幽衡、鄭云〝幽〞讀為〝黝〞、

　　　　毛不易字鄭則易之。《周禮·牧人》

陰祀用幽牲，守祧幽堊之。鄭司農皆"幽"讀為"黝"，引《爾雅》地謂之"黝"，今本"幽""黝"字互譌。）从山絲，（"幽"從山猶隱；從茁取遮蔽之意，從絲者微則隱也。）絲亦聲。（於虯切三部）

《易‧履卦》：幽人貞吉。《疏》：幽隱之人，守道貞吉。《禮‧儒行》：幽居而不淫。《疏》：君子雖復隱處，常自修整不傾邪也。《後漢書‧章帝章和元年‧詔》：光照六幽。《註》：謂六合幽隱之處也。

又《爾雅‧釋詁》：幽，微也。《疏》：幽者，深微也。《史記‧樂書》：極幽而不隱。

又《玉篇》：幽，深遠也。《易‧繫辭》：无有遠近幽深。《疏》：言《易》之告人，无問遠之與近，及幽邃深遠之處，皆告之也。《詩‧小雅》：幽幽南山。《註》：幽幽，深遠也

。《詩經今注》：幽幽，深遠貌。南
山，即終南山。

又《玉篇》：幽，不明。《正韻》：
幽，闇也。《書・舜典》：黜陟幽明
。《註》：黜退其幽者，升進其明者
。《禮・檀弓》：望反諸幽，求諸鬼
神之道也。《註》：鬼神處幽闇。

又，《正韻》：幽，囚也。《史記・
太史公自序》：幽於縲絏。楊惲《報
孫會宗書》：身幽北闕。

又，州名。《書・舜典》：肇十有二
州。《傳》：禹治水之後，舜分冀州
為幽州、并州。《爾雅・釋地》：燕
曰幽州。《疏》：燕其氣深要，厥性
剽疾，故曰幽。幽，要也。

又，地名。《左傳・莊十六年》：同
盟于幽。《註》：幽，宋地。

又，國名。《山海經》：大荒之中，
有思幽之國，思士不妻，思女不夫。
《註》：言其人直思感而通氣，無配

合而生子。

又、姓。《廣韻》：出《姓苑》。幽氏，《姓氏考略》：引《姓苑》以謚為氏。　一云：或居幽州者，以地為氏。望出京兆（漢代稱京師為京兆，治所長安，在今陝西省西安市西北）。

又、與〞黝〞通。《集韻》：〞黝〞，或作〞幽〞。《禮·玉藻》：一命縕紱幽衡，再命赤紱幽衡。《註》：幽，讀為黝黑之〞黝〞。

又，叶於交切，音：窔，一ㄠ。又讀：一ㄠ。　《道藏歌》：

　　迴舞太空嶺，六氣運重幽。

　　我際豈能窮，使爾終不彫。

又《詩·小雅》：隰桑有阿，其葉有幽。既見君子，德音孔膠。《傳》：幽，黑色。《詩經今注》：幽，黑色。德音，好聲譽。孔，很。膠，牢固。又馬瑞辰《毛詩傳箋通釋》：膠，盛也。兩解均通。

按：玆，《篇海類編》：與 ” 幽 ” 同。

　　幽，又與 ” 黝 ” 通。《集韻》： ” 黝 ” ，或作 ” 幽 ” 。

叕：又部八畫

　音：chuò《唐韻》陟劣切，音：輟ㄔㄨㄛˋ

　義：叕，《唐韻》：聯也。

　　又《玉篇》：連也。

品：口部十二畫，《字彙補》古文 ” 雷 ” 字

　音：jí《唐韻》阻立切，《集韻》側立切

　　，𠀤音：戢，ㄐㄧˊ

　義：品，《字彙補》：古文 ” 雷 ” 字。見

　　《七修類稿》

　　《說文》：品，眾口也。从四口，凡

　　品之屬皆从品，讀若戢。（阻立切七

　　部）一曰呶。（鍇曰 ” 呶 ” 讓也，鉉

　　本作又讀若 ” 呶 ” ，《集韻》五肴不

　　載此字。）

　　又，qì《集韻》測入切，音：厕ㄑㄧˋ

　　又，jí託立切，音：級，ㄐㄧˊ

又、bǐ北及切，音：鷝，ㄅ一ˇ
義、並同。

品，《字彙補》：古文"雷"字。見
《七修類稿》。

䨻，léi《唐韻》魯回切、《集韻》、
《韻會》、《正韻》盧回切、並音：
纍，ㄌㄟˊ

《說文》本作"䨻"，陰陽薄動，雷
雨生物者也。从雨、晶聲，象回轉形
。段玉裁《說文解字注》：䨻，霧易
薄動，生物者也。（各本作"陰陽"
今正，動下各本有"靁雨"二字，不
辭。今依《韻會》本正"薄"音"博"
"迫也，"陰陽迫動"即謂"䨻"也
，迫動下文所謂回轉也，所以回生萬
物者也。）从雨晶，象回轉形。（許
書有"畾"無"晶"，凡積三則為"
众"，众則"盛"，盛則必"回轉"
。二月陽盛靁發聲，故以"晶"象其
回轉之形，非三田也。韻書有"畾"

字訓〞田閒〝誤矣。凡許書字有〞畾
〝聲者，皆當云〞靁〝省聲也，魯回
切十五部。凡古〞晉〝，多以〞回
為〞靁〝。）〞靁〝籀文〞靁〝，閒
有回。（當作〞畾〝，閒有〞回〝尊
〞畾〝。）回，靁聲也。（説〞畾〝
閒有〞回〝之意。）〞䨓〝、〞䨏〝
古文〞靁〝。

《易・説卦》：震為雷。《禮・月令
》：仲春雷乃發聲。

又《禮・曲禮》：毋雷同。《註》：
雷之發聲，物無不同時應者，人之言
當各由己，不當然也。

又，司馬相如《大人賦》：左玄冥而
右黔雷。《註》：黔雷，黔嬴也，天
上造化神名。

又《周禮・地官・鼓人》：以雷鼓，
鼓神祀。《註》：雷鼓，八面鼓也。
又《韻會》：雷門，會稽城門，有大
鼓，聲聞百里。《前漢書・王尊傳》

：毋持布鼓過雷門。

又《南部新書》：胡琴，大曰大忽雷，小曰小忽雷。

又，山名。《書·禹貢》：壺口雷首。《疏》：雷首，在河東蒲坂縣南。

又，澤名。《書·禹貢》：雷夏既澤。《傳》：雷夏，澤名。

又，漢·侯國名，在東海。見《史記·建元以來王子侯者年表》。

又，外國名。《前漢書·西域傳》：無雷國王治盧城。

又，州名。《韻會》：在廣西，其山爲雷所震，水流爲江，唐置雷州。

又，姓也。《前漢書·淮南王安傳》：郎中雷被。

雷氏，《姓氏考略》：引《姓苑》黃帝臣有雷公。

《辯證》古諸侯國有方雷氏，後以國爲氏，單姓"雷"。望出馮翊（治所在今陝西省大荔縣）、豫章（治所在今江西省南昌市）。

又《後漢書》及《十六國春秋》湣山蠻、南安羌，並有"雷"氏。

又，léi音：纍，ㄌㄟˊ。《楚辭·九歌》：駕龍輈兮乘雷，載雲旗兮委蛇。《晉語》：青陽，方雷氏之甥也。《註》：方雷，西陵氏之姓，黃帝娶於西陵氏之子曰纍祖，實生青陽。"雷"、"纍"同。按《晉語註》：雷有纍音，非止叶音也。

又，léi《集韻》魯水切，音：壘，ㄌㄟˇ。推石下也。《埤蒼》：推石，自高而下也。

又，léi《集韻》盧對切，音：頛，ㄌㄟˋ。本作"礌"，或作"壘""礌"、"檑"。《周禮·秋官·職金註》：檑雷，椎樟之屬。

《釋文》：劉音：讄，沈云：當為礌，郎對反。《前漢書·鼂錯傳》：具藺石。《註》：如淳曰：藺石，城上

　　　雷石。師古曰：壘，來內反。

　　　又《正字通》：擊鼓曰壘。《古樂府

　　　》：官家出遊，壘大鼓。

按：品，《字彙補》：古文〝雷〞字。

　　　雷，《說文》：本作〝靁〞。

　　　靁，籀文〝䨻〞，古文〝䨺〞、〝畾

　　　〞、〝靁〞、〝䨓〞、〝䨔〞、……

品：口部十五畫，《字彙補》古文〝要〞字

音：yāo《唐韻》於霄切，《集韻》、《韻

　　　會》伊消切，茲音：邀，一ㄠ

義：品，《字彙補》：古文〝要〞字。

　　　要，《博雅》：約也。《論語》：久

　　　要不忘平生之言。《註》：久要，舊

　　　約也。《左傳‧哀十四年》：使季路

　　　要我，吾無盟矣。

　　　又，求也。《孟子》：脩其天爵，以

　　　要人爵。

　　　又，褸也。《詩‧魏風》：要之襋之

　　　，好人服之。《詩經今注》：要（讀

　　　為〝腰〞），用為動詞，即縫裙子的

腰。襋（音：棘）、底襟，用為動詞，即縫裙子的底襟。好人、美人，指女主人，或她的女兒。

又、會也。《禮・樂記》：要其節奏。《註》：要，猶會也。《釋文》：要，一遙反。

又《廣韻》：勒也。

又、劫也。《前漢書・文帝紀》：上自欲征匈奴，群臣諫不聽，皇太后固要，上乃止。

又、劾也，察也。《周禮・秋官・鄉士》：異其死刑之罪，而要之。《疏》：要，劾實也。《書・康誥》：要囚。《傳》：要察囚情，得其辭以斷獄。

又、衛圻之外，謂之要服。《書・禹貢》：五百里要服。

又、姓。《通志・氏族略》：吳人要離之後，漢有河南令要兢，唐建中朔方大將軍要珍。

要氏，《姓苑》：吳人要離之後。

要離，春秋吳人。刺客，公子光既弒
王僚，使要離刺吳子慶忌。要離詐負
罪出奔，使吳殺其妻子。而見慶忌於
衛，與之俱渡江，至吳地。乘慶忌不
意，刺中其要害。慶忌義之，使還吳
以旌其忠。要離至江陵，伏劍以報。
見《中國人名大辭典》（頁七一七）

又，水名。《水經注》：溧水，又東
南流與要水合。

又〞青要〞，山名。《山海經》：青
要之山，寔惟帝之密都。

又〞高要〞，縣名。《一統志》：屬
廣州府。（今廣東省高要市）

又，與〞腰〞通。《說文》：身中也
，象人要自臼之形。今作〞腰〞。

段玉裁《說文解字注》：要，身中也
。象人〞要〞自臼之形，从臼。（按
各本，篆作〞㼝〞，從臼下有〞交省
聲〞三字，淺人所妄改也。今依《玉

篇》、《九經字樣》訂顧氏、唐氏、所據《說文》未誤也。《漢・地理志》北地大要縣注：一遙反，上黨沾縣、大要谷、清漳水所出《說文》、《水經注》作：大要谷，今志誤為"黽"字矣。上象人首，下象人足，中象人脊，而自臼持之故從臼，必從臼者象形，猶未顯人多護惜其脊故也。於消切二部）要古文"要"。（按今人變為"要"，以為"要約"、"簡要"字。於消、於笑切。）

又，yào《廣韻》於笑切，讀去聲一ㄠˋ。《篇海》：凡要也。要，會也。《孝經》：先王有至德要道。《晉書・宣帝紀》：軍事大要有五。

又《論語》"久要"亦讀去聲。王安石《老人行》：古來人事已如此，今日何須論久要。叶入詩韻。

又，yǎo《集韻》伊鳥切，音：杳，一ㄠˇ。與"騕"同。騕褭，良馬名，或作"要"。

又，ⅰáǒ《集韻》以紹切，音：姚，
ㄓㄠ。　與"偠"同。"偠紹"或作
"要紹"，舒緩貌也。

按：㗊，《字彙補》：古文"要"字。

要，又與"腰"通。《說文》：或作
"膋"，今作："腰"。篆作"曑"
，古文"覈"、"㗊"。

田：口部九畫，《正字通》：與"壺"同。

音：kǔn《唐韻》、《集韻》苾苦本切，音
：閫，ㄎㄨㄣˇ

義：田，《正字通》：與"壺"同，別作
"閫"、"梱"。

壺，《說文》：从口，象宮垣道上之
形。段玉裁《說文解字注》：壺，宮
中道。(《釋宮》曰宮中衖謂之"壺
"，郭云巷閣門道也。按《大雅》室
家之壺，毛曰"壺"廣也。《箋》云
壺之言梱也，室家相梱致，皆引伸假
借之義。)从口，象宮垣道上之形。

（從口，象宮垣也，餘象道。按"上
"當是從"束"省，從束者內言不出
於闈之意，與《玉篇》此字入《橐部
》苦本切，郭呂竝邱屯灰，古音在十
二部。）詩曰室家之壺。

《爾雅・釋宮》：宮中閧謂之壺。或
作"壼"。

又，qūn《唐韻》去倫切，《集韻》區
倫切，茲音：囷，ㄐㄩㄣ。 義同。

圖：口部十三畫，《五音集韻》古文零字。

音：líng《唐韻》、《集韻》、《韻會》
茲郎丁切，音：靈，ㄌㄧㄥˊ

義：圖，《五音集韻》：古文"零"字。

零，《說文》：餘雨也。从雨、令聲
。段玉裁《說文解字注》：零，徐雨
也。（徐，各本作"餘"，今依《玉
篇》、《廣韻》及《太平御覽》所引
《纂要》訂謂：徐徐而下之雨，《小
雅》與雲祁祁，《傳》曰"祁祁"徐
也，《箋》云：古者陰陽和風雨時其

來，祁祁然而不暴疾，引申之義為"
零星"，為"凋零"。)从雨令聲。
〈郎丁切古音在十二部，讀如鄰。)
又《玉篇》：徐雨也。

又《廣韻》：落也。《詩‧鄘風》：
靈雨既零。《傳》：零，落也。《詩
經今注》：靈雨，好雨。零，落也。

又《字彙》：畸零，凡數之零餘也。

又《後漢書‧高句驪傳》：好祠鬼神
社稷零星。《註》：《風俗通》曰：
辰之神為零星。

又，水名。《前漢書‧匈奴傳》：零
吾水上。

又《前漢書‧司馬相如傳》：通零關
道。《註》：徐廣曰：越巂有零關縣。

又《前漢書‧地理志》：武陵郡零陽
，零陵郡零陵。又《韻會》：丁零，
亦地名。通作"靈"、"令"。

又，姓。《正字通》：明成化舉人零
混。

零（音：憐）氏，《姓氏考略》：西
羌姓。《西羌傳》有零昌，滇零之子
，蓋以父名為姓。

又，與 "苓" 通。《莊子・徐無鬼》
：豕零也。《註》：《進學解》所謂
豨苓也。

又，lián《廣韻》落賢切，《集韻》
、《韻會》、《正韻》靈年切，夶音
：蓮，ㄌ一ㄢ。 《廣韻：先零，西
羌也。《前漢書・趙充國傳》：先零
豪言，顧時渡湟水北。《註》：零，
音：憐。

又，líng《廣韻》、《集韻》夶郎定
切，音：令，ㄌ一ㄥ。 《廣韻》：
零落。《集韻》：或作 "霝"，亦作
"䨩"。

按：圗，《五音集韻》：古文 "零" 字。
零，《集韻》：或作 "霝"，亦作 "
䨩"。

圗：口部十五畫

音：yù《五音篇海》音：玉，ㄩˋ

義：未詳

鼺：口部二十畫

音：léi《龍龕手鑑》音：雷，ㄌㄟˊ

義：未詳

𡈼：口部二十一畫，《廣韻》籀文〞囿〞字

音：yòu《唐韻》于救切，《集韻》、《韻

　　會》尤救切，《正韻》爰救切，茲音

　　：右，ㄧㄡˋ

義：𡈼，《廣韻》：籀文〞囿〞字，以囗

　　、中四木，象形也。

　　囿，《說文》：以囗、有聲，苑有垣

　　也。一曰：禽獸有囿。

　　段玉裁《說文解字注》：囿，苑有垣

　　也。（高注《淮南》曰：有牆曰苑，

　　無牆曰囿，與許互異，蓋有無互譌耳

　　。《魏都賦》曰繚垣開囿繚垣，《西

　　京賦》作：繚互繚互綿聯，即《西都

　　賦》之繚以周牆也，《周禮注》曰〞

　　囿〞今〞苑〞。按〞古今異名〞，許

析言之，鄭渾言之也。引伸之，凡淵奧處曰"囿"，《夏小正》正月"囿"有見韭囿也者，園之燕者也。四月"囿"有見杏囿也者，山之燕者也。又引伸之，凡分別區域曰"囿"，《常道將》引《洛書》曰人皇始出分理九州為"九囿"，九囿即《毛詩》之九有，《韓詩》之九域也。"域"同"或"，古"或"與"有"、與"囿"通用。）从囗有聲。（于救切，古音在一部。）一曰：所以養禽獸曰囿。（"養"字依《御覽》補，"所以"二字今補《大雅》靈臺，《傳》曰"囿"所以域養禽獸也，域養者域而養之，《周禮》囿人，掌囿游之獸禁，牧百獸。按《韻會》無"一曰"二字，《艸部》云"苑"所以養禽獸也，此云：苑有垣則養禽獸在其中矣，此句蓋"淺人"增之。）

《詩·大雅》：王在靈囿。《詩經今

注》：靈囿、囿名。古代帝王畜養鳥獸的園林稱囿。《疏》：囿者，築牆為界域，而禽獸在其中也。

《周禮‧地官‧囿人》：掌囿游之獸禁。《註》：古謂之囿，漢謂之苑。

《孟子》：文王之囿，《註》：古者四時之田，皆於農隙以講武事。不欲馳騖於稼穡場圃之中，故度閒曠之地以為囿也。《初學記》：囿，猶有也。有藩曰園，有牆曰囿。

又，"九囿"，《通鑑外紀》：人皇氏，依山川土地之勢，財度為九州，謂之"九囿"。

又，司馬相如《封禪文》：遙集乎文雅之囿，翺翔乎禮樂之場。

又，左思《魏都賦》：聊為吾子復玩德音，以釋二客競於辨囿也。

又，識不通廣曰囿，猶拘墟也。《尸子‧廣澤篇》：列子貴虛，揚子貴別，囿其學之相非也，皆弇於私也。

又，yǒu《集韻》于九切，音：有，
一ㄡˇ。　義同。

又，yù《唐韻》于六切，音：囿，ㄩˋ
。或音：yòu，讀：囿，入聲，一ㄡˋ
《詩‧大雅》：王在靈囿，麀鹿攸伏
。《詩經今注》：靈囿，囿名。古代
帝王畜養鳥獸的園林稱囿。麀（音：
幽），母鹿。攸，猶是也。伏，臥也
。又，劉向《九歎》：莞芎棄於澤洲
兮，瓟蠡蘽於筐簏。麒麟奔於九皋兮
，熊羆群而逸囿。

又，wèi叶于憒切，音：位，ㄨㄟˋ
張衡《東京賦》：悉率百禽，鳩諸靈
囿。獸之所同，是謂告備。

又，wěi叶于詭切，音：委，ㄨㄟˇ
司馬相如《騶虞頌》：般般之獸，樂
我君囿。黑質白章，其儀可喜。

壼：土部十二畫
　音：kuí《龍龕手鑑》渠追切，音：逵，
　　ㄎㄨㄟˊ

義：壵，《龍龕手鑑》：土也。

㷿：火部十六畫，《篇海》：同"結"。

音：jié《廣韻》、《正韻》古屑切，《集韻》、《韻會》吉屑切，竝音：拮，ㄐㄧㄝˊ

義：㷿，《篇海》：同"結"。

結，《說文》：締也，从糸吉聲。（段注：古屑切十二部，古無"髻"字，即用此。見《髟部》）

《易·繫辭》：上古結繩而治。《詩·檜風》：我心蘊結兮。《詩經今注》：蘊結，鬱結。心裏憂鬱似結個疙瘩。又《曹風》：心如結兮。《詩經今注》：心如結，比喻用心的專一，未曾二三其德。《疏》：如物之裹結。《禮·曲禮》：德車結旌。《註》：結，謂收斂之也。《疏》：結纏其旒，著於竿也。《前漢書·五行志》：衣有襘，帶有結。《註》：結，締結之結也。

又《博雅》：曲也。

又《玉篇》：要也。

又、xì《集韻》胡計切，音：系、丁一ˋ。　《前漢書·張釋之傳》：跪而結之。《註》：師古曰："結"、讀曰"係"。

又、jí《集韻》激質切，音：吉、ㄐㄧˊ。　義同。

又、jì《集韻》吉詣切，音：計、ㄐㄧˋ。　《前漢書·陸賈傳》：尉佗魋結箕踞。《註》：師古曰："結"、讀曰"髻"。

㸛：小部十二畫，《搜真玉鏡》同"小"。

　音：xiǎo《唐韻》、《集韻》、《韻會》私兆切，《正韻》先了切，並音：蕭、上聲，ㄒㄧㄠˇ

　義：㸛，《搜真玉鏡》：同"小"。

　　小，《說文》：物之微也。从八、从丨。見而八分之。（段玉裁注：八、別也。象分別之形，故解从八為分之丨、才見而輒分之會意也。凡楣物分之則小，私兆切二部。丿凡"小"之屬，皆从"小"。徐曰：丿始見也、八、分也，始可分別也。

《玉篇》：細也。《易·繫辭》：其稱名也小，其取類也大。《左傳·襄三十一年》：君子務知大者遠者，小人務知小者近者。又《周禮·天官》：有小卿，副貳大卿，即小宰等也。又，狹隘也。《書·仲虺之誥》：好問則裕，自用則小。

又，輕之也。《左傳·桓十三年》：莫敖狃於蒲騷之役，將自用也，必小羅。

又《詩·邶風》：慍于群小。《註》：小，眾妾也。《詩經今注》：慍，怒也。群小，眾小人。

又，《韻輯》：自小，魚名。

又，Xi 叶蘇計切，音：細，丅一、白居易《懺悔偈》：無始劫來，所造

諸罪，若輕若重，無大無小，了不可
得，是名懺悔。

按：㸐，《搜真玉鏡》：同 ″小″ 。

小，《正字通》：古 ″小″ 、 ″少″
同，加 ″丿″ 轉注。

㞡：工部十二畫，《玉篇》：古文 ″展″ 字

音：zhǎn《集韻》、《韻會》、《正韻》
丑知輦切，音：邅，上聲，ㄓㄢ

義：㞡，《玉篇》：古文 ″展″ 字。《六
書正譌》：四工有展布義，會意。隸
作 ″屟″ ，中从㞡。俗作 ″展″ 。
展，《說文》：轉也。本作 ″屟″ ，
从尸，㐻省聲。隸作 ″展″ 。
段玉裁《說文解字注》：屟、轉也。
（展者未轉而將轉也。陸德明云：《
字林》作 ″輾″ ，然則《周南》作 ″
輾轉″ 非古也。《毛傳》曰 ″展″ 誠
也、《方言》曰 ″展″ 信也，此因 ″
展″ 與 ″眞″ 音近假借。）从尸，（
展布四體之意）㐻省聲。（知衍切十

四部）

《爾雅・釋言》：展，適也。《註》
：得自申展適意也。

一曰誠也。《詩・鄘風》：展如之人
兮。《詩經今注》：展，誠然。《小
雅》：展也大成。《詩經今注》：展
，誠然、真的。大成，很成功。揚子
《方言》：荊吳淮沔之間，謂"信"
曰展。

又，舒也，開也。《儀禮・聘禮》：
有司展群幣以告。《疏》展，陳也。

又《周禮・天官》：展其功緒。《註
》：展，猶錄也。

又《書・旅獒》：分寶玉于伯叔之國
，時庸展親。《註》使益厚其親也。

又《廣韻》：整也、審也、視也。《
周禮・春官・肆師》：大祭祀，展犧
牲。鄭《註》：展省閱也。

又，姓。魯大夫展禽、展喜。

展氏，《姓氏考略》：引《列仙傳》

帝嚳時有展上公得道，為展姓之始。

又《左傳》魯公子展之後，望出河東（治所安邑，在今山西省夏縣西北）。

又《魏書官氏志》後魏報遲氏，改為〝展〞氏。

又，展輿，複姓。《路史》芑後有〝展輿〞氏。

又，zhǎn 叶諸延切，音：旃，ㄓㄢ

《詩·鄘風》：瑳兮瑳兮！其之展也。叶下〝顏〞〝媛〞。《註》：〝展〞與〝襢〞通。《詩經今注》：瑳（音：搓），玉色鮮明潔白。展，一種文衣，細紗制成，上有穀粒文，丹紅色，夏天所穿。

又，zhěn 叶章忍切，音：軫，ㄓㄣˇ

張衡《西京賦》：

　　　　五都貨殖，既遷既引。

　　　　商旅聯槅，隱隱展展。

按：丮，《五篇》：古文〝展〞字。

展，《說文》：本作〝㞡〞。隸作〝

展"、《六書正譌》：隸作"屟"、
俗作"展"。

屟，《說文》："展"本字。

晶：日部十六畫

音：Xin，中國北方口語，讀：心，ㄒㄧㄣ

義：未詳

案：中國北方土地廟，昔曾見一聯語：

上聯：日旳晶晿安天下

下聯：月朋朤𦜩定乾坤

橫披：風調雨順

若披"日月明晿"，更神妙。

於今，四川"大佛洞"洞口，亦有類
似聯語，唯無橫披。

上聯：日旳晶晿

下聯：月朋朤𦜩

若披作：日月明（明心見性）

更涵"佛"意

春春春春：日部三十六畫

音：chún《字彙補》音：犉。日ㄨㄣ

義：未詳

朤：月部十六畫，《字彙補》與＂朗＂同。

音：lǎng《唐韻》盧黨切，《集韻》、《韻會》、《正韻》里黨切，太音：郎，上聲，ㄌㄤˇ

義：朤，《字彙補》：音、義，與＂朗＂同，出《西江賦》。

朗，《集韻》：同＂朖＂。

朖，《說文》：明也。（段玉裁注：《大雅》高朗令終。《傳》曰＂朗＂明也，《釋言》曰明朗也。）从月良聲。（盧黨切十部，今字作＂朗＂）宋·郭忠恕《佩觿》：＂朗＂本字。

又《詩·大雅》：高朗令終。《傳》：朗，明也。《詩經今注》：高朗、高明。令、善也。令終，好結果。

又，姓。《廣韻》：出《姓苑》。

朗氏，出《姓苑》。《姓氏考略》一云：以朗州為氏，亦或＂郎＂姓所改。望出滎陽（今屬河南省）。

又，lǎng《韻補》叶盧當切，音：朗

，ㄌㄤˇ。或讀：ㄌㄤˊ，亦讀：ㄌㄤ

王逸《九思》：

　　昊天兮清涼，玄氣兮高朗。

　　北風兮潦冽，草木兮蒼黃。

按：朤，《字彙補》：音義與"朗"同，

出《西江賦》。

朗，《集韻》：同"朖"。

朖，《佩觿》："朗"本字。

䌛：木部二十四畫，《集韻》：與"棘"同

案：音、義，參見"棘"字，詮釋。

棥棥：木部三十二畫，

音：shā《五音篇海》音：殺、ㄕㄚ

　又，qí音：其、ㄑㄧˊ

義：棥棥，出《西江賦》。

㮰㮰：木部三十二畫

音：hū《字彙補》音：呼、ㄏㄨ

義：未詳

水水：水部十六畫
水水

音：man《字彙補》音：漫、ㄇㄢˊ

　《中華大辭典》謨官切，音：漫ㄇㄢˊ

義：灥，《字彙補》：大水也。

　　《中華大辭典》：大水也。

　　又，niǎo音：裊，ㄋㄧㄠˇ

　　《中華大辭典》乃了切，音：裊、

　　ㄋㄧㄠˇ。　義夶同。

灥灥：水部三十六畫

　音：chéng《字彙補》徐庚切，音：撑，

　　彳ㄥˊ

　義：未詳

燚：火部十六畫

　音：yì《五音篇海》以日切，音：亦，一ˋ

　義：燚，《五音篇海》：火貌。

犇：牛部十六畫

　音：qún《篇海類編》音：群，ㄑㄩㄣˊ

　義：未詳

畾：田部二十畫，《集韻》古文"雷"字。

　音：léi《集韻》盧回切，音：靁，ㄌㄟˊ

　義：畾，《集韻》："雷"古作"畾"，

　　《字彙補》：古文作"品"。　參見

　　"品"（雷）字，詮釋。

又、hui《集韻》訏鬼切，音：虺，
厂ㄨㄟˇ。　人名，仲虺，湯左相。或
作"蘬"、"靁"，通作"虺"。
按《史記》：本作"靁"、《正字通
》：與"虺"同。《史記・殷本紀》
：湯歸至於泰卷陶，仲虺作誥。《註
》孔安國曰：仲虺，湯左相奚仲之後。
又、hui《集韻》音：卉、厂ㄨㄟˇ
人名。《荀子・堯問篇》：其在"仲
蘬"之言也。《註》："仲蘬"與"
仲虺"同。

按：靁，《正字通》：古"雷"字。《六
書統》：篆作"畾"。因《詩》虺虺
其靁，《傳》云：雷將發未震之聲，
故又音"虺"。《九經考異》作"仲
靁"，《石經》作"仲傀"，《荀子
》引作"仲蘬"。以左相一人、"傀
"、"蘬"、"虺"、"靁"各出，
今皆不可考，必有譌誤。
靁：雨部二十畫

音：cā《字彙補》清戛切，音：擦，ㄘㄚ

義：未詳

䃂：石部二十畫，《搜真玉鏡》與〝磊〞同

案：䃂字音義，參見〝磊〞字，詮釋。

䇧：竹部二十四畫

音：sè《五音篇海》音：色，ㄙㄜˋ

又，shā音：殺，ㄕㄚ

義：未詳

䎁：老部二十四畫

音：wàng《篇韻》音：忘，ㄨㄤˋ

義：未詳

䑛：臼部六十畫

音：zhèng《五音篇海》音：政，ㄓㄥˋ

義：未詳

譶：言部二十八畫

音：cì《搜真玉鏡》音：刺，ㄘˋ

義：未詳

轟：車部二十八畫

音：kē《篇海類編》音：榼，ㄎㄜ

義：未詳

鑫鑫：金部三十二畫

　音：bǎo《搜真五鏡》音：寶，ㄅㄠˇ

　　　又，yù音：玉，ㄩˋ

　義：未詳

闕闕：門部三十二畫

　音：dàng《搜真五鏡》音：蕩，ㄅㄤˋ

　　　又，duó音：奪，ㄉㄨㄛˊ

　義：未詳

靐靐：雨部四十八畫

　音：nóng《五音篇海》音：濃，ㄋㄨㄥˊ

　義：靐靐，《五音篇海》：雲廣貌。

靐靐：雨部五十二畫

　音：bèng《廣韻》、《集韻》𠀤蒲迸切，

　　　音：偋，ㄅㄧㄥˋ

　義：靐靐，《集韻》：雷聲。

　　　又《字彙補》：郎仁寶曰：《山谷集

　　　》中有銃"靐靐"等字，蜀語也。

　案：蜀語，今俗稱：四川話。

颮颮：風部三十六畫

　音：pǒu《字彙補》匹幽切，音：近㤛，

ㄆㄨˇ。又，piǎo音：飄，ㄆㄧㄠ。

義：飍飍，《字彙補》：風也。

飄，piāo《集韻》：風貌，或作〞飍

〞。《玉篇》：旋風也。《詩・檜風

》：匪風飄兮。《釋文》：符遙反。

又，必遙反。《前漢書・蒯通傳》：

飄至風起。《註》：必遙反，謂疾風。

又，piáo《廣韻》符霄切，《集韻》

毗霄切，𠀤音：瓢，ㄆㄧㄠ。義同。

《爾雅・釋天》：回風為飄。《釋文

》：飄，音：瓢。《詩・小雅》：飄

風發發。《詩經今注》：飄風，旋風

。發發，疾風聲。《釋文》：飄，避

遙反。

又，piǎo《唐韻》撫招切，《集韻》

紕招切，𠀤音：嫖，ㄆㄧㄠ

飄飄，《史記・司馬相如傳》：天子

大說，飄飄有凌雲之氣。

又《韻會》：吹也。曹植詩：驚風飄

白日。陶潛《歸去來辭》：風飄飄而

吹衣。

又，落也。《荀子‧達生篇》：雖有
忮心者，不怨飄瓦。《註》：落也。
《音義》：飄，匹遙反。

又《韻會》：通作"漂"。《前漢書
‧楊惲傳》：漂然皆有節槩知去就之
分。

又，通作"縹"。《前漢書‧揚雄傳
》：縹縹有凌雲之志。

又，piào《集韻》匹妙切，音：剽，
ㄆㄧㄠˋ。　曹植《感節賦》：

析若華之翳日，庶朱光之長照。
顧寄軀于飛蓬，乘陽風而遠飄。

按：飄，《說文》作"飉"，《六書故》
亦作"飆"，《集韻》或作"飃"，
《玉篇》"飃"與"飄"同。

鱻鱻：魚部四十四畫

音：yè《廣韻》魚怯切，《集韻》逆怯切
，茲音：業，ㄧㄝˋ

義：鱻鱻，《玉篇》：魚盛。

　　本〈四字并列〉卷，計收四十二字，於《康熙字典》〈同文書局版〉文中有譌誤者，諸如：〞猋〞（人部）、〞厽〞（厶部）、〞㗊〞〞（口部）、〞㤞〞（工部）、〞㰙〞（木部）、〞畾〞（田部）六字，悉稽查〞原書〞〈列文〉辨證考正。

　　是〈四字并列〉卷，計有四十二字，佔百分之八‧九九四（8.994%）。

卷之七　上下背列

　　本〈上下背列〉卷，只有九字，依《康熙字典》部首次第，分著如次：

　　卍：十部六畫，與〞卐〞同。

　　形：卐字形式，像在〞十〞字基礎上，將四臂旋轉九十度（90°）方向，向左或向右者皆有，諸如：〞卐〞、〞卐〞。
　　　　卐字，通常有正看或傾斜四十五度（45°）角，兩種畫法。
　　　　卐字，於印度之原形中，四筆的每筆中，尚包涵一點，如圖示：〞卍〞
　　　　在西藏，由於〞藏傳佛教〞中，使用轉經筒，都是從左向右轉，所以大都寫作：〞卍〞。
　　　　中國唐代武則天，將〞卍〞定為右旋

。於佛教中，一般寫作〝卍〞。中國傳統紋樣中，就有使用這個符號，萬字不到頭。唐代高僧玄奘，將〝卐〞劃爲德。

德國納粹時期，納粹黨標誌與〝卍〞非常相似。唯納粹黨的〝卐〞（左旋），像由文字雙〝S〞組成之圖案，而與佛教中的〝卍〞（右旋），顯然有所區別的。

音：Wàn，音：萬，ㄨㄢˋ

中國唐代武則天，將〝卍〞定音爲〝萬〞，讀：ㄨㄢˋ

義：卍，《字彙補》：內典〝萬〞字。《苑咸詩》：蓮花〝卍〞字總由天。

《標準學生字典》：〝卍〞，梵文〝萬〞字。

《東方國語辭典》：梵文〝萬〞字，爲印度相傳的吉祥標相，取萬德圓滿的意思。

《趙群國語辭典》：〝卍〞，係印度

相傳的吉祥符號，象徵萬德圓滿，後
來用作佛教的標幟。

於西方語言中，〞卐〞字稱為 Swas-
tika，是字源於梵語。

《維基百科》（ IAST：Swastika ）：好
運的象徵，古代印度宗教吉祥標誌。
中國唐代武則天，將〞卍〞義為吉祥
萬德之所集。高僧玄奘，將〞卐〞劃
為德。

於西藏原始宗教〞苯教〞中，〞卐〞
字（ gyun drung ），係〞永恒不變〞的
象徵。

《牛津高級英英‧英漢雙解辭典》：
〞卍〞（Swastika），係象徵〞太陽〞
、〞好運〞，或納粹主義的〞萬〞（
卍）字。

　案：參見《維基百科》〞卍〞字，詮釋。
卡：卜部五畫
　音：qiǎ《字彙補》從納切，音：雜（一丫ˇ
　　　又 kǎ《標準學生字典》音：咳，丂丫ˇ

義：卡，今有"名詞"、"動詞"之義。

名詞：守卡、稅卡、關卡、鰲卡，……

守卡，《字彙補》：楚屬關隘地方，
　　　設兵立塘，謂之守卡。

稅卡，政府設立收稅機構，諸如：
　　　關卡、鰲卡，……

譯名：卡片、卡車、卡路里、卡通、
　　　卡介苗、卡克拉，…………

卡 Card，諸如：卡片、名片、卡紙。

卡車 Car，如：大型貨運汽車，俗稱：
　　　卡車，或稱：十輪卡車。

卡路里 Calorie，係計算熱量的單位。

卡通 Cartoon，大都是以時事或有趣故事
　　為題材的諷刺漫畫，拍製成幽默的
　　動畫電影。諸如：頑皮豹，……

卡介苗 BCG，就是防癆疫苗，或稱：
　　　結核菌素，係由卡氏、苗氏，研究
　　　發現而得名。

卡克拉 Carat，表示合金中純金之含量
　　也。原譯：開，今用：K，亦作：

珠玉的重量單位，亦稱：克拉。

動詞：堵塞，如：卡住、夾在，-----

橫在中間，不上不下。諸如：魚骨
刺卡在喉嚨。

夾在中間，例如：把茶几兒，夾在
兩張椅子中間。

卡：卜部六畫，《海篇》：同〞弄〞。

音：lòng《唐韻》、《集韻》、《韻會》
、《正韻》太盧貢切，音：籠，去聲
，ㄌㄨㄥˋ

義：卡，《海篇》：同〞弄〞。

弄，《爾雅·釋言》：玩也。《疏》
：謂玩好也。《詩·小雅》：載弄之
璋。《詩經今注》：載，猶則也。璋
，玉製的禮器，半圭為璋。《前漢書
·趙堯傳》：高祖持御史大夫印弄之。
又，戲也。《左傳·僖九年》：夷吾
弱不好弄。《註》：弄，戲也。《前
漢書·昭帝紀》：上耕於鈎盾弄田。
《註》師古曰：弄田，謂宴游之田。

又《韻會》：侮也。《前漢書‧東方朔傳》：自公卿在位，朔皆敖弄，無所爲屈。

又，樂曲曰弄。《晉書‧桓伊傳》：王徽之泊舟青溪側，令人謂伊曰：聞君善吹笛，試爲我一奏。伊便下車，踞胡牀，爲作三調。弄畢，便上車去。《南史‧隱逸傳》：宗少文善琴，古有金石弄，惟少文傳焉！嵇康《琴賦》：改韻易調，奇弄乃發。

又《字彙》：巷也。《國語日報字典》：小巷（胡同）叫"弄"，亦叫"弄堂"，亦作"衖"。

丟：卜部六畫

　音：kōng《字彙補》苦紅切，音：空，ㄎㄨㄥ

　義：未詳

戠：戈部十六畫，《集韻》：古文"誖"字

　音：bó《唐韻》、《正韻》蒲沒切，《集韻》薄沒切，��音：勃，ㄅㄛˊ

義：譳，《集韻》：古文"誖"字。

誖，《說文》：亂也。以言孛聲，（段玉裁注：蒲沒切十五部）。

悖，《說文》：誖或从心。"㦖"，籀文"誖"，从二或。（段玉裁注：兩國相違、舉戈相向，亂之意也。《角部》"觱"以為聲。）

《唐韻》：言亂。《史記・三王世家》：儒者稱其術，或誖其心。《前漢書・禮樂志》：四達而不誖。《唐書・盧江郡王傳》：李瑗誖亂諸君，皆為註誤。

又，惑也。《前漢書・司馬遷傳》：愚學者不達其意而師誖。師古《註》：各習師法，惑于所見。

又，乖也。《前漢書・王商傳》：誣閔誖大臣節。師古《註》誖、乖也。

《廣雅》：癡也。

《玉篇》：逆也。

又，払《集韻》分物切、音：弗，

ㄈㄨˊ

又，pèi《廣韻》、《集韻》蒲昧切，
《韻會》蒲妹切、《正韻》步昧切，
𠀤音：佩，ㄆㄟˋ

又，bèi《廣韻》、《集韻》𠀤補妹切
，音：背，ㄅㄟˋ。　義，𠀤同。

又，fèi《集韻》方未切、音：沸，
ㄈㄟˋ。　惛也。

按：𤶇、《集韻》：古文 "誖" 字。
誖，《說文》：或作 "悖"。《集韻
》：或作 "哱"、"咈"、"慗"、
"憲"。《韻會》：通作 "茀"。《
韻會小補》：又作 "怫"。

𣥠：止部八畫，"跰" 本字。
義：𣥠，"跰" 本字。《正譌》：兩足相
距不行也，从兩止上下，會意。
案：參見 "跰" 字，詳釋。

𣥂：止部八畫，《談薈》：與 "少" 同。
音：tà《唐韻》、《集韻》𠀤他達切，音
：撻，ㄊㄚˋ

義：𣥠，《談薈》：與"少"同，踏也。

少，《說文》：蹈也。从反止。轉注。本作"少"。

段玉裁《說文解字注》：少，蹈也。从反止，讀若撻。（《廣韻》引文字音義同，他達切十五部。）

與"少"別。《佩觿集》："少"，申兆翻，不多也。"少"，他末翻，蹈也。"步"字从此。

《集韻》：作"𣥠"。

按：步，造字之初，作"步"。《俗書正訛》：从"少"，反止也。从"少"，非。

䀹：目部十畫

音：mié《字彙補》彌邪切，音：瞇ㄇㄧㄝˊ

義：䀹，《字彙補》：目小也。

䀠：目部十三畫，《集韻》古文"䁥"字。

音：juàn《唐韻》居倦切，《集韻》古倦切，太音：眷，ㄐㄩㄢˋ

義：䀠，《說文》：目圍也。

段玉裁《說文解字注》："圐"，目
圍也。（圍當作"回"，回轉也。）
从明尸。（會意，厂下曰抴也，明也
。）讀若書卷之"卷"。（"圐"與
"眷"顧義相近，故讀同書"卷"。
居倦切十七部）古文曰為"覸"字。
（"覸"鉉本作"醜"，誤。"醜"
與"圐"，《卷部》分遠隔也。"覸
"者姡也，《面部》曰面見人也，从
面見。古文作"圐"，蓋亦謂徒有二
目見人而已。古音同在十四部，故得
相假借。）
按《字彙》、《正字通》：譌作"圐
"，誤入《目部》七畫，非。
又《集韻》："醜"，古作"圐"，
或作"鬽"。
chǒu《唐韻》、《集韻》、《韻會》
、《正韻》齒九切，音：犨．上聲
，彳ㄡˇ
醜，古作"圐"，亦作"媿"。《說

文》：可惡也。（段玉裁《說文解字
注》：《鄭風》無我魗兮，鄭云"魗
"亦惡也，是"魗"即"醜"字也。
凡云醜類也者，皆謂"醜"即"疇"
之假借字，"疇"者今俗之"儔"類
字也。《內則》曰鼈去醜，鄭云"醜
"謂鼈竅也，謂即《爾雅》白州驡之
州字也。）从鬼（非真鬼也，以可惡
故从鬼。）酉聲。（昌九切三部。按
此下大徐補一魗，篆以《言部》有"
讎"，篆从雔聲也。但許書故有一字
从二聲之例，且《釋獸》云"魋"如
小熊竊毛而黃，是當命為从隹鬼聲，
入《隹部》不當入《鬼部》，肛解之
曰神獸也。）
《詩·小雅》：日有食之，亦孔之醜
。《詩經今注》：有，通又。據古曆
學者推算，周幽王六年十月初一日，
日食。（周曆十月，等於夏曆八月。
這次"日食"發生在西元前七七六年

九月六日》。孔，很。醜，惡也。猶凶也。《傳》：醜，惡也。《左傳·文十八年》：醜類惡物。《註》：醜，亦惡也。《前漢書·項羽紀》：項王為天下宰不平，今盡王故王於醜地。又《釋名》：臭也，如臭穢也。

又，惡之也。《左傳·昭二十八年》：惡直醜正，實蕃有徒。《史記·殷本紀》：伊尹去湯適夏，既醜有夏，復歸於亳。

又，相惡也。《戰國策》：又身自醜於秦。《註》：自醜於秦，與秦惡也。又，羞也。《史記·魏世家》：以羞先君宗廟社稷，寡人甚醜之。又《韓非傳》：在知飾所說之所敬，而滅其所醜。《註》：《索隱》曰：謂人主有所避諱而醜之，游說者當滅其事端而不言也。

又，貌惡也。《前漢書·五行志》：或貌醜惡，亦是也。《淮南子·說山訓》：不求美，又不求醜，則無美無醜矣。

又，類也。《易·漸卦》：夫征不復，離群醜也。《疏》：醜，類也。《孟子》：地醜德齊。

又，眾也。《詩·小雅》：執訊獲醜。《詩經今注》：執，捉住。訊，疑借為奚，女俘虜名奚。醜，周人稱異國敵人為醜，如今語呼之為鬼子，此指男俘虜。《箋》：醜，眾也。

又，比也。《禮·學記》：古之學者，比物醜類。《註》：醜，猶比也。

又，揚子《方言》：醜，同也。東齊曰醜。

又，山名。《山海經》：崑崙之丘，洋水出焉，而西南流注于醜塗之水。《註》：醜塗，亦山名也。

又《禮·內則》：鱉去醜。《註》：醜，謂鱉竅也。

又，姓。《後漢書·袁術傳》：有醜

長。又，複姓。《西秦錄》：有下將
軍醜門于弟。

醜氏。《姓氏考略》：後漢有醜長。
見《袁術傳》。　一云：醜姓當以
"諡" 為氏，又或為 "醜門" 氏所改。

醜門氏。《姓氏考略》：夷姓。《西
秦錄》：有將軍醜門于弟。

又《諡法》：怙威肆行曰醜。《晉書
・何曾傳》：曾，驕奢過度，宜諡：
"繆醜"。

又，chǔ《韻補》叶敞呂切，音：杵，
ㄔㄨ˙。

《易林》：東家中女，嫫母敢醜。
　　　　　　三十無家，媒自勞苦。

按：醜，《集韻》：或作 "齔"，亦作 "魏"，古文作 "冒"。

本〈上下背列〉卷，祇有九字，僅佔百分
之一・九二七（1.927%），最為少數，誠亦殊
為罕見也。

卷之末　筆畫檢字

　　本〈筆畫檢字〉，係依《康熙字典》部首次第，筆畫之序，分著頁碼，檢索方便。

兂	42	疛	500	羼	506
似	474	从	478	众	507
众	507	兆	237	兆	258
兂	57	劦	511	劦	514
卅	478	芇	516	千	333
卍	672	艸	516	卅	332
甾	520	厶	525	聶	526
吅	342	回	69	丰	676
玨	677	圭	73	多	78
多	82	夗	349	夶	349
夵	82	委	83	妓	350
孖	350	戸	85	屮	149
屾	358	巛	85	州	483
己	90	帛	90	幵	359
丝	165	弱	361	彐	94
羽	217	臼	276	卌	223
邜	267	卯	136	邜	268
邜	237				

七 畫	串	41	郏	272		
八 畫	丽	129	丽	129	丽	129

字	頁碼	字	頁碼	字	頁碼
玨	639	羿	155	柿	157
弱	169	彭	82	惢	555
粦	657	价	508	廘	474
品	639	燊	539	焱	539
彗	557	晶	557	冊	181
朋	560	森	560	棥	561
棗	99	棘	374	需	90
棘	555	焱	561	齒	564
焱	192	毳	566	淼	570
林	487	焱	576	焱	578
衆	578	圈	281	犇	579
犇	397	焱	582	壺	655
皕	414	株	440	絲	440
辰	297	羿	220	翔	221
耂	442	喬	108	朋	442
臣	443	뫮	282	匰	283
巠	443	臼	278	舌	444
牫	119	莽	227	蒜	230
蚰	444				
十三畫 眦	272	圌	649	鼎	112

屬	680				
十四畫	斧	48	兢	315	絲	140

十四畫	斧	48	兢	315	絲	140
	窪	145	絲	148	綝	154
	祿	169	壽	161	館	177
	棘	382	踉	198	輔	348
	豳	90	巒	92	覞	405
	棽	232	覞	446	喜	120
	誩	447	豭	448	頊	448
	赫	449	辿	453	轉	454
	辡	454	皀	456	龜	296
十五畫	茲	479	堯	508	器	644
	圌	651	齒	533	開	584
	晶	584	轟	584	皛	584
	晶	586	瞄	587	磊	588
十六畫	綝	141	琴	656	諄	354
	綝	154	翌	90	彝	162
	絲	177	戁	677	晶	662
	瞎	364	賜	368	瞄	98
	臂	663	椓	383	棘	186 383
	森	388	棟	389	稞	390

		615		616		616
二十八畫	喜喜	667	轟轟	667		
三十畫	厵厵	520	夏夏	539	秦秦	590
	義義	594	譱譱	612	驫驫	497
	驫	616	齷	372		
三十二畫	林林	664	畾畾	664	鑫鑫	668
	門門	668	龘龘	372		
三十三畫	蠱	586	鱻鱻	617	鳥鳥	623
	麤麤	623				
三十六畫	寒寒	548	春春	662	泉泉	665
	雲雲	614	風風	668		
三十九畫	雷雷	614				
四十四畫	鱻鱻	670				
四十八畫	興興	598	雲雲	668	龘龘	626
五十二畫	雷雷	668				
六十四畫	興興	667				

參考文獻書目

《康熙字典》　　　清‧張玉書　凌紹雯

民國六十四年(1975)八月　臺北市　文
化圖公司　影印本（據同文書局景版）

《康熙字典》（新修本）

民國七十八年(1989)　臺北市　啟業書
局　精裝二冊（十六開本）

《康熙字典》（現代版）

一九九八年　北京市　九洲圖書出版社
精裝四冊（十六開本）

《康熙字典》

民國九十一年(2002)　臺北市　大學書
局　精裝一冊

《康熙字典》（現代點校版）

二○○六年　北京市　燕山出版社
精裝六冊（十六開本）

《康熙字典》（注音版）

　　民國九十九年（2010）　臺南市　世一文

化公司　精裝二冊

《中文大辭典》（普及本）

　　民國八十二年（1993）　臺北市　中國文

化大學出版社　精裝十冊

《辭海》（最新增訂本）

　　民國七十三年（1984）　臺北市　臺灣中

華書局　精裝三冊（十六開本）

《辭海》

　　一九九九年　上海市　辭書出版社

精裝

《辭源》（增修版）

　　民國八十六年（1997）　臺北市　臺灣商

務印書館　精裝

《標準學生字典》

　　民國六十五年（1976）　臺北市　文化圖

書公司　精裝（袖珍本）

《國語日報字典》

　　民國七十年（1981）　臺北市　國語日報

社　精裝（六十四開本）

《新華字典》（修訂本）

　　一九九八年　北京市　商務印書館
精裝（袖珍本）

《同文合體字字典》　　王會均

　　民國一〇三年（2014）　臺北市　文史哲
出版社

《國語日報辭典》

　　民國六十三年（1974）　臺北市　國語日
報社　精裝

《新編東方國語辭典》

　　民國八十一年（1992）　臺北市　東方出
版社　精裝

《現代漢語詞典》

　　一九九七年　北京　商務印書館　精裝

《新超群國語辭典》

　　民國九十三年（2004）　臺南市　南一書
局　精裝

《四庫大辭典》　　楊家駱

　　民國五十六年（1967）　臺北市　中國辭

典館復館籌備處　精裝（十六開本）

《中國人名大辭典》　　臧勵龢

　　民國六十一年（1972）　臺北市　臺灣商
務印書館　精裝（十六開本）

《中國古今地名大辭典》　　臧勵龢

　　民國八十二年（1993）　臺北市　臺灣商
務印書館　精裝（十六開本）

《御註孝經讀本》（繪圖本）

　　民國六十年（1971）　臺北市　萬有善書
經銷處

《詩經今注》　　高　亨注

　　民國七十年（1981）　臺北市　里仁書局

《新譯四書讀本》

　　民國七十九年（1990）　臺北　三民書局

《史記》（新校本）

　　民國七十六年（1987）　臺北市　鼎文書
局　精裝四冊

《漢書》（新校本）

　　民國七十五年（1986）　臺北市　鼎文書
局　精裝五冊

《後漢書》（新校本）

　　民國七十六年（1987）　臺北市　鼎文書局　精裝六冊

《三國志》（新校本）

　　民國七十九年（1990）　臺北市　鼎文書局　精裝二冊

《說文解字注》　　清·段玉裁注

　　民國八十八年（1999）　臺北市　藝文印書館　精裝一冊（十六開本）

《聲韻學》　　陳新雄

　　民國九十四年（2005）　臺北市　文史哲出版社　精裝一冊

《重文彙集》　　林漢仕

　　民國七十八年（1989）　臺北市　文史哲出版社

《同文合體字》　　王會均

　　民國一○一年（2012）　臺北市　文史哲出版社

譔者專著

一、海南文獻叢刊

《海南文獻資料簡介》

　　民國七十二年（1983）　臺北市　文史哲
出版社

《海南文獻資料索引》

　　民國七十七年（1988）　臺北市　文史哲
出版社

《日文海南資料綜錄》

　　民國八十二年（1993）　臺北市　文史哲
出版社

《海南方志資料綜錄》

　　民國八十三年（1994）　臺北市　文史哲
出版社

《走向世界　全盤西化：陳序經》

　　民國九十五年（2006）　新北市　國立臺
灣圖書館

《海南王四琪公次支系譜》

　　民國九十九年（2010）　臺北市　文史哲
出版社

《海南方志探究》（上下冊）

　　民國一〇一年（2012）　臺北市　文史哲
出版社

《海南建置沿革史》

　　民國一〇二年（2013）　臺北市　文史哲
出版社

《海南文化人》

　　民國一〇二年（2013）　臺北市　文史哲
出版社

《白玉蟾：學貫百家　書畫雙絕》

　　民國一〇二年（2013）　臺北市　文史哲
出版社

《海瑞：明廉吏　海青天》

　　民國一〇二年（2013）　臺北市　文史哲

出版社

《南海諸島史料綜錄》

　　民國一〇三年（2014）　臺北市　文史哲
出版社

《王祿松：詩畫家　點線面》

　　民國一〇三年（2014）　臺北市　文史哲
出版社

《羅門　蓉子：點線面》

　　民國七十八年（1989）　臺北市　手稿本

（半完稿待梓者）

《丘濬：神童　賢輔　宗師》

《海南作家與作品》

《海南公文書類綜錄》

《海南戲曲》

《陸官校：海南校友錄》

《廣東文獻：海南史料通檢》

《歷代瓊士著述書錄》

《海南文獻徵訪錄》（佚書）

《海南文獻知見錄》（1950年後在中國出

版品）

《海南文獻史料綜錄》（增訂本）

《海南文史論集》（結集中）

二、和怡書屋叢刊

《公共行政書錄》

民國六十八年(1979)二月　臺北市

手稿本

《中華民國企業管理資料綜錄》

民國六十八年(1979)　臺北市　哈佛企

業管理顧問公司　精裝（十六開本）

《公文寫作指南》

民國七十二年(1983)　臺北市　文史哲

出版社

《縮影圖書資料管理》

民國七十二年(1983)　臺北市　文史哲

出版社

《視聽資料管理：縮影研究》

　　　民國七十四年（1985）　　臺北市　　文史哲
出版社

《微縮資訊系統研究》

　　　民國七十七年（1988）　　臺北市　　文史哲
出版社

《同文合體字》

　　　民國一〇一年（2012）　　臺北市　　文史哲
出版社

《同文合體字字典》

　　　民國一〇三年（2014）　　臺北市　　文史哲
出版社

《同文合體字探究》

　　　民國一〇三年（2014）　　臺北市　　文史哲
出版社

《廣東八大先賢綜傳》（半定稿）
《和怡書局論文集》（輯印中）